先胜而后战

寻找品牌增长确定性

赵鑫 主编

马惠珍 李哲 王佳晗 朱婷婷 | 编委

电子工业出版社
Publishing House of Electronics Industry
北京·BEIJING

未经许可，不得以任何方式复制或抄袭本书之部分或全部内容。
版权所有，侵权必究。

图书在版编目（CIP）数据

先胜而后战：寻找品牌增长确定性 / 赵鑫主编. —北京：电子工业出版社，2024.1
ISBN 978-7-121-46922-0

Ⅰ. ①先… Ⅱ. ①赵… Ⅲ. ①品牌战略 Ⅳ. ①F273.2

中国国家版本馆 CIP 数据核字（2023）第 237234 号

责任编辑：石　悦
印　　刷：天津千鹤文化传播有限公司
装　　订：天津千鹤文化传播有限公司
出版发行：电子工业出版社
　　　　　北京市海淀区万寿路 173 信箱　　　邮编：100036
开　　本：720×1000　1/16　印张：18　字数：281.4 千字
版　　次：2024 年 1 月第 1 版
印　　次：2024 年 1 月第 1 次印刷
定　　价：99.00 元

凡所购买电子工业出版社图书有缺损问题，请向购买书店调换。若书店售缺，请与本社发行部联系，联系及邮购电话：(010) 88254888，88258888。
质量投诉请发邮件至 zlts@phei.com.cn，盗版侵权举报请发邮件至 dbqq@phei.com.cn。
本书咨询联系方式：faq@phei.com.cn。

推荐语

增长没有万能公式，但有可以探索的底层规律。本书将理论和数据案例相结合，给出了如何找到品牌增长这个问题的答案。这是一本实战参考书，也是一本获取品牌增长灵感的手册。

—— 财经作家　沈帅波

一个企业竞争的本质是品牌认知竞争，有认知就有选择。在如今的大数据时代，企业如何做战略定位、消费者洞察、渠道分发、消费者资产利润化？本书给出了极为有效的答案。

—— 尹晨俱乐部创始人、畅销书《抖音直播带货实操指南》作者　尹晨

增长是每个品牌都面临的重要课题，随着数字经济深入发展，如何从大量的数据中梳理有效的信息、做出关键决策、得到新的确定性至关重要。本书从实际案例出发，给决策者们提供了理论指导与落地思路。

—— 七匹狼电子商务有限公司总经理　陈志聪

很多品牌为了避免自己的产品在各个平台上或者在线上和线下互相竞争，刻意区分产品配置，提供 AB 或 AC 产品。殊不知，消费者想要的是 BC 产品。同样，消费者觉得在线上消费便利，在线下消费体验好，但有的产品只在线下或线上售卖，让消费者没法购买。销售产品应该从消费者的需求出发，利用蝉妈妈的算法迎合消费者，只有想消费者所想，企业才有希望。

—— 九牧品牌直播总监　崔浩

日益激烈的品牌竞争、品类竞争，让我们认识到价值锚点的核心在于认知分化。认知分化的确立在于以下 3 点：第一，用户需求和产品价值的铆合；第二，市场趋势和渠道模型的铆合；第三，品类周期和运营管理的铆合。品牌好坏是一个长周期的结果，品牌要争取做到先胜而后战。品牌怎么增长？怎么算增长？怎么增长两次？答案就在本书中。

—— 海拍客消费者品牌事业部 CMO、喵小侠 CMO　熊佳乐

在刚拿到本书，看到书名《先胜而后战：寻找品牌增长确定性》，以及目录中随处可见的"洞察""认知""定位""战略"等字眼时，我的第一反应是，蝉妈妈是一家专注于研究数据

的公司，竟然也"不务正业"地写品牌战略方面的书了？在带着怀疑和偏见读完整本书后，我发现刚才下结论草率了！这不是一本普通的讲战略、讲定位的书，而是通过消费者洞察、品牌定位、产品企划、渠道选择、品牌资产运营5个关键动作构建了一个"品牌营销增长模型"，而连接这5个关键动作的，恰恰是蝉妈妈一直研究的数据。新的竞争环境、新的消费场景、新的消费人群、新的营销工具，让原本繁杂、碎片化的"人货场"信息可以通过数据进行连接和重新构建，进而形成一个相互关联的数据网。这张数据网可以让洞察更容易、定位更清晰、产品更受用、渠道更精准、品牌更长久。相信看过本书后，从事品牌相关工作的朋友都会有不同的收获。

——缔壹品牌视觉联合创始人兼CEO　胡磊

曹操在《短歌行》中写道，"明明如月，何时可掇？"用这句话来形容当前的电商从业者对电商品牌营销的渴求，再妥当不过。如今海量的电子信息无时无刻不在刺激着消费者的感官，如何精准地找到目标消费者，既是巨大的挑战，也是机遇。在如今数字经济大背景下，大数据与人工智能可以帮助品牌分析消费者的行为和偏好，精准地找到目标消费者并了解消费者的购买习惯和兴趣爱好，甚至提升消费者对品牌的认知度、好感度和信任度。有了算法助力，再加上蝉妈妈的精准营销，可以有效地提升品牌的曝光度、影响力和用户体验。

——闽江学院国际数字经济学院院长、闽都学者特聘教授　林中燕

与蝉妈妈长期分享的公益电商报告相比，本书不仅"授人以鱼"，还"授人以渔"，既分享了通过数据实现品牌增长的逻辑和方法，也剖析了大量案例帮助读者理解和掌握，是一本很好的品牌增长辅导书。

——品观董事长、CiE美妆创新展策展人　邓敏

在品类与市场层面，竞争战略已经得到广泛实施。然而，随着短视频和直播等内容营销方式逐渐成为主流，竞争战略也将发生演化。本书紧跟时代潮流，通过分析众多最新案例和经典研究模型的变革，引入多个数据模型，展现了竞争战略的独特魅力。

——亿邦动力总裁、马蹄社发起人　贾鹏雷

作为一个技术领先的数据公司，蝉妈妈能够提供全面、有深度、时效性强的全行业数据。这已经是蝉妈妈的优势。蝉妈妈本不必再劳神搭建专业的数据分析、品牌研究团队来为用户解读数据、剖析战略。但我认识的蝉妈妈的每位成员都有一份执念：要把市场真相剖析出来，把中国品牌的成长视为自己的责任！作为战略合作伙伴，星智与有荣焉。

——星智品牌战略CEO　周梦缘

序言

随着外部环境剧烈变化，品牌增长的核心逻辑发生了变化，从以前扩大规模、先找投资再赚钱的逻辑，已经转变成"真刀真枪"考核品牌赚钱能力和精细化运营能力的逻辑，如何做到"先胜而后战"？老赵服务品牌14年，一直在思考如何总结出品牌增长的核心方法论和相对通用的成长路径，以帮助大家理解品牌增长的核心要素，希望通过数字化、精细化的方式，帮助品牌进行各个增长环节的策略制定，让品牌增长的每个环节都有据可循、有数可依。同时，老赵也希望通过标准化的数字化运营步骤，帮助品牌建立起数字化增长体系，方便品牌[1]及时发现增长环节的"卡点"，并给出相应的策略解决"卡点"，让品牌增长不再是玄学。基于以上初衷，老赵和蝉妈妈智库团队共同编写了这本关于品牌增长的核心方法论的图书，讨论以下几个核心问题：

品牌增长的核心路径是什么？如何建立这个核心路径？

品牌增长的基石是什么？如何用数字化的方式诊断？

品牌增长的关键决策是什么？如何用数字化的方式支撑？

品牌增长的关键步骤是什么？如何用数字化的方式测试？

品牌增长的长效方案是什么？如何用数字化的方式验证？

通过对这些问题的探讨，老赵希望能够帮助品牌构建数字化的增长飞轮，在竞争日益激烈的市场中得到确定性的结果。

1. 品牌增长的核心判断标准是什么

品牌增长的核心判断标准是什么？单纯的 GMV（产品交易总额）增长，能称为品牌增

---
[1] 本书中品牌也泛指品牌方。

长吗？答案当然是否定的，对于这个问题，江南春老师给出了经典的答案——品牌增长是品牌规模增长、品牌资本增长、消费者对品牌的认知增长。我认为这个答案非常有道理，因为品牌增长本身就是一个复杂的过程，从单一维度上思考必然会导致在策略制定上失败。健康的品牌增长应该是消费者认知、品牌规模和品牌利润3个方面的增长。虽然这3个方面不可能同时增长，但是品牌在增长的过程中必须要做到这3个方面轮流增长。只有消费者对品牌的认知越来越强，品牌的营收才有机会突破；只有品牌持续有营收，才能提升消费者对品牌的真实体验；只有品牌持续获取利润，才能源源不断地投入资源，让消费者对品牌有更深刻的认知。因此，需要从多个维度考虑品牌增长，这样才能制定出健康的品牌增长策略。只有在消费者认知、品牌规模和品牌利润3个方面都得到增长，品牌才能够获得可持续的增长。

2. 品牌增长的3条科学路径

品牌增长其实是有多条路径的。老赵本来想构建一个通用的方法论，但是随着思考的深入发现品牌增长会因为其拥有的资源不同，使得增长的起点不同、增长的方法不同，所以在提炼本书方法论的时候，我们的核心逻辑是围绕品牌定位、消费者、产品、渠道和品牌资产5个核心要素构建增长螺旋，并通过老赵服务2000个品牌的经验和我们对100个品牌增长案例的拆解，总结了品牌增长的3条核心路径。

（1）第一条路径是品牌以消费者洞察为起点，创造了新品类或者识别出新的消费场景，生产高势能产品，通过内容渠道和销售渠道让消费者有感知，进而形成品牌的消费者认知沉淀，比如元气森林、蕉下。

（2）第二条路径是品牌以之前的品牌沉淀为起点（仅在线上有消费者认知或者仅在线下有消费者认知），为新品类和新产品开发赋能并通过新渠道传递给消费者，实现全域增长，比如波司登等。

（3）第三条路径是品牌以产品为起点，通过产品"破圈"吸引消费者购买，形成品牌规模，再利用消费者洞察开发新产品，形成产品体系，支撑品牌增长，比如花西子、完美日记。

这3条核心路径都可以通过数字化运营的方法来实现支撑,做到有据可循,有数可依。另外,我们通过下图来表达5个关键动作之间的关系,并且对这5个关键动作做了分级。我们认为消费者洞察是最重要的层级,其次是品牌定位和产品企划,最后才是渠道选择和品牌资产运营。

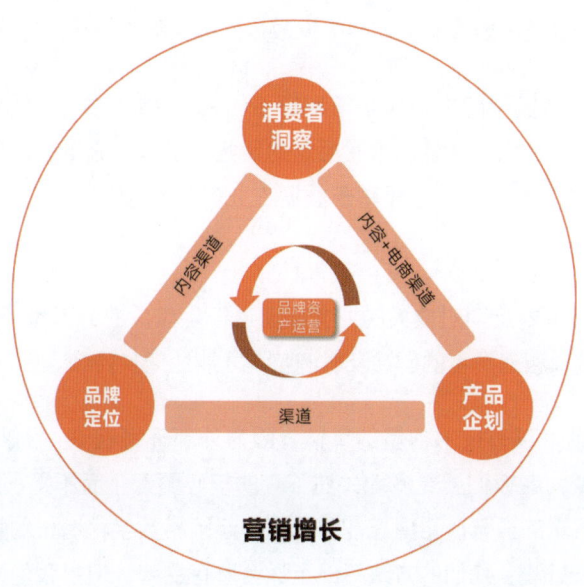

3. 品牌数字化增长的流程

虽然品牌增长的路径有很多条,但是通过对100个品牌增长案例的拆解,我们总结了品牌数字化增长的5个关键步骤,帮助品牌梳理数字化增长的方法论。

(1)品牌诊断。品牌要清楚地知道自己团队的基因、优势和劣势,在哪些方面有积累,在哪些方面有欠缺,要对自己的经营状况有清晰的认知,以便更好地选择增长路径并管理自己的增长预期。

(2)关键决策。品牌做增长的任何关键决策都要有依据和数据支撑,而不能凭空拍脑袋,无论是对机会市场的选择、品牌的定位、推广平台的选择,还是对种子用户的筛选、产品体系的构建和确定价格带等都马虎不得，一定要采用科学的决策方式，否则未来就会为战略上的懒惰付出高昂代价。

（3）模型测试。想和做之间是有差距的，品牌在定好策略后需要对业务模型进行全面测试，包括产品和服务测试、价格带测试、内容测试，通过回收的数据来判断业务模型是否合理、哪些关键点还需要调整。如果关键数据达标，品牌就可以进行业务放大。

（4）业务放大。业务模型能小规模正常运行不代表放大后也能正常运行，也不代表能达成目标，因此业务放大阶段非常考验品牌的服务、组织、流量获取和匹配的能力，以及营销能力，同时在这个阶段也要基于数据在业务中持续地进行调优，才能让收益最大化。

（5）结果复盘。品牌要定期对放大的业务模型进行复盘。业务模型都是有生命周期的，品牌要基于实际效果和消费者的反馈及时调整，才能让增长持续。

品牌增长是一件越来越有技术含量的事情，因为外部环境在变，消费者在变，媒体在变，内部组织在变，老板们要更多地关注不变的核心要素，而不是那些看起来很"炫"，但是有悖于商业逻辑的要素。希望您能和我们一起领略数字化增长的魅力，找到适合不同经济周期的增长打法。我们的方法不一定适合所有品牌，但是我们试图把自己的认知完全梳理出来毫无保留地奉献给您，希望本书提到的关键点，能让您在数字化增长和精细化运营方面得到一些启发，如果您觉得不错，那么可以把它推荐给身边的小伙伴。

老赵敬上

目录

理论篇

第1章 得人心者得市场，懂人心者得增长　　003

1.1　明确消费者认知，让品牌看清消费事实　　004
1.2　剖析消费者行为和任务，让品牌做好营销策略　　005
　　1.2.1　消费者行为的时代变迁　　006
　　1.2.2　从消费者任务进行人群洞察　　010
1.3　提炼消费者需求，让品牌找准市场方向　　012
1.4　确定消费者属性，让品牌划定核心人群　　014
1.5　熟练应用消费者洞察，为品牌持续增长提供动力　　015
　　1.5.1　周大生：厘清消费者行为，针对不同的平台设计
　　　　　不同的活动，助推"520情人节"全域营销　　016
　　1.5.2　安热沙：全面满足消费者需求，深度了解消费者习惯　　019
1.6　总结　　022

第2章 品牌增长北极星，定位就是"地位"　　025

2.1　品牌定位战略对品牌发展的意义　　026
　　2.1.1　长期增长的动力，品牌成功的基石　　026
　　2.1.2　品牌定位能够解决什么问题　　027
2.2　从自身设计与市场选择看品牌定位　　030
　　2.2.1　品牌设计——品牌的深度自我解剖　　032
　　2.2.2　市场选择——借助天时地利人和　　038
2.3　总结　　064

第 3 章　小产品的大增长，爆品打造靠企划　　067

- 3.1　没有哪一个品牌能够靠一个产品长期存活　　067
- 3.2　产品企划方向　　069
  - 3.2.1　产品设计四要素　　069
  - 3.2.2　产品定价三大策略　　072
  - 3.2.3　产品包装六要素　　074
- 3.3　产品迭代方向　　078
  - 3.3.1　利用消费者洞察推动产品迭代　　078
  - 3.3.2　跨品类产品如何选择迭代方向　　080
  - 3.3.3　对产品进行迭代　　082
- 3.4　总结　　084

第 4 章　选择比努力重要，渠道不对努力白费　　087

- 4.1　渠道是品牌进行所有经营活动的载体　　087
  - 4.1.1　渠道流量进入存量时代　　087
  - 4.1.2　渠道运营效率是品牌生意效率的基础　　088
  - 4.1.3　新兴渠道是品牌的新机会　　089
  - 4.1.4　渠道定位是品牌定位的关键步骤　　090
- 4.2　渠道质量评估六维模型　　091
  - 4.2.1　渠道功能　　091
  - 4.2.2　渠道人群　　094
  - 4.2.3　渠道容量　　097
  - 4.2.4　渠道发展　　101
  - 4.2.5　渠道壁垒　　106
  - 4.2.6　渠道效率　　108
  - 4.2.7　总结：如何选择合适的渠道　　110
- 4.3　品牌借助渠道营销　　111
  - 4.3.1　品牌触达消费者　　111
  - 4.3.2　消费者对话品牌　　116

4.4 全域渠道协同运营　　　　　　　　　　　　　　　　120
　　4.4.1 依靠购物决策路径布局渠道策略　　　　　　　120
　　4.4.2 用数字化工具击穿渠道运营壁垒　　　　　　　128
　　4.4.3 多渠道联动实现全域"种草"和转化　　　　　131
4.5 总结　　　　　　　　　　　　　　　　　　　　　137

第 5 章　建好阵地长效增长，品牌资产要沉淀　　　139

5.1 品牌资产运营进入数字化时代　　　　　　　　　　139
　　5.1.1 认识品牌消费者资产　　　　　　　　　　　　140
　　5.1.2 认识品牌内容资产　　　　　　　　　　　　　144
5.2 品牌消费者资产运营——品牌长效经营的核心　　　146
5.3 以数识人，挖掘消费者资产背后的价值　　　　　　149
　　5.3.1 品牌消费者关系分类——O-5A 模型的应用　　149
　　5.3.2 品牌如何基于 O-5A 模型提高投放效率　　　　157
　　5.3.3 品牌如何基于消费者资产做重大决策　　　　　158
5.4 内容资产数字化——被忽略的运营助推剂　　　　　172
　　5.4.1 品牌内容资产的重要性　　　　　　　　　　　172
　　5.4.2 品牌内容能力的沉淀　　　　　　　　　　　　172
　　5.4.3 内容资产的数字化迭代　　　　　　　　　　　175
5.5 总结　　　　　　　　　　　　　　　　　　　　　179

案例篇

第 6 章　Spes：用大单品提高品牌势能　　　185

6.1 品牌概况：创始人团队具备丰富的选品经验　　　　185
6.2 新锐品牌如何利用产品 + 内容在抖音上站稳脚跟　　186
　　6.2.1 品牌定位战略：切入"蓬松控油"市场　　　　186
　　6.2.2 产品企划：独具匠心的产品研发，规模化的产品营销　191

6.2.3	消费者洞察	204
6.2.4	品牌消费者资产管理	207
6.3	总结：先打造大单品，再复用大单品模式打造大单品矩阵	208

第 7 章　七匹狼：夹克专家的品牌焕新开启新增长　　211

7.1	七匹狼的发展时间线	212
7.2	传统老品牌如何绝境重生	214
7.2.1	品牌定位战略	214
7.2.2	品牌定位赛道	215
7.2.3	消费者洞察	221
7.2.4	产品企划	225
7.2.5	利用渠道优势扩大品牌宣传	232
7.2.6	品牌的资产运营	238
7.3	总结：巩固品牌地位，拥抱年轻群体	243

第 8 章　深谙消费者需求，蕉下成功定位为轻量化户外生活方式品牌　　247

8.1	蕉下概况	247
8.1.1	蕉下发展时间线梳理	247
8.1.2	蕉下在抖音上的发展概览	248
8.1.3	蕉下入局抖音的策略	249
8.1.4	蕉下的产品矩阵在抖音上的发展趋势	251
8.2	抖音：从防晒伞到防晒衣，蕉下如何乘风破浪	251
8.2.1	品牌定位	251
8.2.2	消费者洞察	257
8.2.3	产品企划	261
8.2.4	蕉下：从防晒伞到防晒衣的增长路径总结	266

8.3 蕉下在 2023 年如何完成三级跳，实现了品牌战略大目标   267

   8.3.1   品牌定位：2023 年蕉下为什么要做轻量化户外
生活品牌   267

   8.3.2   消费者洞察   267

   8.3.3   产品设计   269

   8.3.4   蕉下的营销动作   270

   8.3.5   对蕉下成功成为轻量化户外生活方式品牌的总结   271

后记   273

先胜而后战

寻找品牌增长确定性

理论篇

第 1 章

得人心者得市场，
懂人心者得增长

我们通常认为品牌增长是品牌销售额的增长，是显性增长，而实际上品牌增长还包含另外两部分隐性增长：品牌在消费者心智中的增长和品牌自身的资本积累。虽然隐性增长较难衡量，但它是增长中最重要的部分。要想获得更多的消费者认可和购买，品牌就必须进行消费者洞察，了解消费者对品牌和相关产品的认知，了解消费者的购物行为和需求。消费者洞察是品牌增长的基石，是一切营销动作的起点，也是本书所阐述的品牌增长的五大关键动作之一。

> **敲黑板！**
> 品牌隐性增长包含品牌在消费者心智中的增长和品牌自身的资本积累。

在过去，消费者洞察通常是通过访谈和调研来进行的。这种方法的周期长、覆盖人群数量有限，容易受到环境的影响而失去真实性。在大数据时代，品牌可以通过消费者的基础数据和行为数据来获取更加准确的信息。基于消费者洞察和深度分析，品牌能够在产品售卖前了解消费者的现有需求和隐性需求，从而满足消费者的深层次需求，并通过内容体系向消费者传递解决方案，告知消费者如何解决痛点。在产品售卖后，品牌可以及时收到消费者的建议，优化现有产品，从而让消费者洞察成为一个可持续赋能的手段。品牌在进行消费者洞察时，可以从以下 4 个方面入手：消费者认知、消费者行为、消费者需求和消费者属性。

1.1 明确消费者认知，让品牌看清消费事实

消费者认知的影响会大于事实的影响是很多品牌容易忽视的。在当前注意力碎片化的时代，消费者很难给品牌太多的时间让其说服他们。因此，了解消费者对某个行业、品牌或产品的认知是非常重要的。

我们先来看一个典型的案例——著名的可乐测试实验。这个实验是麻省理工学院做的，让我们能够清晰地了解消费者认知的力量。当时，在美国热卖的可乐有3种，分别是可口可乐、百事可乐和皇冠可乐。在试喝的人不知道自己喝的是哪种可乐的情况下，实验人员把这3种可乐拿给试喝的人试喝，从而判断哪种可乐更好喝。实验结果是最好喝的是皇冠可乐，其次是百事可乐，最后才是可口可乐。皇冠可乐的老板听到这个结果后十分开心，认为这是麻省理工学院做的实验，结果肯定是具有代表性的。于是，他开始做宣传与营销活动，把实验结果的数据列出来进行宣传，告诉消费者自己的可乐被实验证明是最好喝的，但是消费者的行为并不符合他预想的结果。这是为什么呢？

敲黑板！
当对事实判断不确定时，人们会相信大多数人的选择。

因为消费者看待一个品牌或产品的方式是：如果你的可乐是最好喝的，那么应该卖得非常好，起码在销量上应该是第一名。所以，对于消费者来说，客观事实很难与心智认知抗衡，消费者认知的影响会大于事实的影响。这种现象在《影响力》这本书中被归纳为"社会认同原则"。当对事实判断不确定时，人们会相信大多数人的选择。

要做好品牌增长，就要牢牢地把握消费者认知！具体到数字化运营上，在理解消费者认知时，要从消费者的视角去理解（如图1-1所示）。例如，在益生菌市场中，消费者一开始对益生菌

是否有益有些怀疑，认为可能是"智商税"。随着品牌持续进行市场教育，消费者对益生菌的认知加深，拓展了对益生菌品类及品牌的认知。随着市场规模的持续扩大与内容体系的不断完善，消费者最终形成了对益生菌的专业认知。例如，对具体菌株名与菌株号的了解。因此，品牌在打造新产品时可以尝试走高端专业路线以契合消费者认知框架。消费者从小到大，都在潜移默化地受到自身所形成的消费观念、行为和心理因素等影响，在他们的思维中已经具备了对某个行业的基本分析与认知框架。找到消费者对这个行业的认知框架，是品牌洞察消费者的基础。品牌一般可以通过对消费者进行问卷调研和消费者在各种平台上留下的真实评论（如直播弹幕、视频评论和相关的产品评价）来获取消费者认知，而不是凭空猜测他们的真实看法。

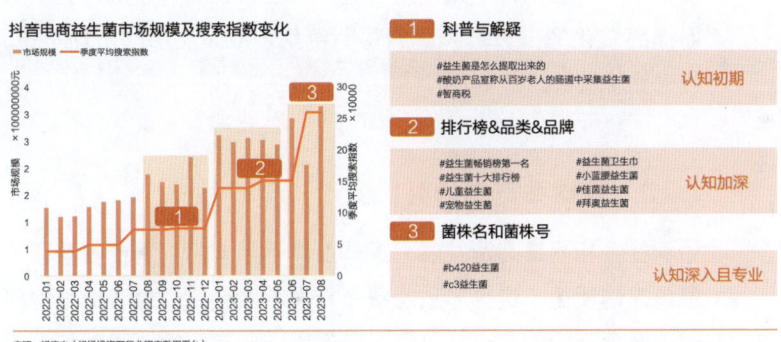

▲图1-1

1.2　剖析消费者行为和任务，让品牌做好营销策略

消费者行为数据可以帮助品牌确认消费者在不同阶段、各个平台上的行为。剖析消费者行为能够让品牌做好营销策略。品牌

在制定营销策略之前，最需要考虑的就是消费者行为。如何用数字化思维判断消费者行为呢？可以用 AIDMA、AISAS 和 SICAS 模型。在市场营销中，常用这些模型来描述和分析不同阶段的消费者购买行为。这些模型反映了市场营销的发展，消费者最初只关注产品和广告效果，后来搜索引擎和社交媒体的兴起对消费者决策过程产生了重要影响，现在品牌强调情感共鸣和建立身份认同等更高层次的精神需求，从而进行市场营销。营销人员需要根据实际情况选择适当的模型，并结合消费者认知等多方面因素来制定有效的营销策略，这样才能事半功倍。

在分析消费者行为的时候，品牌也要考虑消费者任务。消费者任务其实是指消费者在不同平台上的目的。例如，消费者打开抖音是为了碎片化时间的娱乐，打开今日头条是为了看实时新闻，看朋友圈是为了获取朋友的最近动态等。只有了解消费者在各个平台上的行为和使用心理，才能设计出有效的策略，从而提高转化率，节省大量的营销费用，放大品牌的市场声量，带来品牌增长。

请思考：
什么是消费者任务？

1.2.1 消费者行为的时代变迁

随着社会和网络高速发展、媒体工具不断丰富，消费者获取信息越来越便捷，这也导致消费者行为不断变化。为了更好地理解消费者行为的改变，品牌可以采用一些常见的消费者行为模型去理解消费者的购买心理变化的过程。这些年，消费者行为的阶段性差异其实不断地发生改变，这些变化反映了市场环境的变化，下面详细介绍 AIDMA 模型、AISAS 模型、SICAS 模型的适用场景和差异性。

1. AIDMA 模型：强调消费者行为的顺序

在 Web1.0 时代，网络与电商并未广泛应用，当时的网络以网页传播和论坛讨论为主要特征，信息传输并不发达，传播模式为媒体主导的单向传播。消费者接收广告的方式主要是通过报纸、电视机和网页等传统媒介。20世纪的消费者行为符合AIDMA模型[1]（如图1-2所示），其购物步骤为Attention（引起注意）—Interest（引起兴趣）—Desire（产生欲望）—Memory（留下记忆）—Action（采取购买行动）。如果消费者对某个产品感兴趣，就会产生购买欲望，并将其留存在记忆中，然后采取行动进行购买。AIDMA模型强调营销效果的人群渗透率，暂时还没有垂直人群的概念，需要通过反复投放广告来引起消费者注意。随着数字化营销时代的到来，大量信息充斥在消费者眼前，传统的消费者行为模型——AIDMA模型不再完全适用。随着手机等移动终端和电商的普及，消费者行为模型从AIDMA模型逐渐演变为AISAS模型和SICAS模型。

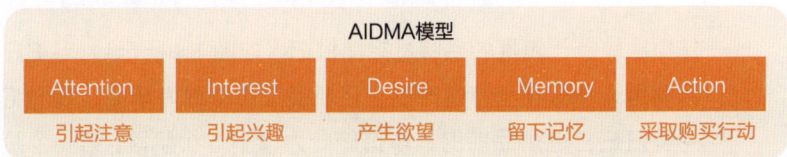

▲图1-2

2. AISAS模型：强调消费者在购买前会进行在线搜索

在Web2.0时代，移动终端开始普及，用户接收信息的途径增多，接收的信息量增大，不再单纯地依靠之前的纸媒。这时，消费者行为模型开始从AIDMA模型向AISAS模型[2]迁移，消费者会按照如图1-3所示的步骤进行购物：Attention（引起注意）—Interest（引起兴趣）—Search（进行搜索）—Action（采取购买行动）—Share（进行分享）。消费者在对某个产品产生兴趣后，自发在互联网上搜索，然后产生购买行为。此外，消费者会对

---

[1] AIDMA模型是消费者行为学领域很成熟的理论模型之一，由美国广告学家E.S.刘易斯在1898年提出。
[2] AISAS模型由日本电通公司于2005年首次提出，是针对互联网时代消费者生活形态的变化而提出的一种全新的消费者行为模型。

产品进行反馈，选择将其分享和推荐，完成二次转化，从而达到循环广告的效果。AIDMA 模型和 AISAS 模型最大的区别在于进行搜索和进行分享，品牌要更加主动地探寻消费者的核心搜索词与关联搜索词，以及进行分享时最打动消费者的点是什么。AISAS 模型改变了之前 AIDMA 模型单向向消费者灌输广告的理念，强调各个环节的切入，并开始注重消费者行为与用户体验。

▲图 1-3

其中比较有代表性的品牌是完美日记（如图 1-4 所示）。完美日记利用 AISAS 模型打造产品，让新品上市即成为爆品。我们将完美日记打造爆品前的具体措施分为以下 3 个阶段：第一个阶段，在"探险家十二色动物眼影"新品发布前，完美日记在小红书上与多位百万个级别粉丝的博主合作，发布新品笔记放大声量，这时大大地引起了消费者的注意与搜索；第二个阶段，在新品发布时，完美日记的官方账号推出话题和转发抽奖等活动，主动引导消费者去其他平台搜索，同时转发抽奖等活动能够促使消费者采取购买行动；第三个阶段，在新品发布后，完美日记利用前期的达人笔记吸引自然流量，消费者自发分享的真实评价既能维持新品的热度，也会传播新品的口碑，相关内容会产生二次裂变，相应地也会完成从素人分享到新用户的购买。图 1-4 所示为完美日记利用 AISAS 模型做新品营销。

第 1 章 得人心者得市场，懂人心者得增长 | 009

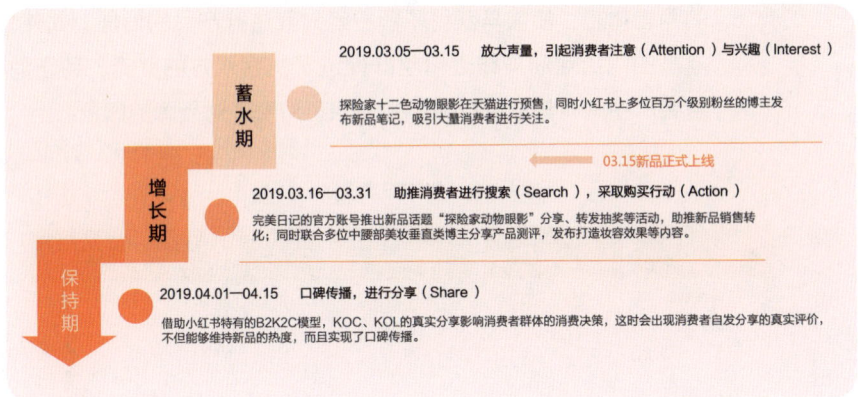

▲图 1-4

3. SICAS 模型：更加注重品牌建设和用户体验

在 Web3.0 时代，互联网飞速发展，利用技术手段可以对消费者行为进行长期连续的监测，这时消费者行为模型由 AIDMA 和 AISAS 模型迭代到 SICAS 模型（如图 1-5 所示）[①]，该模型是对消费者多行为（浏览、点击、沟通交流、购买和分享）、多触点（直播间、视频、商城和橱窗等）监测的全景模型，强调的是品牌与消费者的双向感知，所以更能适应当前电商市场的新环境，紧跟消费者行为变化的趋势。在 Web3.0 时代，品牌会利用技术手段，更加明确地感知消费者的痛点，提供精准服务。消费者产生兴趣，并与品牌形成互动，在图文、视频和直播多种形式的作用下，品牌与消费者建立连接并交互沟通，消费者通过电商网站、社交媒体平台等产生购买行为等。其中有代表性的是盒马，盒马通过精细化数据运营感知不同消费者的需求，为消费者提供高匹配度的服务。盒马构建"场景化营销"，使服务增值最大化。与传统生鲜超市相比，盒马最大的不同就是设有专门的加工区及就餐区，这不仅解决了部分美食爱好者不会加工海鲜的难题，还让消费者品尝到平价优质的海鲜。新颖独特

① 2011 年，中国互联网监测研究权威机构 DCCI 互联网数据中心基于长期对网络消费者的行为追踪、触点分析和数字洞察，提出了应用于移动互联全数字时代的消费者行为模型——SICAS 模型。

的购物体验，使盒马获得了消费者对其生鲜产品的信任。此外，盒马的门店活动与线上粉丝群促进了主客双方的交流，利于消费者产生购买与分享行为，并加深了消费者对品牌的印象。

▲图 1-5

采用任何一个模型对消费者行为进行研究，其目的无论是互相感知，还是引起兴趣，都是先用广告的反复触达让消费者对品牌或产品产生深刻印象，在此基础上触碰消费者痛点，影响消费者心智，进而左右消费者决策，最终引导消费者购买。随着时代的变迁，以 SICAS 模型为代表的消费者行为模型已成为品牌研究消费者的第一选择。品牌可以根据业务的实际情况，有选择性地参考各种消费者行为模型（如图 1-6 所示）来制定有效的营销策略，从而带动品牌增长。

 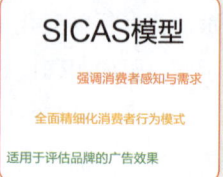

▲图 1-6

1.2.2　从消费者任务进行人群洞察

品牌可以选择的平台越来越多，除了传统电商和媒体渠道，新媒体渠道层出不穷，品牌如何在新媒体平台上分布资源或以更低的成本实现营销、转化成为关键。在此之前，品牌要先了解消费者在平台上的消费者任务，即通过平台的属性确认消费者来此平台的主要目的，然后通过消费者喜欢的内容形式触达他们，从而提高消费者对品牌的接受度。目前，市面上主流的社交平台有微博、抖音、小红书、微信、知乎等（见表1-1），每个平台的属性、特色、内容形式等都不同，吸引的消费者人群也不同。品牌要引起消费者的注意，一方面要有能力把品牌传播和产品销售以消费者喜欢的形式加入信息流，例如小红书用户喜欢看图文内容，并通过评论询问购买链接，品牌就要有图文"种草"能力；抖音用户喜欢看视频，并在评论区和网友互动，品牌就要有视频制作、与网友共情的能力。另一方面，品牌要结合平台特色和营销目的选择平台，比如做美妆"种草"首选小红书和抖音，发布新的代言人公告首选微博和微信公众号，进行市场教育首选专业性更强的知乎。综上所述，了解不同平台的属性和消费者行为有助于品牌引起消费者注意、兴趣，从而让其进行搜索和购买。

请思考：
当要发布新品时，您的品牌如何利用这些新媒体平台？

▲ 表1-1

	微博	抖音	小红书	微信	知乎
平台Slogan	随时随地发现新鲜事	记录美好生活	标记我的生活	是一种生活方式	有问题就会有答案
内容形式	图文+短视频+直播	图文+短视频+直播	图文+短视频+直播	图文+视频+直播	图文+视频
平台定位	是新闻的发源地	专注于年轻人的音乐创意短视频社交，内容轻快明了，用户一般会利用碎片化的时间观看短视频	小红书是生活方式平台和消费决策入口	微信是为智能终端提供即时通信服务的App，其开放性较高	知乎是在诸多领域具有关键影响力的知识分享社区和创作者聚集的原创内容平台，是一个优质内容集中地
使用场景	适用于品牌官方运营、发布公告、与粉丝互动	适用于进行广告投放、电商营销与转化	吸引消费者注意力并引发搜索行为，适用于软广告投放与电商营销	适用于私域端服务与粉丝沉淀	适用于对品牌进行塑造
平台核心	时尚资讯、娱乐热点	兴趣电商+货架电商（FACT+S）	B2K2C模型	强关系弱媒体的社会化关系网络	以问答为主

1.3 提炼消费者需求，让品牌找准市场方向

需求洞察是消费者洞察里最重要的一环，并且和营销结果最相关。之前品牌对消费者需求的研究具有很强的滞后性，往往在做出运营动作之后，才发现消费者需求的变化。通过数字化运营的方式，品牌可以提前感知消费者需求的变化。品牌可以从消费者调研、消费者互动、消费者搜索的关键词和产品评论入手。品牌利用好这些数据，可以更好地设计产品规格和产品包装，并制定合理的营销策略，打造出消费者期望的产品和营销内容，增加销售转化，得到更好的营销结果。

当从数字化运营的角度去提炼消费者需求时，品牌可以从更具象的用户评论、搜索词、消费者建议等来确定消费者对当前产品的需求。以功能性饮料行业的消费者搜索词为例（如图 1-7 所示），品牌通过提炼消费者的核心搜索词，为产品升级赋能，突出营销重点、打造产品矩阵。

▲图 1-7

（数据来源：巨量算数）

如图 1-8 所示，功能性饮料行业的消费者搜索词数量众多，品牌可以把搜索词按适用人群、使用场景、产品痛点和关联品类划分。

敲黑板！
消费者搜索词可以按照适用人群、使用场景、产品痛点、关联品类分为 4 种。

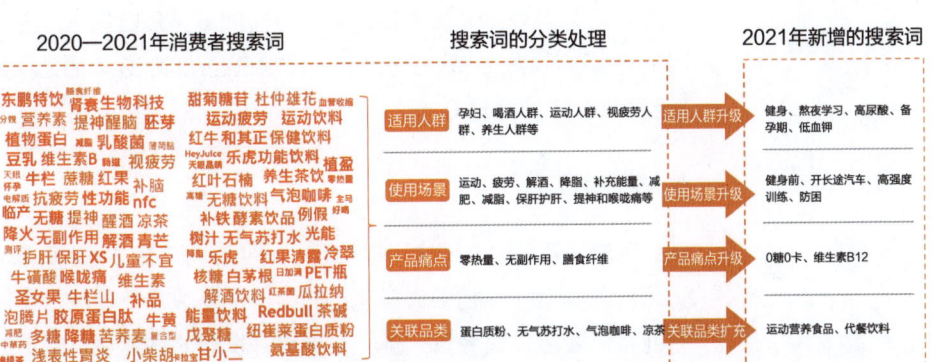

▲图 1-8

（数据来源：巨量算数）

1. 适用人群

适用人群既可以按年龄层（如儿童、青年、老年）划分，也可以按人生阶段（如未婚青年、孕妇或有宝宝的妈妈群体）划分，还可以基于特殊需要进行划分（如敏感肌人群、健身人群等）。与功能性饮料行业强相关的人群有孕妇、健身人群、熬夜学习人群、高尿酸人群、备孕期人群等。

2. 使用场景

使用场景是指消费者使用这个产品的场景，例如户外运动、居家等。功能性饮料的使用场景有健身前、开长途汽车和高强度训练等。

3. 产品痛点

品牌通过消费者搜索词能够快速地锁定消费者痛点。从图 1-8 的功能性饮料的消费者搜索词中可以看到，在饮料属性中，消费者越来越关注饮料成分，多种成分名词（如杜仲雄花、氨基酸等）位列其中。消费者也对补充一些微量元素有需求。在饮料的热量配比中，消费者对产品的需求已经从 2020 年的无糖升级到 2022 年的 0 糖 0 卡。

4. 关联品类

从当前的消费者搜索词中可以看到，消费者需求在 2022 年新增了运动营养食品和代餐饮料等。如果一个品牌身处功能性饮料行业中，要想扩大经营品类，或者想开发新的产品线，就可以优先考虑消费者的核心搜索词中的关联品类。

> **敲黑板！**
> 品牌要想扩大经营品类，或者想开发新的产品线，就可以优先考虑消费者的核心搜索词中的关联品类。

为什么要这么考虑呢？首先是因为在消费者搜索词的关联品类中，消费者人群属性的重合率很高，其次是因为通过搜索词的提炼，会明晰消费者的购买需求，最后是因为消费者对已购买的品牌有了一定的认知，更容易接受发布的新品。所以，品牌通过消费者搜索词，开发关联品类的新品，往往能事半功倍。

1.4 确定消费者属性，让品牌划定核心人群

营销的根本目的是提升人货匹配契合度，提升品牌的资源变现效率，因此对消费者本身的研究（如性别、年龄、地域和人群标签）是必不可少的。品牌可以根据不同的人群属性匹配不同的货盘、制定不同的营销策略、制作专属的营销内容，提升营销效率和销售量。

品牌通过该行业或者某个细分品类的消费者的年龄、性别、地

第 1 章　得人心者得市场，懂人心者得增长　| 015

域、偏好等，可以进一步判断潜在消费者的消费习惯、消费能力和消费行为。例如，在防晒衣行业（如图 1-9 所示），从年龄来看，31～40 岁的消费者的购买能力最强，其次是 24～30 岁，防晒衣行业的用户偏年轻化。从地域分布来看，在 5 月热卖季节，新一线城市、二线城市与三线城市是购买的核心地域，其中三线城市的购买金额最高。从性别来看，以女性用户为核心。

抖音上2022年5月防晒衣行业消费者分析

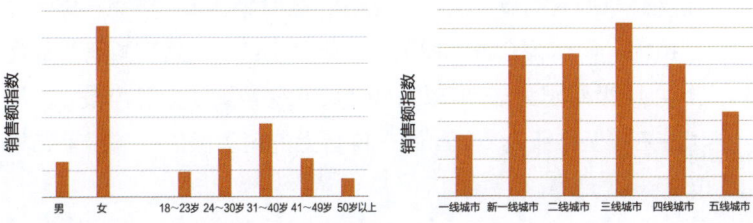

▲ 图 1-9

（数据来源：蝉妈妈）

抖音高举"兴趣电商"的大旗，因此品牌需要考虑产品是否符合消费者的需求。当了解到防晒衣行业的核心消费人群是 31～40 岁的女性用户时，品牌就需要思考这部分人在选择产品时的决策重点是什么，比如是美观、高强度防晒、透气性还是易于穿搭等。有了行业的核心人群数据后，品牌就能更好地制定营销策略。

1.5　熟练应用消费者洞察，为品牌持续增长提供动力

从消费者认知、消费者行为、消费者需求和消费者属性 4 大维度全方位洞察消费者，可以帮助品牌较好地认清消费事实、做好营销策略、找准市场方向与确定核心人群。下面列举两个品

牌案例，重点阐述品牌如何合理地运用消费者洞察实现增长。

1.5.1　周大生：厘清消费者行为，针对不同的平台设计不同的活动，助推"520情人节"全域营销

周大生作为一家传统珠宝品牌，打造了云店＋会员＋终端门店全渠道全场景的闭环购物生态，借助线上市场的增长加持，进一步提升了销售额。每年的"520情人节""七夕节"都是珠宝品牌必争的营销节点。在2022年"520情人节"节点，周大生在微博、微信公众号、微信视频号、小红书上宣传抖音挑战赛"#心动大尾巴鱼心动你"，将全域流量聚集到抖音。最终，周大生在"520情人节"期间在抖音上的销售额位列珠宝首饰榜第二。

> **小贴士：**
> 蝉妈妈数据显示，2023年抖音年度黄金销售力第一的品牌为中国黄金，第二的品牌为周大生。

1. 微信：微信公众号矩阵＋视频号联合造势

在"520情人节"活动前一周，周大生的官方公众号联合多个微信公众号共同发布了关于"520情人节"活动的内容。微信公众号推文主要采用了图片与视频相结合的形式，展示了活动的详情和品牌主推的产品款式，信息量适中，整体浏览体验较为舒适。此外，周大生在微信视频号上发布了一段18秒的预告片，这种时长较短的视频更容易获得较高的完播率，也更有利于在微信端传播，增加品牌活动的曝光率。

2. 微博与小红书：利用平台的优势，鼓励消费者分享

周大生深谙不同的平台的消费者行为，因此在不同的平台上的活动设置不尽相同。周大生巧妙地利用了微博和小红书的平台优势，鼓励消费者在这两个平台上进行真实的分享（如图1-10所示）。周大生并没有一味地将消费者引导至抖音，而是让消费者真实分享，这是AISAS模型中的重要环节，这种分享不仅可以放大品牌的声量，还可以引起更多潜在消费者的注意、兴趣，

让他们进行搜索，进而影响消费决策，最终促成购买，形成一个完美的闭环。

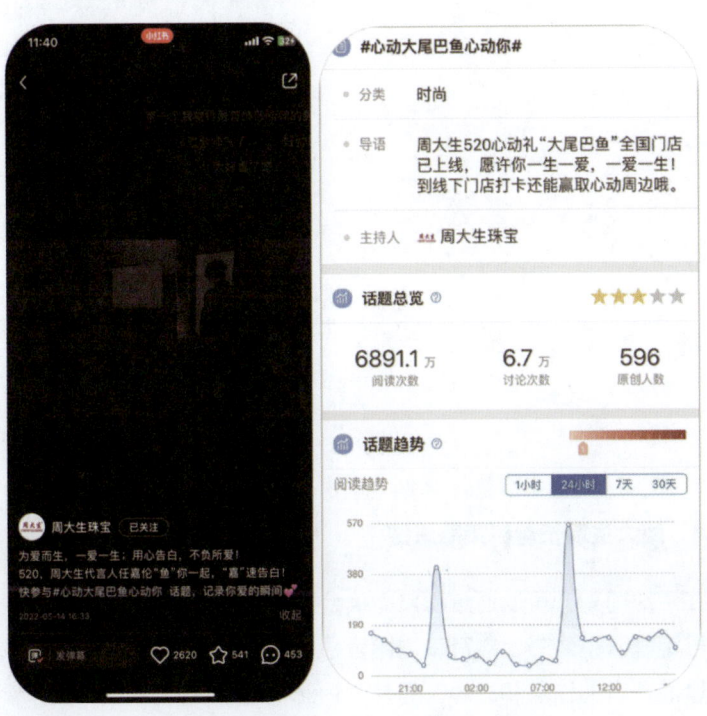

▲ 图 1-10

3. 抖音：线上电商渠道承接流量，促使消费者转化购买

在抖音营销中，周大生在"520 情人节"活动前期进行了内容蓄水（蓄水是指增加品牌相关内容曝光，引起更多的消费者注意），在小红书、微博、微信公众号等多个平台上同步发布内容，提升活动的势能。通过在小红书、抖音和微信公众号等多个平台上进行产品宣传和活动铺垫，2022 年 5 月周大生在抖音上的销售额大幅增加，GMV（Gross Merchandise Volume，产品交易总额）环比增长率高达 89.6%，远超所在的珠宝配饰行业的 GMV 环比增长率（如图 1-11 所示）。

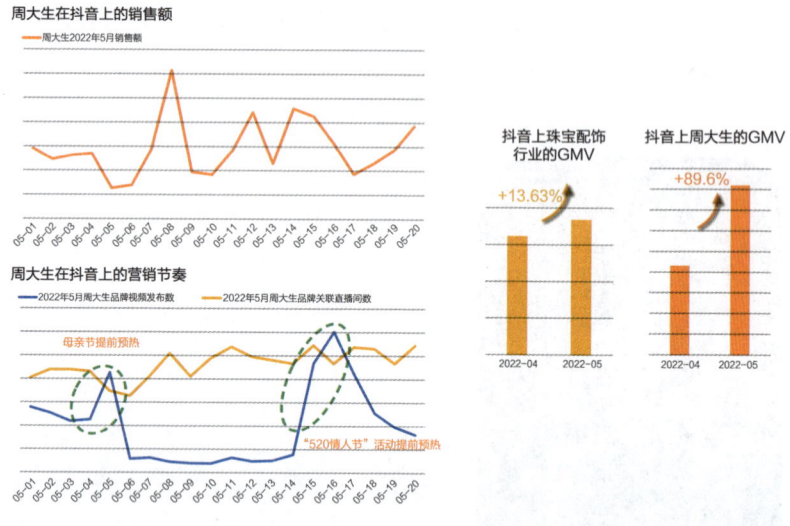

▲图 1-11

（数据来源：蝉妈妈）

4. 周大生增长营销策略总结

在活动前期，可以通过积累微信公众号官方粉丝和在微信公众号矩阵、小红书、抖音和微博等平台上联合发布内容来引起大量消费者的注意和兴趣。另外，针对不同平台的属性和消费者行为，可以设置不同的活动策略。例如，在微信端可以引导消费者去抖音搜索相关内容，在小红书或微博等内容平台上可以引导消费者进行真实分享。最终，可以在"520情人节"当天将积累的势能通过大促活动进行购买转化（如图1-12所示）。

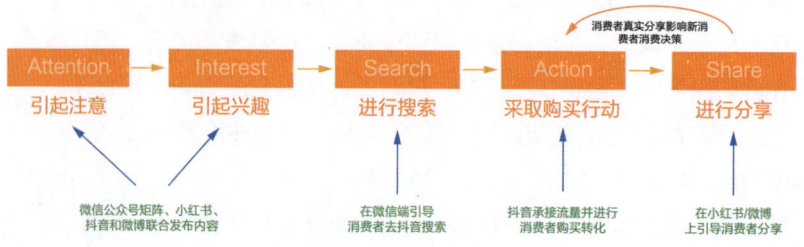

▲图 1-12

1.5.2 安热沙：全面满足消费者需求，深度了解消费者习惯

安热沙作为防晒老品牌，已经在传统电商行业牢牢地占据了消费者心智，那在进入新的渠道（如抖音）时，安热沙是如何通过数字化运营实现增长的呢？

1. 品牌起盘节点紧扣消费者消费习惯

从防晒行业的月销售额变化趋势来看，消费者购买产品具有一定的前瞻性，比如 3—9 月是防晒行业销售额出现明显波峰的时期，通常从 2 月开始出现增长，借助"妇女节"的势能，在 3 月达到第一个销售额高峰。3—6 月是防晒产品的热卖期，随后进入下降期和平销期（如图 1-13 所示）。

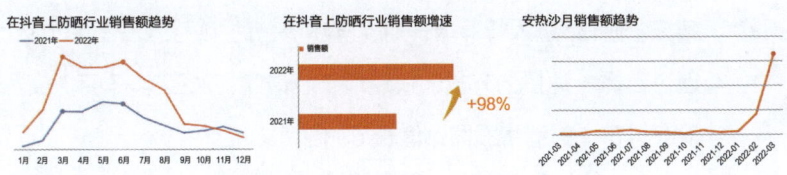

▲图 1-13

（数据来源：蝉妈妈）

安热沙在抖音布局策略上对消费者习惯做了很好的细分，把起盘阶段（渠道搭建，项目准备阶段）分为两个阶段（如图 1-14 所示），在品牌知名度和消费者资产扩大后才进入第三个阶段的增长期。这 3 个阶段的策略和目的如下：

第一个阶段：2021 年 8 月以前，与头部达人建联（建立合作关系），借助达人的影响力，快速打响品牌知名度，迈出抢占市场的第一步，并探索抖音电商规则和规律。

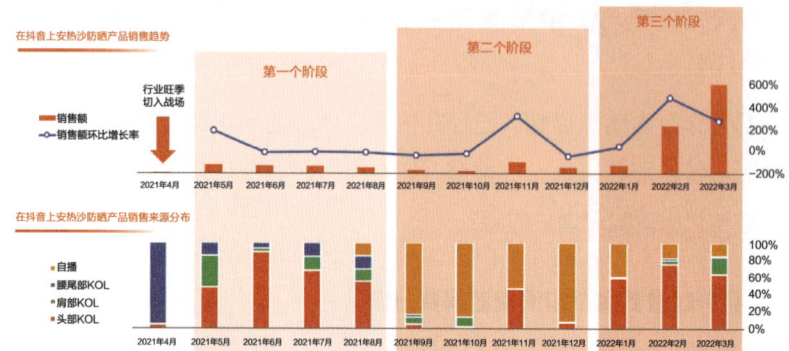

▲图 1-14

（数据来源：蝉妈妈）

第二个阶段：2021 年 9 月至 2021 年 12 月，行业进入淡季，安热沙开启了自播，深耕品牌号直播，积蓄品牌势能，蓄积消费者资产。

第三个阶段：进入行业增长期，安热沙借助"妇女节"营销节点，通过自播＋达播的方式，快速增长。最终，2022 年 3 月，安热沙在抖音上的销售额同比增长 63 倍。

2. 品牌产品矩阵和产品力满足消费者核心需求

(1) 产品矩阵满足不同消费者的需求。随着人们防晒意识的增强，越来越多的人认识到防晒是护肤的关键，防晒趋于日常化。因为不同年龄段的人对紫外线的敏感程度和皮肤的防护需求是不同的，所以对产品的需求也趋于细分，从抖音搜索指数来看（如图 1-15 所示），儿童防晒和孕妇防晒的搜索指数增速较快。安热沙通过深入了解消费者需求，逐渐推出了覆盖全体消费者的产品线，既有满足儿童防晒需求的"安热沙倍呵防晒乳"，也有敏感肌肤专用的"粉金瓶"。

第1章 得人心者得市场，懂人心者得增长 | 021

搜索指数增速（2021年Q1与2022年Q1同比）

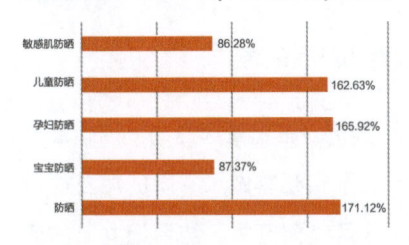

- 敏感肌防晒 86.28%
- 儿童防晒 162.63%
- 孕妇防晒 165.92%
- 宝宝防晒 87.37%
- 防晒 171.12%

细分人群搜索指数趋势（宝宝防晒、孕妇防晒、儿童防晒、敏感肌防晒）

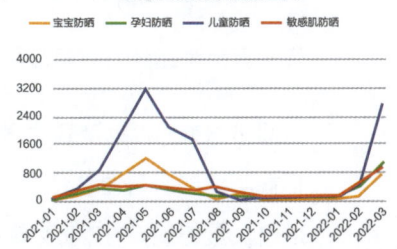

▲ 图1-15

（数据来源：巨量算数）

小贴士：
搜索指数是指消费者对关键词的搜索热度。该值越大，表示用户对此关键词的搜索兴趣越大。

（2）产品力满足消费者的使用需求。从防晒行业的消费者关键词中，可以发现当前消费者对防晒产品的使用需求。安热沙以极强的产品研发力，从加强防晒效果和注重使用体感两个方面解决消费者痛点。从这两个方面的需求来看，消费者优先关注防晒效果，希望能够在户外长时间活动时得到更好的保护，避免日晒引起皮肤损伤。所以，安热沙对原有产品进行升级，推出了水能防晒产品，这些产品遇水后依然紧密贴合肌肤。背靠极强的防晒技术和研发能力，安热沙防晒霜早已成为防晒行业的标杆级产品。在防晒效果表现良好的基础上，消费者对防晒产品的质地和使用体验也有要求，希望防晒产品能够易吸收，不会堵塞毛孔或让人感觉黏腻不舒服，同时还要兼具美容功效，例如提亮肤色等。这样更符合当下消费者对健康美丽的追求，使得防晒产品成为具有"护肤＋彩妆"双重功能的理想选择。安热沙基于消费者这些需求，推出了双重功能的焕光瓶养肤防晒产品，将妆前和隔离一步到位。

3. 安热沙的增长营销策略总结

增长营销策略分为时间布局策略和产品策略。

时间布局策略根据淡旺季调整：安热沙在选定起盘时间时精准地把握了消费者习惯，分别针对淡季和旺季做了不同的爆发前期准备，最终确定在 2022 年 1—3 月销售旺季，结合妇女节的活动制订增长计划。

产品策略根据消费者需求优化：安热沙的产品全面地满足了消费者对防晒的需求，针对不同的人群，研发了不同的产品，并通过对消费者反馈关键词进行分析，满足消费者对附加产品功能的需求。随着消费者对防晒产品的需求越来越多样化和个性化，安热沙积极创新和改进。

1.6 总结

（1）消费者洞察是业务成功的关键动作，贯穿产品全周期，是品牌增长的基石。

（2）消费者洞察 = 消费者认知洞察 + 消费者行为洞察 + 消费者需求洞察 + 消费者属性洞察。

（3）消费者认知的影响大于事实的影响，品牌要尊重消费者认知，但是能做到的品牌不多。

（4）消费者行为模型已从 AIDMA 模型向 AISAS 模型和 SICAS 模型迁移，如今消费者的分享（Share）已成为真正意义上的消费源头。

(5）消费者需求分为显性需求与隐性需求，显性需求适合品牌在原有的产品上优化迭代时考虑，隐性需求适合品牌开品（开品是指研发产品），选择市场与推出新品时考虑。

(6）品牌要"知消费者属性，定产品消费特征，明营销策略方针"。

第 2 章

品牌增长北极星，
定位就是"地位"

成功的品牌所附带的市场影响力，可以为产品带来足够高的溢价和足够高的用户忠诚度。在 20 年前的消费市场中，想卖出一件产品并没有捷径可走，商家需要走通完整的产销链路，从研发、采购、生产、分销到终端。为了让消费者买单，商家需要花费很大的力气"砸出"一个品牌，用大量广告去渗透和占领消费者的心智。如今消费市场的大环境对商家的要求越来越宽松了，大量上游厂商可以提供各种类型的产品解决方案，甚至可以直接提供成品，商家只需要贴牌就可以组建起丰富的货组。下游的渠道环境也对商家更加友好，商家不需要耗费精力建设分销供应链或者做线下铺货。越来越多的商家选择线上渠道作为起盘阶段的经营阵地。线上渠道的入驻门槛低，成本小，变现快，各类数据可视化，这些优势都受到了新入局商家的青睐。

然而，跑通一个经营链路变得更加容易，以销售额为导向的经营理念变得流行，让很多企业一味追求销售额和 ROI（Return On Investment，投资回报率），忽视品牌建设，这是一种短视的做法。我们经常能看到某个百万元销售额的白牌（小厂家生产的无品牌产品或消费者认知度较低的产品）、厂牌（产品众多，有品牌标识，但无品牌定位和产品结构）在热闹地卖货之后，由于没有品牌建设，产品竞争力下降，流量断崖式下降，直至无人问津。随着消费市场的活跃，新的消费渠道涌现，渠道发展初期的红利对企业是巨大的诱惑，快餐式的卖货变得更加平常。

一味追求效果而忽略品牌建设，是新消费品牌的典型症结。通过低价竞争和不计成本引流，一夜之间快速起量，单日 GMV 破千万元的品牌很多。然而，这些品牌缺乏品牌建设和对消费者资产的运营，随着存量消费者被消耗殆尽，平台流量竞争加剧、流量价格走高，ROI 逐渐难以维持。加之产品本身并不具备优势，在卖货热潮之后，这些品牌很快便消失在公众视野中。相比之下，有些品牌坚持长效经营。例如，品牌 FV 在直播间火爆的销售背后，积极探索品牌化进程。FV 在发展早期对标花西子，希望能够做出一款像花西子的散粉一样在细分市场中具有代表性的单品，对消费者心智渗透的重视程度大于对产品销售的重视程度，这便是从品牌定位思维出发为品牌带来增长的基础。

品牌和产品数量越来越多。企业为了存活，优先追逐产品销量是常见的事情，毕竟品牌建设需要长期投入，在短时间内很难得到回报。但品牌建设的价值是巨大的，一旦没有了清晰的定位，只是在卖货的道路上奔跑，就很容易偏航，很难从"网红品牌"成长为"长红品牌"。

2.1 品牌定位战略对品牌发展的意义

2.1.1 长期增长的动力，品牌成功的基石

1969 年，杰克·特劳特在《工业营销》杂志上发表的论文《定位：同质化时代的竞争之道》中首次提出"定位"的概念。他认为，人在大脑中会自动为每样东西都保留通道和空间，品牌所有者需要做的就是通过各种方法和手段向消费者脑中灌输信息，

以达到占据消费者脑中"位置"的目的。此后，杰克·特劳特提出定位战略，认为定位的含义主要是对产品和市场两个层面进行细分区隔，然后对区隔后的相应目标顾客的需求进行有效满足。

品牌定位战略是指品牌通过明确的品牌定位，利用各种内外部传播途径，使消费者在精神层面产生强烈的价值认同感，从而形成一种品牌文化氛围。通过建立品牌文化氛围，品牌能够提高消费者的忠诚度。在竞争日益激烈的市场上，品牌定位战略让品牌具有极强的辨识度和竞争力。

尽管企业对品牌化、品牌形象和品牌知名度有了认知，但是如果不把如此长期宏大的目标拆解成步骤，那么还是会无法落地。因此，我们引入品牌定位的概念来对品牌的打造和发展做指引。从品牌定位的角度思考，我们应该打造一个什么样的品牌？如何实现？

通过品牌定位，品牌能够准确地确定自己在市场中的位置，与竞争对手区分开，并与目标消费者建立深厚的情感连接。品牌定位不仅是一个市场营销策略，还是一个战略性决策，能够为品牌提供长期的增长动力，帮助品牌在市场中脱颖而出，吸引目标消费者关注。因此，品牌增长的北极星就是定位，它是品牌成功的基石和核心。

2.1.2　品牌定位能够解决什么问题

1. 品牌定位能够增强品牌的影响力

首先，品牌需要明白，在市场竞争者大量涌现的今天，市场环境已经决定了品牌的影响力并不完全来自品牌做大、做全，而是来自对某个细分市场、人群、概念、场景的深度渗透。一个好的品牌定位，会让品牌在做人群影响力渗透时更加聚焦，能

敲黑板！
在竞争激烈的时代，品牌要学会把市场做"小"。

够让消费者建立更精准、更具体的品牌认知。当日常消费需求涉及这个品牌所在的领域时，消费者能够自然而然地想起这个品牌。当达到这一效果时，意味着品牌对这一细分市场、人群、概念、场景的渗透已经获得了初步的成功，更多的自然流量将为品牌提供生意贡献，比如提到矿泉水，消费者会第一时间想到农夫山泉等品牌。这样，品牌的流量成本将会自然而然地下降，同时消费者的自发分享也会增多，消费者自发分享后会带来新的自然流量，品牌的生意增长就会进入良性循环。

我们回看那些让营销理念深入人心的品牌，它们都是在细分领域做"专家"的品牌。比如，围绕"敏感肌"布局所有产品线的薇诺娜根据敏感肌肤人群的需求不断完善产品矩阵，围绕"防脱发"概念做产品营销的霸王洗发水让相同的营销理念完美适配如今品牌年轻化战略所面向的年轻脱发群体，围绕白领的工作场景打造的星巴克门店让"打工人"想要抱着电脑找一个咖啡店发邮件时能第一时间想到它，围绕专业跑步鞋的性能打造产品的特步放弃跑步鞋的潮流属性，全力研究其专业功能性，在各类马拉松赛事的参赛用鞋上达到近 50% 的渗透率。

2. 品牌定位能够提升品牌的辨识度

没有一个品牌不渴望拥有足够高的辨识度，让消费者在市场上大量同质化的产品之中一眼就能认出自己。品牌定位能够让品牌明确自身所要打造的辨识度来源于何处，是一个像苹果公司一样极具辨识度的 Logo，还是像耐克一样，拥有"JUST DO IT"这一广为传播的 Slogan，或是像蒂芙尼一样专用的蓝色等。

不管品牌辨识度从哪些要素中获取，品牌都需要基于某一要素做好定位，比如品牌 Slogan 需要给人一种怎样的感觉、Slogan 的含义是否与品牌的理念相契合、Slogan 表达的内容与潜在竞争对手的 Slogan 表达的内容是否重合。

3. 品牌定位能够帮助品牌发现高价值群体

清晰的品牌定位有助于品牌理念的聚焦和输出。品牌不断地打造品牌人设、输出品牌理念的过程，其实就是不断地触达、教育、筛选消费者的过程。我们从消费者心理学的角度出发，发现消费者除了因为产品使用体验好而喜欢品牌，还会在品牌价值上寻找认同感。人们会在一个复杂的社会系统里做分类，在选择品牌时也如此。当把两个品牌同时放在消费者的面前时，消费者会自动分类，比如高端和低端、国产和进口、高价和低价、传统和新锐等，并最终将其分为喜欢和不喜欢。品牌理念在这时可以作为辅助消费者决策的重要素材。

以女性内衣为例，内外和Ubras在女性内衣市场中不断地强调年轻女性对内衣的悦己需求，强调内衣最大的作用是让自己穿着舒服，而不是取悦讨好他人，通过对这一理念的大量输出，培养消费者的品牌认同感，从而达到圈定忠诚人群的目的。另外，在产品品类上，内外的无钢圈内衣和Ubras的无尺码内衣与品牌的理念相呼应，圈定了品牌最想转化的高净值女性。这部分人群具备更强的购买意愿、传播意愿和更高的复购黏性。同时，内外和Ubras可以根据这部分人群的特征，进一步寻找更多高价值群体。

4. 品牌定位能够降低消费决策成本

成功的品牌定位，可以让消费者的消费决策变得更加简单。品牌定位意味着分层，在各个维度做好分层之后，告诉消费者品牌在哪一层。当消费者对品牌所在的位置表现出认同之后，其他的消费决策因素，比如产品价格、竞品价格、产品属性、产品质量等，就会因为消费者对品牌的认同而变得没那么重要。

举个例子，床上用品的常见需求点包括柔软、支撑、颜值设计、健康、耐用等，当想购买一款符合自己使用需求的床上用品时，消费者通常需要对产品的参数做很多次比较才能挑选出一款好的床上用品。例如，床上用品的填充材质、面料材质、面料支数、制作工艺等，这个流程通常是非常烦琐、复杂且漫长的。如果消费者不从产品角度出发，而是从品牌角度出发，比如消费者认同罗莱家纺提出的"超柔"概念，那么在挑选柔软舒适的床上用品时，即使不对比床上用品的面料支数，也会优先选择罗莱家纺的床上用品，因为消费者在心底里已经建立起了这个品牌的床上用品非常柔软的认同感，消费决策成本被大大地降低了。

5．品牌定位能够让品牌保持长期竞争力

品牌定位是如何让品牌保持竞争力的？第一，当品牌对要入局和拓展业务的市场做出评估、判断市场的发展潜力时，品牌发展的方向就有了基本的保障。第二，当品牌的定位足够有差异化且具备独特竞争优势时，品牌受到的竞争挑战就不会太大。第三，品牌定位可以锚定品牌，及时纠偏，能更好地集中资源巩固目标市场或做人群渗透。第四，随着品牌定位的巩固，品牌的消费者资产也会不断增加，当品牌长期具备某一垂直领域的消费者资产时，消费者带来的势能会自带引力，反哺品牌的经营发展。第五，品牌定位并非一成不变的，事实上，品牌定位随着品牌新业务的开拓、市场环境的改变、品牌的发展阶段等很可能会做出调整。品牌定位的意义在于让品牌长期处于明确的方向上，让品牌的市场营销、消费者运营、产品打造都可以在共同的方向发力。

2.2　从自身设计与市场选择看品牌定位

做好品牌定位应该是一个内外兼修的过程，即品牌对自身的定位和对外部的定位都需要明确。从自身来看，品牌希望自己可以提供哪些服务？输出哪些价值？为行业发展贡献什么？给消费者提供什么？从外部来看，品牌希望自己在什么样的市场中发展？品牌处在市场中的什么位置？品牌的竞争优势是什么？

品牌的自身设计往往是打动消费者的关键，消费者是如何记住一个品牌的呢？除了通过购买一款产品来认识品牌，消费者也可以通过品牌的 Logo（比如旺旺食品经典的旺仔形象）、品牌的视觉设计（比如路易威登经典的老花图案）、品牌宣传的理念（比如挑选好的牛奶，要从一头牛开始）、品牌的文化底蕴和历史故事（比如百年奔驰的豪华汽车之路）认识品牌，甚至可以只通过品牌所做的一件"小事"（比如白象招聘残障员工、鸿星尔克为灾区捐款等）认识品牌。对于消费者而言，品牌给他们的印象远远不只是某款产品这么简单。品牌想要深入人心，想要让大家口口相传，就必须在卖货之外，为品牌注入灵魂，让品牌更加鲜活立体。

消费者认同品牌所代表的价值观、消费理念，建立起对品牌的信任之后，就会成为品牌的忠诚群体，长期为品牌买单，主动分享并传播品牌。

品牌的市场选择是品牌增长的助力与天花板，消费者在购物时，首先想到的是需要某个东西，然后主动寻找有哪些品牌的这个东西。比如，先想要买一款牙刷，再去看有哪些品牌的牙刷，或者哪些款式的牙刷是符合需求的。也就是说，消费者在进行消费决策时，起点是品类而不是品牌。满足消费者需求的品类可能有多个，比如消费者需求是口腔清洁，相对应的有牙刷、漱口水等品类，这些品类在消费者心中的优先级是不同的，显然牙刷成了大部分人的必需品，漱口水的普及程度不如牙刷，相对而言，漱口水市场的规模更小；对于要选择传统牙刷还是电动牙刷，经过了多年的市场教育，消费者慢慢趋于选择电动牙刷，这就意味着这个品类更有成长空间。因此，品牌能不能快速抢占市场、能达到多大市场规模与市场选择息息相关。为什么那么多品牌要去追逐风口、寻找蓝海市场？就是因为蓝海市场自带势能，这个势能可以让品牌快速发展并且拥有更大的成长空间，反之，也可能导致一个品牌消亡。

下面从自身设计与市场选择两个方面来研究品牌定位的详细落地方法，看一看当想要做出成功的品牌定位时，需要注意哪些细节。

2.2.1　品牌设计——品牌的深度自我解剖

品牌的理念、愿景、故事、短期计划、中期计划、长期计划等，可以强化消费者对品牌的认知。当消费者产生需求时，品牌就会唤起消费者的记忆，成为消费者的首选。

请思考：
您的品牌目前做了哪些品牌设计？

1. 品牌本质

品牌本质包含品牌的宗旨、愿景、使命等要素，既是品牌灵魂的来源，也是给消费者留下品牌印象的来源。企业需要明确一个品牌诞生的初衷是什么，为了达到什么样的目的，希望品牌为社会带来什么。以小米为例，在小米诞生之初，其目的就是打造具有超高性价比的科技产品。对于小米来说，品牌的使命是做前沿技术的产品，同时用亲民的价格让所有消费者都得以体验。

2. 品牌人群

品牌人群，即品牌想要核心转化的目标消费群体，通俗地理解就是，品牌想要把产品卖给谁。每个品牌都希望自己的产品可以卖给更多的人，但为了让更多的消费者买单，品牌反而需要在目标人群上做减法。如今的消费市场的发展趋势就是做精、做细，不止是在产品端，在人群端更要不断细分。品牌要用有限的资源锁定价值最高、转化率最高的人群，让自己的营销和产品足够符合目标人群的需求与品位。

3. 品牌人设

品牌拟人化是品牌拉近与消费者之间距离非常重要的手段。与高高在上的企业相比，消费者更愿意了解的应该是一位与自己进行对话的"人"。品牌塑造什么样的形象和个性与消费者沟通，对于消费者建立品牌的第一印象至关重要。以蜜雪冰城为例，蜜雪冰城塑造了"雪王"的形象，长期以该形象做广告宣传，推出线下人偶造型，其"魔性"的主题曲配上雪王的舞蹈，让品牌形象看起来非常接地气，符合蜜雪冰城做超低价茶饮的品牌形象。

4. 品牌沟通

品牌沟通包含品牌与消费者的沟通方式和内容。在品牌设计阶段，品牌需要思考的是通过简单有力的沟通方式给消费者留下深刻的印象，也就是品牌要打造好的Slogan。比如，飞鹤奶粉的"更适合中国宝宝体质"，用9个字总结品牌想要告诉消费者的事实：飞鹤奶粉比进口奶粉更好，更加适合中国宝宝饮用。在未来的经营过程中，飞鹤也在不断加深消费者心中的这一印象，持续告诉消费者飞鹤奶粉比进口奶粉好、好在哪里。

5. 品牌识别

没有品牌不想做出更高的辨识度、更强的差异化，让消费者对品牌的印象更深。每一个大品牌都在品牌的Logo、视觉风格和图片插画等方面下足功夫，都是为了让品牌有足够高的辨识度。小米花200万元修改Logo，足见雷军对品牌Logo的精益求精。奔驰、奥迪等豪华汽车品牌，在产品的设计上一直坚持家族式外观和内饰设计，让消费者一眼就能认出这是它们的汽车。

6. 品牌呈现

品牌呈现是品牌的综合展现方式，包含上述所有品牌属性，即品牌希望通过什么样的方式呈现自己的形象、理念、产品等。常见的品牌呈现方式包括广告触达、直播展示、视频展示、线下活动、社交媒体宣传等。如果我们进一步拓宽品牌呈现的定义，那么品牌的综合属性可以有多种多样的载体，例如稀物集通过精美的产品包装展现原料珍稀、源于自然的理念，喜茶、瑞幸等品牌通过大量的 IP 联名活动，展现年轻潮流、元气活力的调性等。

我们对花西子的品牌设计做综合研究发现，在 2015 年之前，彩妆的风格种类非常多，主要有日系彩妆、韩系彩妆、欧美系彩妆等。消费者通常会使用某一种类的彩妆来打造对应风格的妆容。日系妆容强调可爱甜美，因此日系彩妆会强调元气，色彩上以橘色系、粉色系为主，产品组合主要包括眼影、腮红、口红和散粉，产品质地更加细腻，产品外观主要凸显精致的质感。韩系妆容强调打造轻薄透气的裸妆，因此韩系彩妆的色彩较为淡雅，以裸色系为主，产品组合主要包括眼影、粉底液和口红。为了打造裸妆感，产品的着色度普遍稍弱，产品包装凸显清新气质。欧美系妆容较为浓烈，突出面部的立体感，因此打造欧美系妆容必不可少的是阴影、高光、遮瑕等彩妆产品组合，欧美系彩妆的市场大、色号多，遮盖力普遍很强而且易上色，产品包装也更具色彩冲击力。2025 年将达到 1217 亿元规模的中国彩妆市场却没有中国风彩妆。

花西子关注到这一点，以国内女性为核心人群，以深度融入东方美学、塑造国潮形象为基础，推出品牌特有的"东方彩妆"品类（如图 2-1 所示）。随着中国风的崛起，越来越多的消费者开始关注唐诗宋词、敦煌壁画里的中式美人的中国风妆容。民族文化自信情绪持续高涨，加之花西子特有的东方文化，让消费者对花西子有了鲜明的记忆。如今，在东方彩妆市场中，花西子占有一席之地。

花西子：东方彩妆，以花养妆

品牌定位：标新立异，追求东方彩妆 / 深度融入东方美学，塑造国潮形象

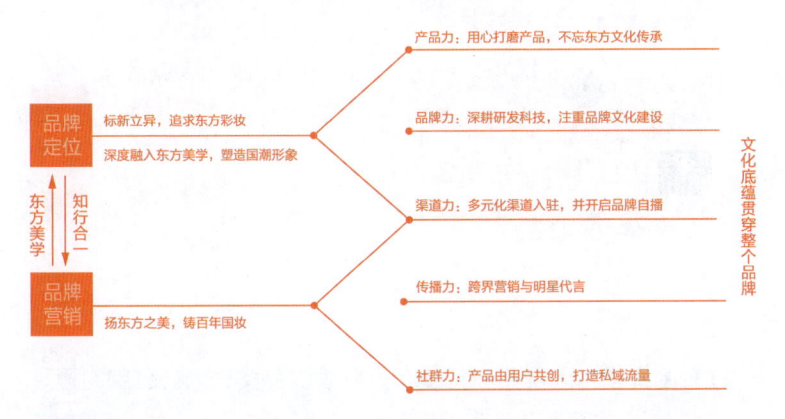

东方美学 ⇅ 知行合一

品牌营销：扬东方之美，铸百年国妆

产品力：用心打磨产品，不忘东方文化传承
品牌力：深耕研发科技，注重品牌文化建设
渠道力：多元化渠道入驻，并开启品牌自播
传播力：跨界营销与明星代言
社群力：产品由用户共创，打造私域流量

文化底蕴贯穿整个品牌

▲图 2-1

（1）花西子以适合国内女性妆容的散粉切入市场（品牌人群、品牌本质）。彩妆市场的细分品类众多，品牌如何切入市场是一个需要认真考虑的问题。花西子在 2022 年 10 月选择以散粉这个细分品类进入彩妆市场（如图 2-2 所示）。当时，竞争对手主要聚焦于眼部和唇部彩妆市场。花西子选择以散粉切入市场，打造差异化竞争优势。由于花西子的核心目标人群以国内女性为主，亚洲人的肤色和骨相更适合柔和的妆面，因此花西子以适合东方女性的散粉"出圈"。花西子的散粉在保持粉末非常细腻的同时，还添加了多种天然植物萃取成分，如金缕梅提取物、茶叶多酚等，有控油、抗氧化、保湿等功效，有利于改善皮肤质量。这种妆感非常适合国内女性，同时花西子将很多中国元素首创性地应用于产品设计上，让消费者对花西子的品牌定位与产品印象深刻。

不以西方彩妆为话语标准，构建中国彩妆自己的标准

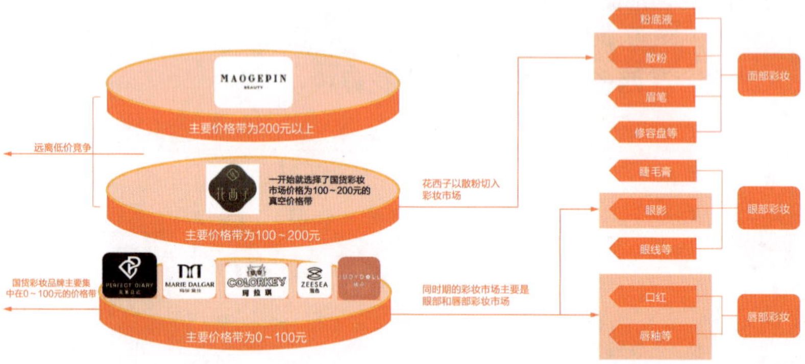

▲图 2-2

（2）围绕国内人群不断打造东方彩妆的品类概念（品牌沟通）。在打造"东方彩妆"品类的道路上，花西子有着巨大的发展潜力。定义一个全新的品类比单纯地推广产品回报更高，因为品类创新的核心是基于消费者的心智，挖掘产品的差异化价值，构建出"类"上的不同。目前，市场上已有一些中国风彩妆品牌推出鸭蛋粉（中式散粉）和青花瓷胭脂（中式腮红）等产品，但如果品牌只是单纯地宣传这些产品的特点，那么这些产品将沦为市面上的散粉和腮红大军中的一员，只不过具有偏中式的包装形态和产品名罢了。截至 2022 年 10 月，在抖音上，花西子大力打造了以东方彩妆为核心内容的品牌账号矩阵（如图 2-3 所示），以此来圈定品牌的核心人群，并定义了东方彩妆的品类概念，主营自播账号"花西子官方旗舰店"输送流量。这是一种非常有效的数字化运营方法，可以帮助品牌树立品牌形象，提高品牌认知度，吸引更多的目标消费者。

第 2 章 品牌增长北极星，定位就是"地位"　　037

序号	账号名称	首次发布时间视频	粉丝数（个）	作品数（条）	店铺好物（个）	商品来源	账号内容
1	花西子官方旗舰店	2019-03	884.6万	1696	173	花西子官方旗舰店	产品展示、直播高光时刻和场景小故事
2	彩妆有术	2020-07	39.9万	350	61	花西子官方旗舰店	美妆教程，以打造中国妆容为主
3	东方有佳人	2020-09	95.9万	240	55	花西子官方旗舰店	古装故事、汉服
4	花西子客服	2020-09	40.7万	230	51	花西子官方旗舰店	客服视角，突出优质售后保障服务，进行产品科普
5	礼待佳人	2020-10	56.4万	203	68	花西子官方旗舰店	礼仪知识分享，古典服装与产品结合
6	花西子产品教程	2021-06	2336	131	50	花西子官方旗舰店	品牌产品使用教程
7	花西子品牌直播	2021-08	12.8万	161	21	花西子官方旗舰店	产品宣传、直播高光时刻
8	花西子在海外	2021-09	2469	161	36	花西子官方旗舰店	海外达人使用产品视频
9	花西子Florasis	2021-11	5.1万	162	33	花西子官方旗舰店	新品宣传、产品故事、公益活动、代言人影片
10	戏曲红妆	2021-12	2.9万	11	0	花西子官方旗舰店	戏曲文化传承
11	花西子礼物精选	2022-01	5.1万	282	48	花西子官方旗舰店	时尚美妆小课堂，直播高光时刻

▲图 2-3

（数据来源：蝉妈妈）

（3）花西子的增长营销策略总结。花西子的增长营销策略如图 2-4 所示。

① 先了解消费人群和市场趋势，立志打造中国女性特有的东方彩妆妆感，强化品牌认知。

② 以散粉和真空价格带切入彩妆市场，打造明星爆品，为品牌赋能。

③ 抓住抖音发展红利期，开启自播，布局账号矩阵，输出不同类型的内容，强化东方美学，为品牌输送精准人群。

④ 营销手段和宣传内容紧扣东方文化，与品牌文化知行合一。

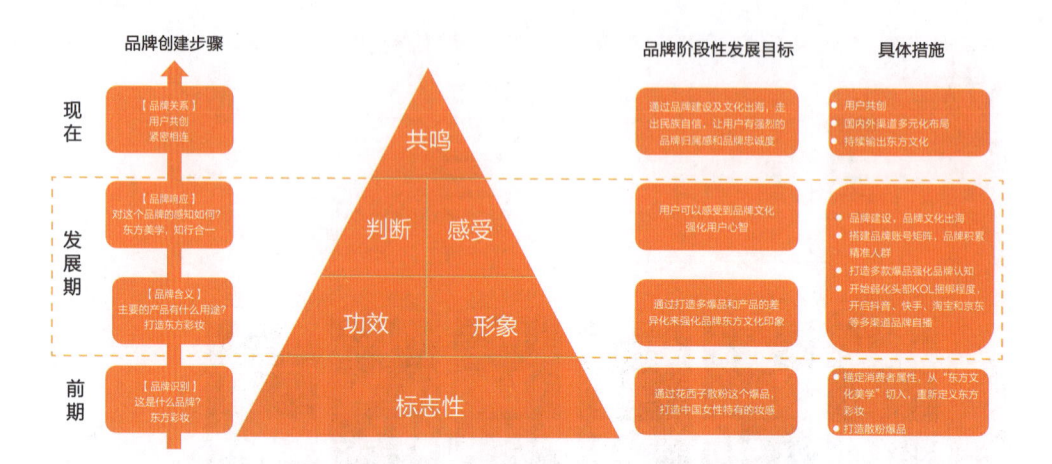

品牌创建步骤		品牌阶段性发展目标	具体措施

现在
- [品牌关系] 用户共创 紧密相连
- 共鸣
- 通过品牌建设及文化出海，走出民族自信，让用户有强烈的品牌归属感和品牌忠诚度
- 用户共创
- 国内外渠道多元化布局
- 持续输出东方文化

发展期
- [品牌响应] 对这个品牌的感知如何？东方美学，如行合一
- 判断 感受
- 用户可以感受到品牌文化 强化用户心智
- 品牌建设、品牌文化出海
- 搭建品牌账号矩阵，品牌积累精准人群
- 打造多款爆品强化品牌认知
- [品牌含义] 主要的产品有什么用途？打造东方彩妆
- 功效 形象
- 通过打造多爆品和产品的差异化来强化品牌东方文化印象
- 开始孵化头部KOL挑样程度，开同抖音、快手、淘宝和京东等多渠道品牌自播

前期
- [品牌识别] 这是什么品牌？东方彩妆
- 标志性
- 通过花西子散粉这个爆品，打造中国女性特有的妆感
- 锁定消费者属性，从"东方文化美学"切入，重新定义东方彩妆
- 打造散粉爆品

▲图2-4

2.2.2 市场选择——借助天时地利人和

对于外部市场而言，品牌准备立足于怎样的一个市场做经营发展，是十分重要的品牌定位规划。品牌的市场定位其实是一个借势的过程，因为市场定位可以决定品牌的发展速度、发展的天花板、竞争难度和发展周期。大量品牌追寻风口和蓝海市场，期望市场的势能带着自己一起飞上天，也有许多品牌选择长线发展，在充满潜力、方兴未艾的市场深耕，带动品类发展，成为行业的领头羊。这都是品牌发展的模式，而品牌需要思考的是，如何判断市场的发展潜力、如何做出成功的品牌定位。

1. 品类势能

势能是一个物理上的概念，物体储备的势能越高，能够转化为动能的能量就越大。势能原理同样适用于品牌选择的品类势能。当谈论一个品类势能高低的时候，我们通常是在讲这个品类发展的速度快不快，发展的潜力大不大，发展的天花板有多高。

高势能的品类，往往是那些已经坐在了增长快车道上的品类，或因为外部环境的改变带动品类发展，或因为消费需求的创造和升级注定了品类的诞生。例如，随着"90后"独生子女的消费力增长，养宠物、陪伴迎来相应的需求。随着养宠物理念的精致化、年轻化发展，精致养宠物风潮盛行，高端宠物用品和食品市场的发展势能就会大大增加，因为核心消费群体在增多，消费需求在增加，现有的品类并不能满足现有的消费需求。

例如，随着当代年轻人的生活节奏不断加快，长期处于工作、学习、生活等带来的压力下的年轻人的身心持续紧张，极易进入亚健康状态，加上营养保健的意识普遍提高，当前滋补保健市场风头正劲，诺特兰德借助品类势能，成为滋补保健行业的标杆。2021年在抖音上，诺特兰德成绩斐然。在"618"和"818"等重要营销活动中，该品牌屡创佳绩，从全品类品牌榜的TOP14跃升至TOP6，与此同时，连续数月占据滋补类品牌榜第一的宝座。在"双11活动"中，诺特兰德荣获滋补膳食品牌热卖榜当天和累计销售额第一名，蝉联品牌榜、热卖榜、店铺榜三冠王，品牌纪录被不断刷新。

低势能的品类的规模通常很难显著扩大，其发展速度停滞或下行，人群固化或流失。出现这一现象的品类有两条可能的发展路线：一条路线是品类尚处于初步的探索期，技术尚未成熟或者尚未出现可以推广的商业化方案，人们的消费习惯还没被培养起来，比如一直在发展中的OLED（有机发光二极管）电视，虽然具备强势的产品力，但是成本居高不下，商业化困难重重，高昂的价格让其只能走高端路线，圈定的人群范围过窄，导致OLED电视的发展还需要更多的探索，仍旧需要较多的研发投入和市场教育来刺激它发展；另一条路线是品类已经走到了发展的末期，被新需求、新技术或新场景所取代，品类的命运往往是分化或者消亡。

在理解了品类势能的概念和高低势能品类的特点之后，品牌需要解决的是如何判断品类势能的高低。最简单、最直接、最有效的方式，是看哪些品类处在上升通道（如图 2-5 所示）。高势能的品类能够展现出强势的上升姿态，这一品类的市场规模或人群规模通常已经展现出高于其他品类或高于大渠道的增长速度，这可以帮助品牌初步筛选出高势能的品类。

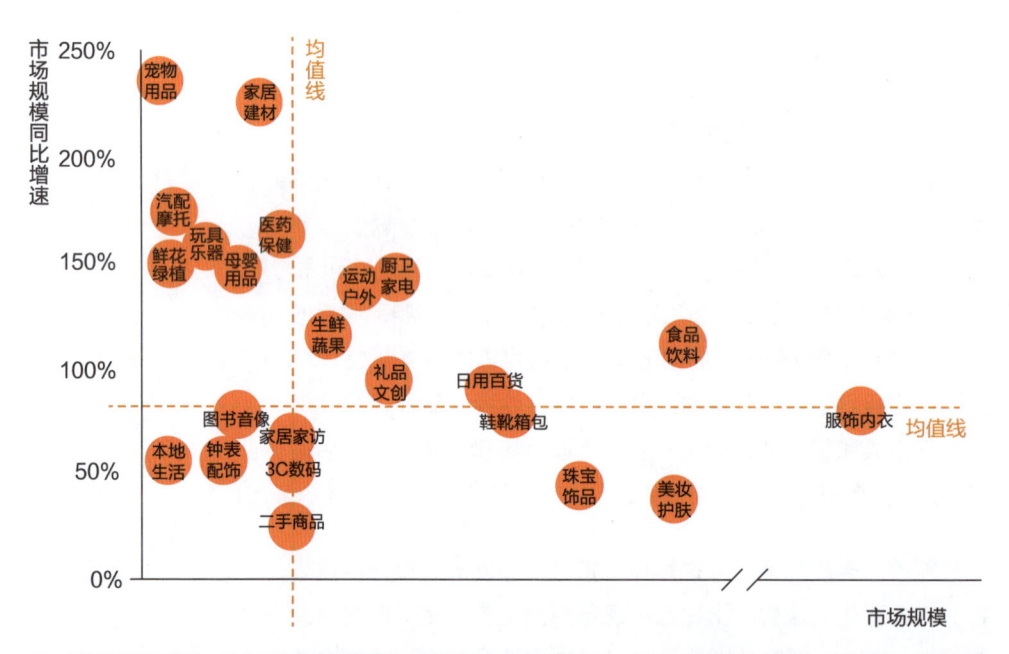

注："//"代表数据缩放，目的是全面展示数据图。服饰内衣的市场规模太大，和前面几项的较大差距，不做数据缩放会导致图片横向过长。

▲图 2-5

（数据来源：蝉妈妈）

另外，品牌也可以预估品类的潜力，正如前文说的，决定品类发展的因素包含了目标消费者的需求变化和外部环境的变化，那么品牌需要知道的就是通过什么样的方式来洞察这些变化。

比如，品牌可以对比某个行业的流量供应端和需求端来判断行业的需求是否已经达到饱和。以服饰行业的直播流量变化为例（如图 2-6 所示），可以清楚地发现，服饰行业的直播流量与直

画重点！
品牌要从流量供需状况来看行业增长空间。

播场次都是在增加的，直播流量的增加速度有所放缓，不过显然还没有到达天花板的位置。但是直播场次的增加速度是远高于直播流量的增加速度的，这意味着对于服饰行业的商家来说，平摊到每个直播间的流量开始降低了，直播的供应已经开始趋于饱和，那么对于这个品类而言，在一段时间内会处于一个稳定发展的阶段，很难具备高速增长的动力。

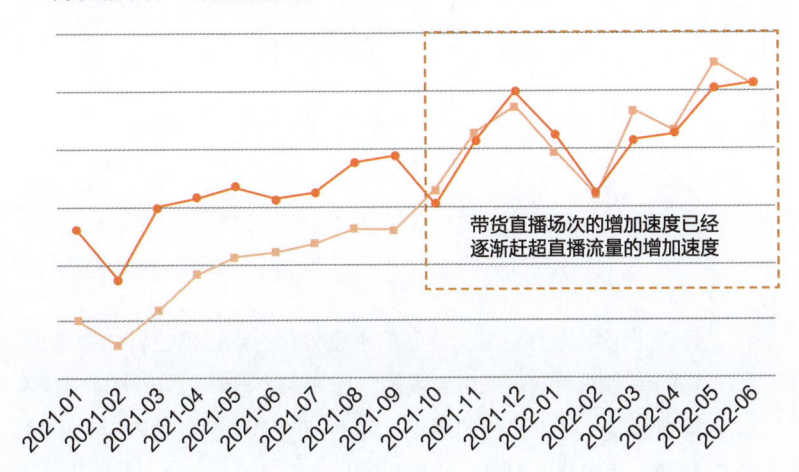

▲图 2-6

（数据来源：蝉妈妈）

2. 品类周期

想要准确评估一个品类的发展潜力，就需要从品类的生命周期入手。科技的持续发展带来的结果是人们生活方式的持续改变，而每一个生活方式的微小变化，都会带来相对应品类的诞生、分化与消亡。

品类是有生命周期的（如图 2-7 所示），一个品类在发展的过程中会从刚开始出现的探索期到高速发展的成长期，然后进入成熟期，最后到衰退期或分化期。每个品类的生命周期都可能受外部环境、科技进步、消费者的生活和消费习惯影响，最终导致生命周期的结束或延伸。正如新冠病毒感染疫情对医药保健卫生行业的需求刺激；5G 及物联网技术带来了家电智能化升级潮；消费者的护肤意识加强，消费者对护肤产品的需求精细化，如细分出针对敏感肌、油痘肌等肤质的护肤品。

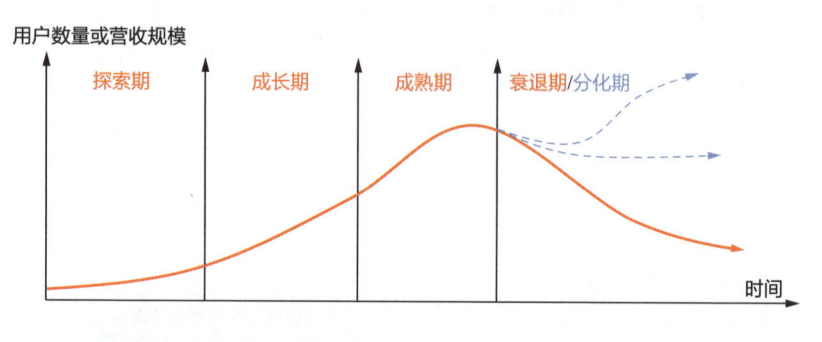

▲图 2-7

有些不够幸运的品类，走向的不是分化，而是消亡。也就是说，它的生命周期相对来讲会很短，比如人类"用"和"行"的品类（家用电器及一些工具性的品类）。我们现在几乎已经看不到白炽灯、蜡烛、显像管电视机、传真机等。

说到把握品类周期的重要性，这里有一个经典的例子，就是柯达的失败和富士的成功。柯达制造的胶卷曾经占据了胶卷市场的主要份额，然而时光荏苒，柯达现在已经破产了。柯达破产的根本原因并非胶卷出现了问题，也不是市场上出现了强大的竞争对手而无法生存，而是胶卷相机的品类消失了。消费者不再使用胶卷相机，而是选择一种容量更大、存储性能更强的拥有显示屏的数码相机进行拍照。

其实这个数码技术并不新奇，在 1975 年柯达的数码技术部就将这个品类创造了出来，然而当时柯达作为全球最大的彩色胶卷供应商，为了保持每年 140 多亿美元的销售额，选择了暂时隐藏这个技术，没有大力发展数码技术，而是专注于胶卷产品，这导致柯达错失了利用品类创新抢占市场的绝佳机会。

在数码技术风暴的冲击下，同样遭遇厄运的富士的命运却截然不同，柯达于 2012 年宣告破产。同年，富士则成功实现转型并重获新生。当数码技术革命来临时，富士依托于自身在胶卷成像等技术方面的优势，选择了走品类创新之路。因此，富士相继进入了生物医药、化妆品、高性能材料等成长可能性较大的新领域。最终，富士将沉淀多年的胶卷技术"基因"，成功"移植"到了医疗健康、高性能材料和文件处理等领域，并成了一个跨领域的新巨头。我们现在经常看到的艾诗提正是富士旗下的一个成功的化妆品品牌。

品类在不断分化的同时也在不断消失。每一个消失的品类的背后都有一个共同的原因，就是消费者对原有品类失去了兴趣，或者从根本上说，产品已经不能有效地帮助消费者解决问题了。

综上所述，我们可以通过品类的发展趋势来判断品类所处的阶段，通常一个品类的用户数量和销售规模，能够最直观地反映品类所处的阶段。

(1) 探索期。我们通常把一个品类刚刚出现，市场规模尚小，还没有出现明显的产品发展壮大趋势，增长速度还非常缓慢的阶段称为这个品类的探索期。新品类的出现通常是由新需求、新消费群体或新技术的出现带来的，处在这个阶段的品类仍在摸索市场的发展前景，对目标消费人群、产品核心卖点等还不够明晰。消费者对这个市场也还不太了解，对产品较为陌生，用户增长较为缓慢。这样的市场正在积蓄势能，很可能在某一个时间点迎来快速增长或行业整合。

> 请思考：
> 在品类的探索期既有机遇也有挑战，机遇和挑战分别是什么？

对于处在探索期的市场而言，每个品牌都是开荒者，市场尚未分出三六九等，品牌定位充满了可能性，品牌的"跑马圈地"由此开始。品牌可以根据以下几个探索期的独特标志来判断品类是否处于探索期：

① 销售规模较小，消费群体较少，且增长缓慢。

② 主流产品多为新品，产品卖点、属性差异较大，产品变化速度较快。

③ 品牌数量较少，品牌增长速度较慢，品牌的市场集中度波动较大。

④ 营销推广尚处于初级阶段，推广时间较短。

（2）成长期。当一个市场的产品模式开始有了一定的形态，市场体量开始快速增长，消费者接受了市场教育后开始涌入时，品类就进入了成长期。处于成长期的品类是大部分品牌最偏爱的品类，与处在探索期的品类相比，成长期的品类具备以下优势：

① 成长期的品类已经具备了更清晰、更明确的发展方向，品牌不再需要摸着石头过河。

② 成长期的品类的消费者已经接受了初步的市场教育，对品类构建起了消费意识。这省去了新品类在渗透人群时需要培养人群消费习惯的前期资源投入。

③ 成长期的品类的市场规模的增长速度远高于探索期，品牌能够分得的蛋糕在快速变大。

成长期的市场前景清晰，方向明确。消费者对这个市场中的产品已经很熟悉，用户量也在飞速增长。当面对成长期的市场时，品牌需要做的定位将会更加细化。市场供需双方的属性都已经比较清晰，入局的品牌开始瓜分市场用户的品牌心智。品牌可以根据以下几个标志来判断品类是否处于成长期：

① 市场规模高速增长，消费人数大量增加，新客户数量远大于老客户数量。

② 市场上开始出现主流的产品卖点，超级爆品开始出现。

③ 品牌数量快速增加，品牌的市场集中度变化趋于稳定，品牌梯队开始分化。

④ 营销理念展现出大趋势，营销渠道开始扩展。

(3) 成熟期。成熟期是考验品牌硬实力的阶段，处于成熟期的品类的市场需求趋于饱和，竞争加剧。用户量的增加已呈放缓趋势，说明潜在用户变少。市场逐步进入存量竞争阶段，品牌开始短兵相接，比拼落地运营实力。

(4) 衰退期（或分化期）。处于衰退期（或分化期）的品类的市场萎缩，出现新产品与替代品，触及发展天花板。消费者开始流失，转向其他品类的市场，出现负增长。这时，品牌应该谨慎入局，同时应该关注消费者的流失路径，并积极探索转型或增加新业务，将视角切换到正处于发展期的其他品类的市场。

3. 市场规模

研究市场规模对一个品牌有什么意义？市场规模的大小，往往决定了品牌发展能达到的上限。我们能看到许多品牌在寻求破圈，无论是品类的突破，还是营销的出圈，本质上都是为了突破市场规模的限制，寻求新市场或新人群来刺激品牌增长。

要想了解一个市场规模的大小，我们就需要从以下4个方面（如图2-8所示）对市场进行解读，立体化地感知市场体量。

市场销售规模	市场消费人数	市场流量	市场品牌数量
是市场蛋糕大小的最终呈现，直观地体现市场规模	代表市场需求端体量，决定了市场销售规模能够达到的上限	反映市场热度，包括内容热度、需求热度等	代表市场供应端体量，反映宽争程度、生态活跃度

▲图 2-8

（1）市场销售规模。市场销售规模是品牌评估一个市场最基本、最直观的指标。说白了，这个市场有多少蛋糕可以让品牌分？这永远是品牌最关心的话题。

（2）市场消费人数。消费人数的多少是品牌衡量发展是否健康的重要指标之一。当研究某个市场规模的时候，品牌需要关注这个市场已经覆盖和潜在的消费者有多少，具体包括以下几点：

① 关注市场消费人数的变化趋势，判断这个市场的人群容量是处于增长期、稳定期，还是处于衰退期。

② 根据市场消费人数的绝对量级，可以预估这个市场的消费潜力，即可以达到的生意规模。

③ 关注市场消费者的特性，判断是否存在消费升级的机会，是否存在深挖细分人群需求的机会。

④ 关注消费者结构，分析品牌的主要渗透群体与次要渗透群体，制定长期的渗透策略。

（3）市场流量。市场流量可以直观地反映市场的活跃程度，是品牌在确定完市场消费人数后，想要进一步判断市场当下的发展状态所需要分析的方面。有时候，仅仅通过市场能够覆盖多少消费者来判断市场规模是不够准确的。因为该市场的消费者很可能还没有接受过足够多的市场教育，对于市面上的产品购买意愿非常弱，也有可能市场的消费者已经完成购买，再次购买的意愿快速减弱或消费者对该品类产品的需求并不强烈，消费者量级存在水分，真正有购买意愿的消费者非常少。对于以上这些可能存在的陷阱，只观测市场消费人数是很难发觉的。

品牌观测市场流量可以敏捷、准确地了解当下的市场活跃度。举个例子，以益生菌和钙片为例，这两个品类在面向国内老年市场时，定义的市场泛消费人群十分相似，即中国 50 岁以上的保健需求群体。实际上，目标群体受市场教育的程度不同，对不同品类的接受程度存在差异。2023 年上半年，在抖音上搜索益生菌和钙片的 50 岁以上群体的 TGI（Target Group Index，目标群体指数）及搜索量来进行判断，可以发现搜索钙片的 50 岁以上群体的 TGI 为 53，高于搜索益生菌的 TGI（搜索益生菌的 TGI=47），且钙片的平均搜索量比益生菌的平均搜索量高 15%，可见 50 岁以上群体对钙片更感兴趣。向该群体推广钙片的成本更低。

前面以 TGI 和搜索量举例，实际上除了这两个指标，品牌还会通过以下常见的指标来判断行业流量：

① 产品浏览量：反映某个产品或某类产品的受关注程度。

② 直播场观（直播场观是指一场直播的观众数量）与停留时长：直播作为线上品销新的阵地，直播流量（即观众数量）的高低可以反映消费者对内容、品牌、达人或某个专场直播优惠活动的喜爱程度，品牌研究直播流量可以预估市场的活跃程度。

③ 短视频播放量与互动量：反映得更多的是目标群体对某一个领域内容的感兴趣程度，这部分群体在成交链路上，距离最终的下单环节还有一段路要走，对电商转化链路而言属于外层的流量表现，但是可以帮助品牌了解某一个市场有多少潜在的消费者。

④ 搜索流量：反映市场的需求程度，尤其可以在搜索词中下探分析，发现未被满足的强需求机会点。

⑤ 社交媒体舆情声量：这是对目标市场的综合判断，包括各类社交平台上相关内容的数量、曝光量、互动量等，是目标市场流量的综合体现。品牌可以根据舆情的情感偏向把舆情分为正面舆情与负面舆情，进一步了解目标市场的消费者预期。

⑥ 私域流量：反映目标市场的深度需求体量，是具备强产品成交意向的流量，相对来说获取难度稍大。

（4）市场品牌数量。我们观测以上 3 个方面的市场规模，主要围绕消费者展开，它们可以被归纳为市场的需求端规模，而市场的供应端规模也同样重要，因为供应端规模反映了市场生态的繁荣度、上下游建设的成熟度、市场竞争的激烈程度等，具体包括源头制造工厂的数量、供应商和分销商规模、终端分销门店数量、品牌数量等。如果品牌把目光聚焦到线上生意，包含渠道、旗舰店、专卖店、SKU（库存量单位）等，那么建议以关注市场品牌为主，关注配套生态为辅，了解市场供应端的整体规模，具体包括以下几点：

① 源头制造工厂：源头制造工厂的规模和实力，直接反映了市场的产业供应能力、产业发展升级潜力、产业成熟度等。一些行业的品牌十分依赖源头制造工厂的科研制造能力来为品牌建立竞争护城河。例如，护肤行业，随着行业成熟和消费者教育足够普及，现在的护肤品消费者不再根据营销广告来选择产品，护肤品的成分和功效已经成了消费者选购产品时重点关注的产品属性。走在科研前线的成分研发能力就成了企业发展的重要根基。

② 渠道供应链：渠道供应生态的建设数量，体现了行业生态的发展程度、抗风险能力等。一个成熟的行业的供应渠道是完善

的，生产技术是成熟的，市场规模是庞大的，同时整个供应链结构应该具备高度分化的资源分配能力和高度集中的资源整合能力，以满足行业中不同规模的商家的供应需求。在发展初期的市场中，渠道发展并不完善，行业中具备高整合能力的大供应商较少。

③ 线上 B、C 店数量：即官方开设并运营的旗舰店或专卖店数量与其他分销渠道店数量。官方店铺的数量可以反映市场中品牌直营的参与度，反映市场运营的模式，是市场经销结构是否成熟的标志之一。

④ 市场中的品牌数量：市场中的品牌数量，是这个市场供应端规模的综合体现，代表在这个市场中有多少玩家在直接给消费者提供产品和服务。市场中的品牌数量是品牌最需要关注的指标，包含了品牌数量的变化、动销品牌数量的比例、新入局的品牌数量、退出市场的品牌数量、不同规模层次的品牌数量。品牌可以通过市场中的品牌数量了解整个行业的状态、变化趋势，以及行业的结构。

4. 竞争难度

选择一个合适的市场对品牌的长期发展具有重要意义，但是在公平竞争的环境下，一个好的市场，往往会有很多品牌争相涌入。假设品牌通过前面所述的内容发现了增长期的细分市场，那么在入局前，还需要对市场的竞争难度进行预估。这可以让品牌避开红海市场激烈的竞争和高筑的壁垒，也可以让品牌提前规划好破局的长期策略。品牌要想了解一个市场的竞争难度，可以采用图 2-9 所示的 3 层策略。

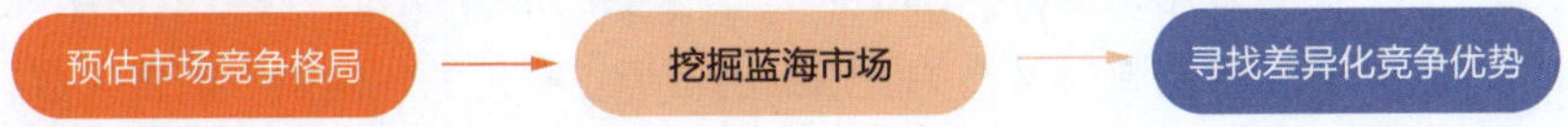

预估市场竞争格局 → 挖掘蓝海市场 → 寻找差异化竞争优势

▲图 2-9

（1）预估市场竞争格局。品牌可以通过以下数据指标，对市场竞争格局进行初步判断。

① 市场集中度（CRn）。市场集中度，亦称行业集中度，是指某行业的相关市场中前 n 家最大的品牌的某一项指标(产值、产量、销售额、销售量、资产等)占该行业总量的百分比，是对整个行业市场结构集中程度的测量指标，用来衡量企业的数量和相对规模的差异。

通过横向对比不同细分市场的市场集中度，我们可以对头部品牌瓜分市场的情况有基本的了解（如图 2-10 所示）。

从图 2-10 中可以看出，诞生多家巨头公司的运动户外行业的集中度，在抖音 17 个大行业中是最高的，阿迪达斯、李宁、斐乐瓜分了 25% 的销售额，如果我们把目光聚焦到更细的层级，比如运动鞋、跑步鞋等二级分类，那么其市场集中度还会进一步增加。另外，在抖音上，服饰内衣行业的品牌、厂牌、白牌商家非常多，众多品牌共同竞争，使得市场的品牌格局出现长尾分布。尽管服饰内衣行业的 TOP3 品牌在所有行业的 TOP3 品牌中销售额较高，但其市场占有率仅有 5%。作为一个新品牌，在入局这两个大行业的时候，可能需要考虑不同的竞争情况。运动户外的品牌需要面对来自头部超级品牌的竞争压力，在追求品牌知名度、自然流量、消费者心智方面的挑战更大。反之，新品牌在入局服饰内衣行业时，需要面对的是大量中腰部品牌同质化的产品竞争，需要在相似体量和规模的竞争者中做出差异化。

品牌可以放大市场集中度来研究市场竞争程度。市场集中度不仅可以用来研究头部品牌对销售额的瓜分能力，还可以用来观测头部品牌对其他关键指标的市场占有能力。例如，消费人数、消费者流量、消费者搜索心智、渠道占有率等。

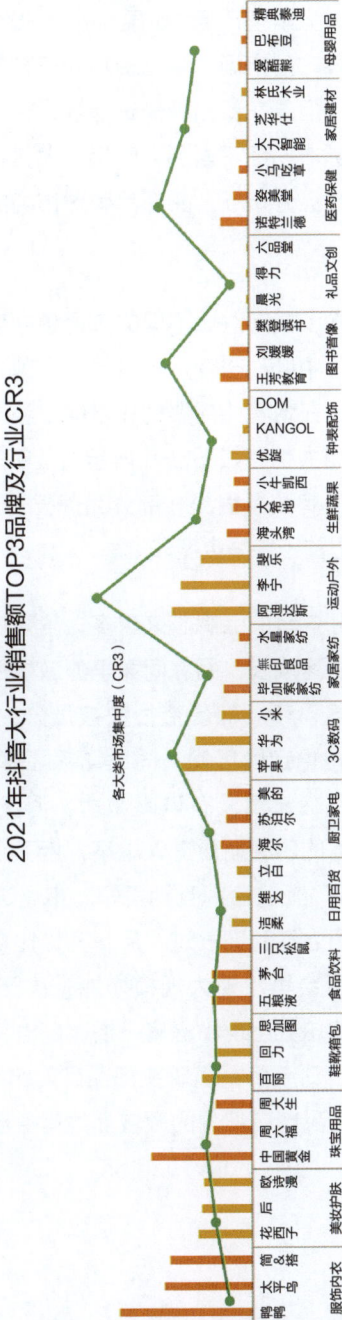

第 2 章 品牌增长北极星，定位就是"地位" | 051

▲图 2-10 2021年抖音大行业销售额TOP3品牌及行业CR3

（数据来源：蝉妈妈）

我们通常认为，如果市场集中度 CR4<30% 或 CR8<40%，那么该市场为竞争型市场；如果 CR4 ≥ 30% 或 CR8 ≥ 40%，那么该市场为寡占型市场。这一标准对于传统实体行业、制造业等较为适用，但是在新品牌快速涌现、快速迭代的线上市场，这一传统的标准已经不再那么适用，尤其在线上电商行业，大量的长尾品牌瓜分市场，头部品牌对市场的占有率通常不会达到这么高。

因此，除了横向对比不同的市场集中度，相同行业在不同时间的市场集中度动态变化也是值得品牌关注的指标，这反映了这个行业是在朝着头部聚拢还是向中腰尾部扩散。以抖音的美容仪器市场为例（如图 2-11 所示），2021 年年初，入驻抖音的美容仪器品牌数量很少，部分品牌凭借先发优势快速占领市场，因此当时的市场集中度非常高。

随着入驻抖音的品牌越来越多，美容仪器市场也从萌芽期的混沌状态快速成长，品牌间竞争的激烈程度快速攀升。随着品牌数量增多，市场的蛋糕很快被瓜分，市场集中度快速下降到一个相对稳定的区间，同时动销品牌数维持在一个稳定的范围。在平台流量没有破圈激增、消费者没有大量增加的情况下，市场的萌芽期便进入尾声，接下来就是在有限的市场容量下"牌桌"上的品牌互相竞争，市场进入稳定成长期。在这个阶段，因为红利期已过，品牌开始比拼各方面的硬实力，动销品牌数不会再出现大规模增加，甚至一些较弱的品牌会被淘汰，品牌总数出现小幅度下滑。同时，可以观察到，市场集中度开始波动下降，说明头部品牌对市场的统治不断受到挑战，许多黑马品牌在细分的领域上凭借各自的优势对头部品牌发起冲击。

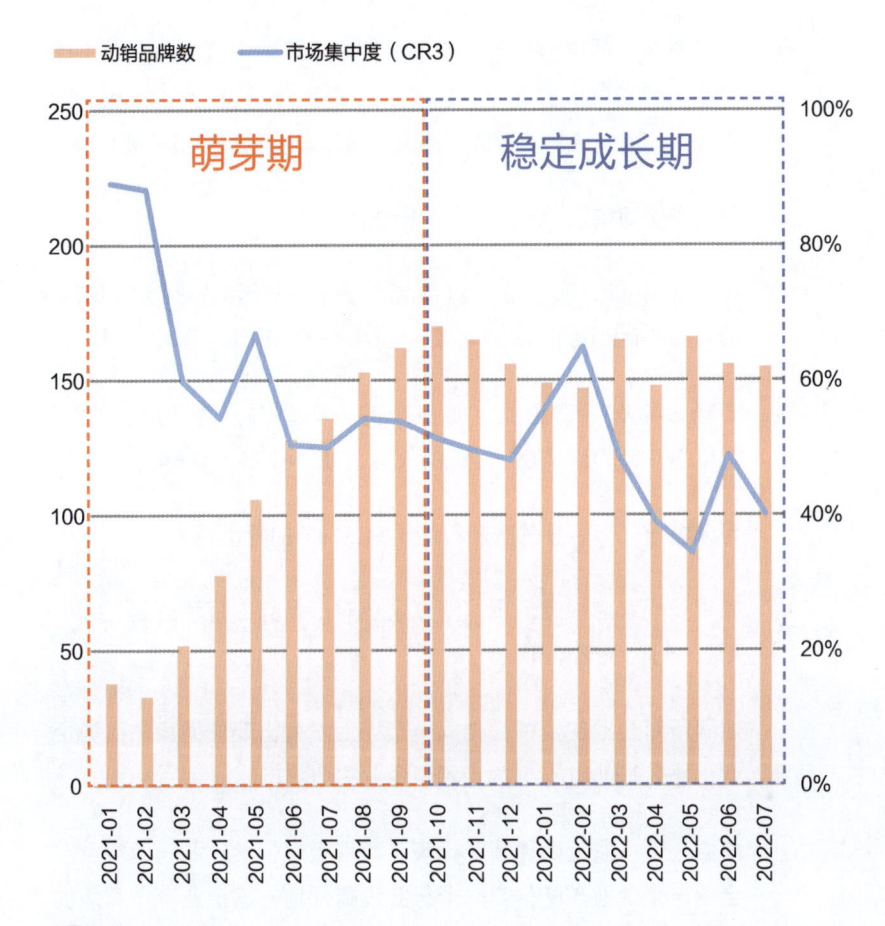

▲图 2-11

(数据来源：蝉妈妈)

下面介绍一下市场集中度这个指标的缺点。由于市场集中度反映的是头部几个品牌的市场占有率，所以没有考虑市场品牌数量，这会导致在不同体量的市场中，市场集中度可能相同，而实际上其代表的意义完全不同。同时，很多新入局的品牌并不具备挑战头部品牌的实力，因此可能更关心中腰部品牌的竞争格局。品牌可以借助下面的指标做判断。

② 赫氏指数（HHI）。赫氏指数，即赫芬达尔指数，是一种测量

行业集中度的综合指数。它是指在一个行业中各市场竞争主体的收入或资产所占该行业总收入或总资产百分比的平方和，即市场中厂商规模的离散度，用来衡量市场份额集中度的变化。

我们举例简单地说明一下这个概念。

市场 A 中有 3 家企业，对市场的占有率分别为 50%、40%、10%，HHI=50%×50% + 40%×40% + 10%×10% = 0.42。

市场 B 中有 3 家企业，对市场的占有率分别为 70%、20%、10%，HHI=70%×70% + 20%×20% + 10%×10% = 0.54。

可以看出，市场 B 的垄断程度更高，HHI 的值也更高。

如果我们考虑极端情况，即某企业对市场的占有率达到 100%，那么 HHI=100%×100%=1。

如果所有企业的规模都相同，市场上没有出现任何竞争优势企业，那么 HHI=1/n，n 为市场中企业的个数。

总结一下，以上两种情况代表了两种极端情况，即一个行业完全由一个企业垄断，或一个行业没有任何一家企业存在竞争优势。我们可以总结出，HHI 是一个大于 1/n，小于 1 的数字（为了便于使用，许多人在使用 HHI 时喜欢 ×10000），HHI 越接近 1 代表垄断程度越高。我们给出了一个基于 HHI 划分的竞争型市场与寡占型市场标准以供参考（如图 2-12 所示），它对不同大行业下的分类可能存在差异。由于 HHI 是由行业内所有企业的市场份额共同计算得出的，所以在一定程度上比市场集中度更能代表行业总体的竞争情况。

竞争Ⅱ型	竞争Ⅰ型	低寡占Ⅱ型	低寡占Ⅰ型	高寡占Ⅱ型	高寡占Ⅰ型
HHI	500	1000	1400	1800	3000	10000

▲图 2-12

③ 市场占有率分布曲线。前面提到的 CRn 和 HHI，都是将某个市场中品牌间的竞争关系聚合为一个数值，可以快速、直观地反映市场竞争情况，但并非每个品牌在挑选市场的时候，都是朝着市场的头部位置发起进攻的，不同背景的品牌关心的市场竞争梯队也存在差异。因此，在数据允许的情况下，市场占有率分布曲线是最能准确反映市场中各个不同梯队的竞争程度的。

以 2022 年与 2021 年抖音的日用百货、服饰内衣、美妆护肤 3 个行业的 TOP50 品牌为例（如图 2-13 所示），我们将 TOP50 品牌按照销售额降序排序，然后观察市场占有率（销售额占比）分布曲线的变化。可以明显看出，2022 年 3 个行业的 TOP10 品牌的市场占有率都出现了下降，其中美妆护肤行业下降最明显。在 TOP10 ~ TOP30 品牌中，日用百货行业的品牌的市场占有率下降最多，服饰内衣行业的品牌的市场占有率小幅下降，美妆护肤行业的品牌的市场占有率则基本不变。通过市场占有率分布曲线，我们可以很清楚地观察到不同梯队的品牌的市场占有率变化情况，以便进行对标。

请思考：
上面提到了几种预估市场竞争格局的方法？

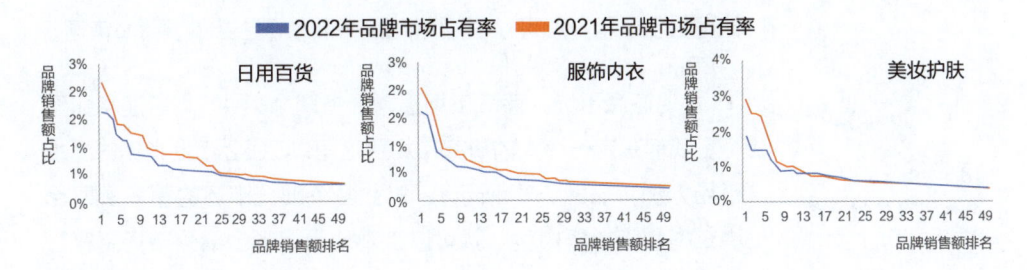

▲图 2-13

（数据来源：蝉妈妈）

当想对比两个不同市场的品牌的市场占有率分布情况时，我们就可以使用市场占有率分布曲线（如图 2-14 所示）。可以直观地看出，在 A 市场中，大部分品牌的市场占有率为 10% 以内，而在 B 市场中，大部分品牌的市场占有率为 15% 左右，B 市场的市场占有率更加往头部聚拢。

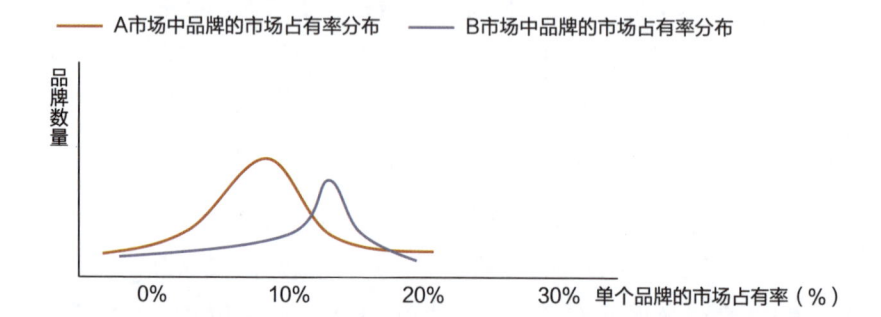

▲图 2-14

（数据来源：蝉妈妈）

（2）挖掘蓝海市场。蓝海市场对初入市场的品牌往往有着极大的吸引力，没有品牌不希望找到一个既高速增长又没有人竞争的沃土。如果说在 20 年前，品牌依靠商业嗅觉去发现蓝海市场，那么在今天，品牌就需要尝试通过数字挖掘蓝海市场。品牌需要思考期望的蓝海市场需要满足什么条件，如果能将对应的条件用数字展示，就可以很好地判断一个市场是否属于蓝海市场。

① 发现蓝海市场。蓝海市场通常具备两个条件：高增速和弱竞争。我们限定一个大的研究市场（这里以 2022 年上半年的酒水市场为例，如图 2-15 所示），对比各个细分市场的销售额同比增长率和市场集中度，就可以直观地看出哪个细分市场更符合蓝海市场的标准。

从图 2-15 中可以看出，处于弱竞争、高增速的进口葡萄酒品类，是最符合蓝海市场定义的细分市场。处于右上角的细分市场，虽然增长速度足够快，但市场竞争较强，已经被某些品牌占领了市场。

请思考：
蓝海市场有什么特征？

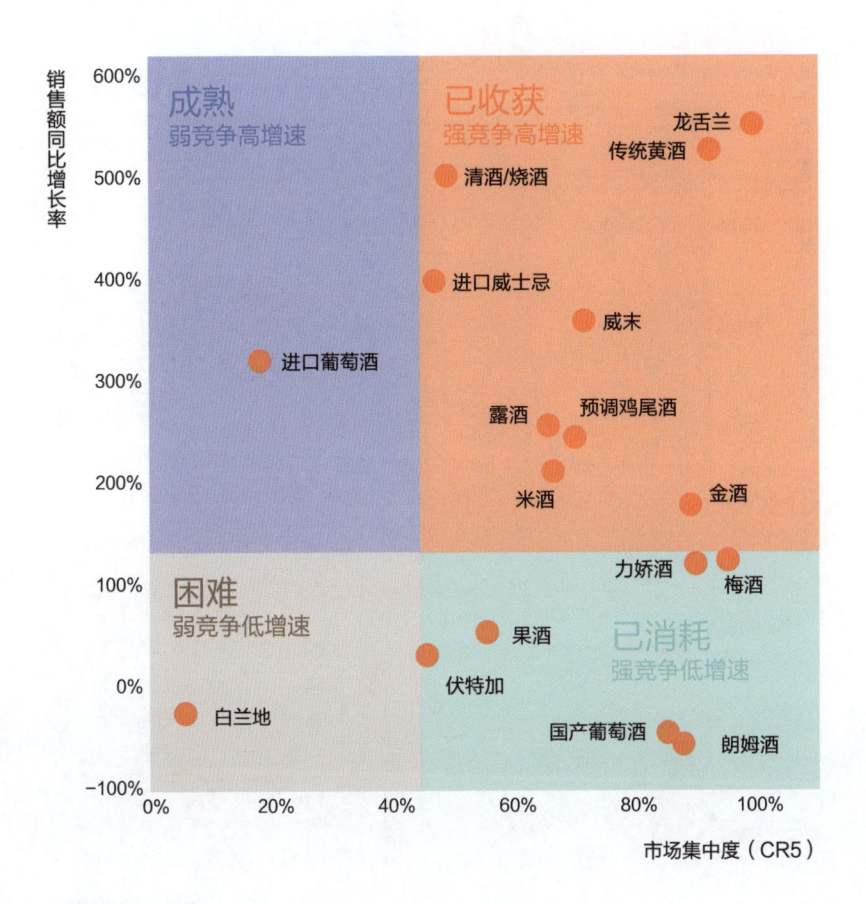

第 2 章 品牌增长北极星，定位就是"地位" | 057

▲图 2-15

（数据来源：蝉妈妈）

很多品牌在做分析时，到这里就给出结论了，但是前面提到，在判断一个市场竞争强弱的时候，不能只关注 CRn 的大小，而忽略市场销售额的大小和品牌数量的多少，比如美容仪器市场，在市场刚开始萌芽的时候，其市场集中度一度很高。所以，我们可以把图 2-15 中每个细分市场的销售额再展现出来，用气泡大小来表示（如图 2-16 所示），辅助我们了解市场本身处于怎样的一个阶段。这样就可以发现，处于右上角的龙舌兰、米酒、金酒、露酒等品类本身的市场销售额还非常低，仍旧具有入局的潜力。

气泡大小：市场销售额

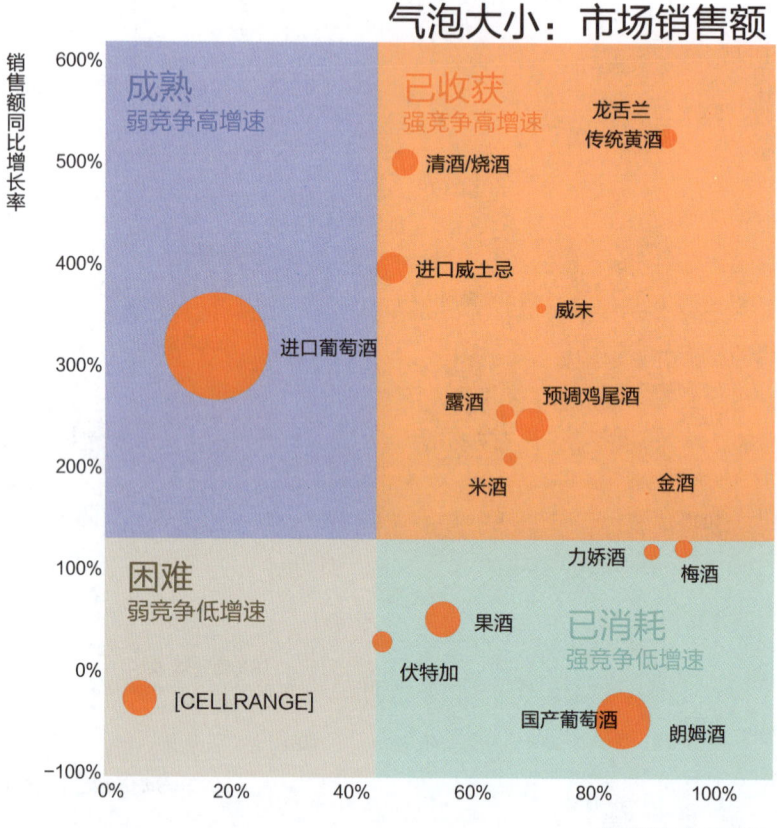

	弱竞争	强竞争
高增速	**成熟**	**已收获**
低增速	**困难**	**已消耗**

主要品类分布：龙舌兰、传统黄酒、清酒/烧酒、进口威士忌、威末、进口葡萄酒、露酒、预调鸡尾酒、米酒、金酒、力娇酒、梅酒、果酒、伏特加、国产葡萄酒、朗姆酒、[CELLRANGE]

横轴：市场集中度（CR5），0%~100%
纵轴：销售额同比增长率，-100%~600%

▲图 2-16

（数据来源：蝉妈妈）

② 创造蓝海市场。当拉长时间线去观察市场中出现过的蓝海市场时会发现，一个有需求且受欢迎的品类不会凭空诞生，往往是基于现有的品类升级，或细分下探，创造出一个新的需求市场。开拓新品类的品牌，往往能够在创新市场中把握先发优势，拥有更多的品牌势能。

基于使用痛点的品类升级——无线吸尘器：传统吸尘器在使用过程中存在两个常见的痛点。一是吸尘器的头连着很长的集尘管到集尘仓，且吸尘器在使用过程中必须保持插电，在长时间大范围的使用过程中有很多不便之处；二是吸尘器的核心部件——马达的转速较慢，导致吸力不够，清洁效果不理想。戴森通过对无刷电机的研发，把吸尘器的马达的转速提升了数倍，加上无线手持的设计，使得无线高速吸尘器的品类诞生，创造出新的蓝海市场。

基于使用便利的品类升级——洗衣凝珠：洗衣清洁用品在过去的20年里，经历了从香皂到洗衣粉，再到洗衣液，最后到洗衣凝珠的品类升级。由于洗衣产品本身在清洁成分上没有突破性的升级，因此在围绕消费者使用便捷这一点上，各大品牌在产品形态上不断创新。

基于功能需求的品类升级——功效成分护肤品：护肤品市场已经是一个发展多年的红海市场，但随着近年来护肤群体对护肤需求的不断升级和分化，许多细分的护肤品蓝海市场不断涌现。其中大热的功效成分护肤品就是护肤品类的一大创新升级。在护肤群体逐渐年轻化的今天，年轻消费者的多元化也反映到了护肤需求上。现在强烈的护肤需求与20年前的美白、淡斑、保湿、抗老不再相同。消费者的使用场景延伸出了加班、熬夜、旅游出行等。消费者的肤质分成了干皮、油皮、混油皮、"敏感肌"和"沙漠肌"等。这些不断细分的场景和肤质对应着不同的细分需求，品牌为了满足这些需求，开始从护肤品的添加成分入手做品类升级。例如，欧莱雅主推玻色因护肤品，珀莱雅主推"早C（维C类成分）晚A（维A类成分）"产品。随着消费者需求越来越细化，胜肽、烟酰胺、角鲨烷和麦角硫因等陆续作为主推的成分。

（3）寻找差异化竞争优势。选择优势的市场可以让品牌面对更低的压力快速度过起盘期，也可以让品牌在长期增长的时候有更大的市场容量去运作。然而，无论在什么样的市场中，都会有竞争对手出现。面对市场竞争，品牌如果想实现长期有效的增长，就必须利用多方面的差异化来建立竞争优势。

① 产品成分差异化。国产奶酪棒市场被伊利、妙可蓝多等品牌占据。在各个品牌主营的奶酪棒中，纯奶酪含量一直维持在 15%～20%。奶酪博士瞄准了高端奶酪棒市场，在产品最核心的参数——纯奶酪含量上，直接做到了 55%，远高于行业平均值，并以此优势做强营销输出，教育消费者"55% 奶酪添加的奶酪棒才是好奶酪棒""真正的好奶酪棒不添加一滴水"。产品成分上的差异化让奶酪博士在入局初期快速占领了消费者心智，获得了追求辅食品质并有高消费能力的宝爸和宝妈客户，与竞品形成了明显的差异化竞争。

② 市场定位 - 价格带差异化。从产品价格带出发进行市场定位是寻找差异化细分市场的常见方法之一。从家用高速吹风机市场头部品牌的主营单品价格带来看（如图 2-17 所示），在 400 元以下的平价和中客单价吹风机市场中有多个品牌参与竞争，其中不乏飞科、松下等知名度很高的品牌，600～1000 元的高客单价市场则被少数几个品牌占据，其中包括追觅这样的新锐黑马品牌，1000 元以上的超高客单价市场基本上被 AIRFLY 和戴森占据。然而，400～600 元的市场基本上没有品牌涉足，这就是徕芬在做高速吹风机时瞄准的市场。

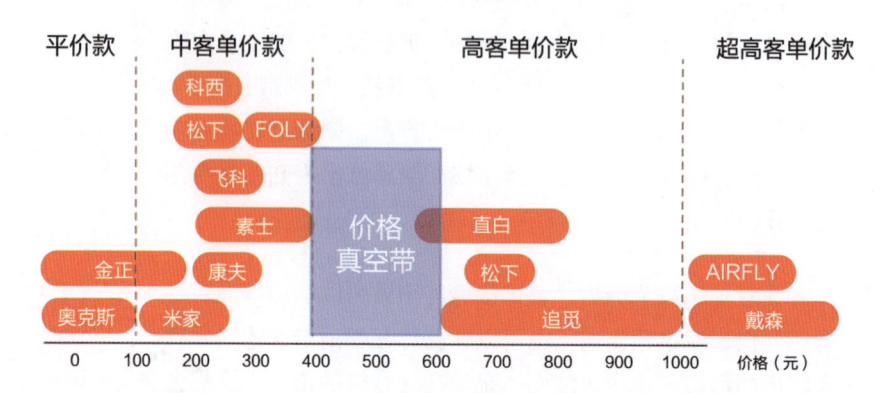

▲图 2-17

（数据来源：蝉妈妈）

当然，选择一个没有品牌涉足的价格带其实并不是一件难事，难的其实是如何在这个价格带中做出消费者需要的产品。徕芬的首款高速吹风机以 500 多元的价格入局，用创始人叶洪新的话说，想要做"中国的戴森"，造一款质量对标戴森，而价格对标米家的高速吹风机。徕芬的高端吹风机的马达转速完全可以与千元级别的追觅、戴森持平，达到每分钟 11 万转，这赋予了徕芬在这一价格带的绝对竞争力。

> **请思考：**
> 一个没有品牌涉足的价格带是不是前人探索后放弃的价格带？如果这是一个被放弃的价格带，那么别人为什么放弃？

前面从 4 个方面了解了一个市场，并总结了不同市场的特点。任何一个市场都有优势和劣势，例如在高增速的市场中，必定有大量的竞争者参与；在小规模高潜力的市场中，必定需要投入大量的资源做人群渗透，并且需要更长的发展周期；在大规模成熟的市场中，必定面临头部玩家的垄断和打压。因此，市场的选择没有绝对的正确答案，对于每个品牌来说，其企业背景不同、发展阶段不同、运营实力不同等，都有对于它们而言最适合的市场。因此，我们来归纳一下不同的品牌和不同的市场之间有怎样的适配关系。

任何一个市场都没办法同时具备大规模、高增速、弱竞争这 3 个优势，因此我们把这 3 个属性组成的模型称为"市场发展不可能三角"模型（如图 2-18 所示），并基于此三角模型判断不同类型的市场与企业的适配关系。

（1）稳定发展的成熟市场。适合这类市场的一种品牌是具备强品牌力、产研实力的头部规模的品牌。成熟市场通常具备足够完善的研发、供应、分销体系，市场的核心消费人群已经非常清晰，品牌不需要进行大量的商业链路打通和对消费者的品类教育，可以凭借具有竞争力的产品和强大的品牌"背书"直接入场。例如，在各个不同品类的家电产品中，如厨房家电产品（如电饭锅、微波炉等）、白色家电产品（减轻劳动强度，提高生活水平的家电产品，比如洗衣机、冰箱、空调等，因这部分外表多为白色，所以被称为白色家电），都能见到美的的产品。美的凭借极高的品牌知名度，在新进入某个品类的市场时都可以快速收获第一批消费者，同时其自身的研发实力和成熟的分销网络体系是不断跨界的终端保障。

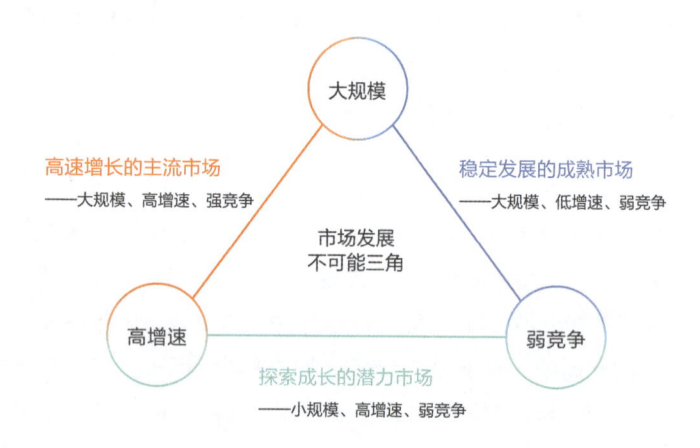

```
                     大规模

   高速增长的主流市场              稳定发展的成熟市场
   ——大规模、高增速、强竞争          ——大规模、低增速、弱竞争

                   市场发展
                  不可能三角

   高增速                              弱竞争
            探索成长的潜力市场
            ——小规模、高增速、弱竞争
```

▲图 2-18

另一种适合这类市场的品牌是，具备创新升级能力、在现有品类上做细分创新的品牌。成熟市场的竞争格局通常相对稳定，在没有大的客观因素（比如政策调整或大事件）影响下，品牌想要入局竞争就要进入短兵相接比拼全链路运营实力的阶段，而大部分品牌并不愿意参与这样的"肉搏"。如果品牌本身有创新的竞争力，有创新技术、创新品类，或发现了细分人群未被满足的新需求，就可以开辟一条新的经营路径，通过消费者现有的成熟心智和足够大的市场做创新，可以快速验证效果，缩短起盘周期。例如，在成熟的速溶咖啡市场中，凭借产品形态——冻干咖啡粉、咖啡液的创新，三顿半、隅田川、永璞等一众新锐速溶咖啡品牌，满足了年轻人对速溶咖啡的新需求，成了年轻人的新宠，给已经被雀巢占据多年的咖啡市场带来了新的发展方向。

（2）高速增长的主流市场。大规模、高增速的市场往往是当下热门的风口市场，消费者的消费热情高涨，产品快速迭代升级。这类市场正是品牌大量涌入的市场，具备一定积累的头肩部品牌适合抢占这个市场，凭借已经打通的产销模式，可以在市场上快速地圈定第一批销售者，借着市场的增长趋势，同步扩大自己的生意体量。2021—2022年的抖音保健品市场保持着高增速，新冠病毒感染疫情给消费者带来的思想改变是更加注重轻养生轻保健，诺特兰德推出的叶黄素软糖、多维片等产品受到消费者青睐，而仁和凭借多年的药企品牌沉淀，紧随其后推出同类型的叶黄素软糖，在极短的时间内实现了单品销售额破千万元，一时间给诺特兰德造成了不小的市场冲击。

这类市场也适合在某个细分垂直领域具备强竞争力，或锚定某个细分领域发力的新锐品牌。在高速增长的主流市场中，竞争激烈，头部品牌垄断，新加入的中小品牌为了快速跑通产销链路，会采用已经成功的商业模式来分一杯羹。采用这种策略的品牌非常多，如果中小品牌没有把生意做精、做细，就会陷入流量肉搏战，做同质化的营销动作，陷入"内卷"。因此，这类市场更适合有细分优势或者把资源集中到细分发展方向的新锐品牌，只要采用差异化竞争策略，就能稳稳地占据高速增长的主流市场的一角。

（3）探索成长的潜力市场。这类市场通常是处在探索期的市场，由于本身的市场规模很小，所以很容易获得成倍的增长，产销方向、目标人群、货品方向等尚不明确，变化速度快，品牌还需要大量摸索和加强消费者教育。这类市场适合品牌力不强，不具备人群基础的品牌入局，市场竞争弱，不会让品牌在起盘期就感受到很大的竞争压力，品牌可以充分探索更多的可能性。例如，2010年，在国内手办潮玩市场中没有足够突出的品牌，它还是一个很小众的市场。随着泡泡玛特在市场中的长期尝试，迭代产品，最终通过Molly这一形象取得成功，一举将手办潮玩市场从小众市场推广为年轻群体的大众消费市场，并成了这一市场中的头部品牌。

从上面的例子中可以看出，探索成长的潜力市场并不适合那些想在短时间内靠"大力出奇迹"做出成绩的品牌入驻，市场本身尚在孵化，获得利润所需要的时间和资源在很多时候并不好估算。所以，探索成长的潜力市场更适合那些想要带动某个细分行业从 0 到 1 并长久发展的品牌。这类品牌要做好长线布局，不断探索品类的可能性。

2.3 总结

（1）在消费决策中，品牌好是消费者购买产品的重要理由，成功的品牌所附带的市场影响力，可以为产品带来足够高的溢价和足够忠诚的消费者。

（2）品牌定位战略是指企业先建立清晰的品牌定位，然后利用各种内外部传播途径形成消费者对品牌在价值上的高度认同，从而形成一种品牌文化氛围，并通过这种文化氛围形成很强的消费者忠诚度。

（3）企业需要先明确打造一个品牌需要哪些要素，再对每个要素分别做明确的定位。

（4）品牌定位的意义在于通过品牌差异化和辨识度，扩大品牌影响力，从而提高消费者资产价值，让品牌保持长期竞争力。

（5）做好品牌定位是一项系统化的工程，是品牌行动的指导方针，因其涉及的环节众多，所以需要能够协调统一、全面整合的思维。

(6）做好品牌定位是一个内外兼修的过程，要从内拆解清楚品牌本质、品牌人群、品牌人设、品牌沟通、品牌识别和品牌呈现，从外识别品类势能、品类周期、市场规模和竞争难度。

(7）追逐蓝海市场并不是品牌进行市场定位的唯一途径。建立差异化竞争优势，进行品类升级，发现新蓝海市场，都可以帮助品牌破局。

第 3 章

小产品的大增长，爆品打造靠企划

现在的电商平台，依靠成熟的市场教育、热点的超强爆发力、流量对单品打造的助推力，以及各个品牌在营销上的不断创新和投入，快速打造一个成功的爆品已经成为常事。随着品牌快速推陈出新，产生了供大于求的局面，消费者的兴趣从一个爆品上快速转移到下一个爆品上，品牌忠诚度降低，最终导致一个爆品的生命周期大大缩短。因此，对于品牌而言，爆品总有"保质期"，而打造一个能让品牌持续孵化爆品的产品企划模式，才能够让品牌在市场上长期保持竞争力。

3.1 没有哪一个品牌能够靠一个产品长期存活

在市场营销学中，有一个概念叫产品生命周期。它是指由消费者的需求变化及市场影响导致的产品由盛转衰的周期。没有哪一个品牌能够靠一个产品长期存活，追觅为了应对不同的消费者对洗地场景的不同需求，满足消费者不断升级的需求变化，快速迭代和研发新产品，最大限度地抢占市场份额，如图 3-1 所示。

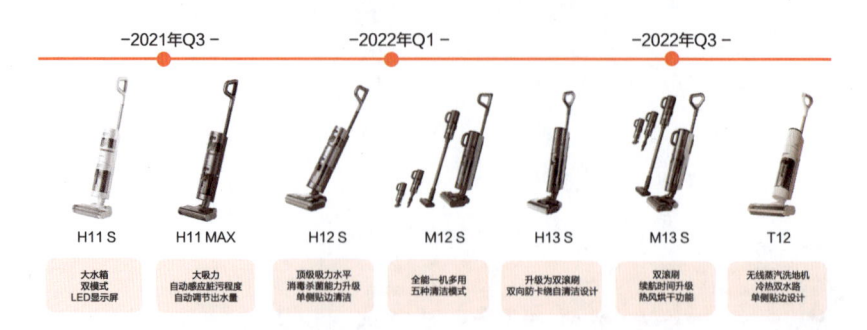

―2021年Q3―　　　　　―2022年Q1―　　　　　―2022年Q3―

| H11 S | H11 MAX | H12 S | M12 S | H13 S | M13 S | T12 |

大水箱　　　大吸力　　　顶吸吸力水平　　全能一机多用　　升级为双浪刷　　双浪刷　　　　无线蒸汽洗地机
双模式　　　自动感应脏污程度　消毒杀菌能力升级　五种清洁模式　　双向防卡绕自清洁设计　续航时间升级　　冷热双水路
LED显示屏　自动调节出水量　　单侧贴边清洁　　　　　　　　　　　　　　　　　　　　热风烘干功能　　单侧贴边设计

▲图 3-1

（资料来源：追觅官方产品图）

对于品牌而言，一个好产品是品牌增长的核心推动力之一。在运营圈子里流行这样一个公式——爆品 = 产品本身占 70%+ 运营占 20%+ 运气占 10%。所以，品牌应该了解市场需求，研发具有优秀质量和性能、独特特点、良好品牌形象的产品，并且保持价值和价格的平衡，让消费者感到满意。

品牌每研发一款产品都需要倾注大量的时间和金钱，包括产品研发成本、仓储运输成本、推广营销成本及掺杂其中的人力成本，即使产品还未进行分销，也已经投入很多沉没成本。如果品牌没有认真进行产品企划，那么很难避免生产的产品缺乏竞争力、没有差异性，最终难以在市场上立足，这对于品牌来说就是极大的资源浪费。2023 年，越来越多的品牌在产品研发上投入经费进行数据分析，福建省的很多服装品牌在研发每个季节的新品之前都需要通过数据做一次产品研究。这样的分析对企业有多重要？通常参与研究的主要有战略部、产品部、销售部、市场部、电商部。他们会研究定价，看一看面料成本和将来的市场价是不是匹配，研究爆品应该是什么风格的，是中国风的、商务风的还是朋克风的等。当然，产品研发之前要研究的远不止价格和风格，下面介绍具体要做哪些方面的分析。

请思考：
你们的产品在研发之前做过哪些产品研究？

3.2 产品企划方向

3.2.1 产品设计四要素

产品设计的本质是差异化与聚焦，同质化产品遇到的尴尬困境——卖点不独特，内容投放和竞品雷同，投放效率不高。这会让品牌陷入焦虑。产品设计是品牌定位的具象化表达。

在设计产品时，品牌需要考虑产品的盈利点、产品的市场竞争性、与竞品的差异化、在产品矩阵中扮演的角色、产品的生命周期等。

产品需要设计什么？产品可以从以下四个方面进行设计，即使用场景、产品特点、产品功能和适用人群。

1. 使用场景

产品设计的本质是构建场景，在设计过程中需要思考如何让产品与场景之间的连接更加顺畅，如何让消费者产生更深刻的认知和理解或者影响消费者认知。如果消费者在决策环节能够跳过"从品类中思考"，直接在特定场景中想到你的产品，就说明产品定位是突出的，并渗透到了消费者认知中。例如，累了困了喝东鹏特饮，小饿小困喝香飘飘奶茶，没事就吃溜溜梅，状态不在脉动回来，感冒就吃999感冒灵等。

2. 产品特点

在产品的基本功能满足消费者需求之后，品牌需要思考产品特点，打造与竞品之间的差异化，让产品更具辨识度和竞争力。产品特点作为基本功能之外的补充设置而存在，通常会从质地、功能、成分、规格、制作工艺、板型、外观等方面入手，寻找适合切入的方向。对于不同行业的产品来说，需要关注的产品特点会有所不同，在各行业热门产品的核心特点（如图3-2所示）

中可以看到，食品饮料行业更重视的产品特点是口味口感、食用方式、健康、低脂等，抓住其中一个或者几个产品特点就可能得到意想不到的结果。例如，元气森林利用数据洞察，发现了消费者在饮料消费上的新需求和空白地带，在健康低糖低卡低脂饮食热潮兴起之际，推出了"0糖0脂"的饮料，备受消费者喜爱，成功地进入饮品市场。

▲图 3-2

（资料来源：蝉妈妈）

3. 产品功能

产品吸引消费者的第一要素，永远是产品功能。消费者选择某款产品是因为产品功能可以满足需求。产品功能通常是指产品能够发挥的作用、达到的效果和提供的功效。例如，蝉妈妈智库在《2022年时尚产业年度洞察》报告中对内裤、袜子、内衣等的特点和功能进行分析（如图3-3所示）：内衣的舒适款式、内裤的抑菌功能、袜子的逼真质感、少女文胸的塑胸功能和塑身衣的显瘦功能是最受消费者青睐的。在内裤品类中，洁净、微平角受到消费者青睐。所以，建议品牌注意内衣的款式、材料和功能，内裤的安全、美观及材料的选择。

内裤	安全：洁净/净化 美观：微提臀、净化蜜桃臀、性感曲线 材料：微磨毛、高档蕾丝、水溶冰丝	袜子	款式：双层打底、裸感逼真、假透肉色 材质：精梳棉底、樱花棉、薄荷纤维 规格：超低筒、双中筒、中低腰
塑身衣	功能：智能塑形、强塑形、锁温 舒适：会呼吸、轻暖、冰感	内衣	款式：固定一体式、外扩型 材料：泡泡蕾丝、紫杉醇、液态氨纶 功能：健康舒适、塑胸、收肉、无勒
背心/肚兜/吊带	款式：带胸垫、调整型、薄款、一体式、无肩带、背心式 风格：法式、百搭、性感、时尚 功能：内搭、美背、防下垂、不跑杯、大胸显小	少女文胸	款式：蕾丝拼接、无痕感 风格：纯欲 功能：不勒胸、塑胸

▲ 图 3-3

（资料来源：蝉妈妈）

4. 适用人群

品牌需要认识到购买产品的消费者和实际使用产品的消费者在许多情况下都不是同一个人，例如购买婴童食品用品类目、礼品文创类目，以及宠物用品类目产品的消费者都不是使用者。购买者与使用者之间的关系存在很多可能性，两者对产品的需求不同、评判标准不同，导致对产品的最终体验不同。下面分别看一看两者的使用心理，帮助品牌实现更准确的定位。图 3-4 所示为 2023 年抖音的美妆行业在情人节和"38 好物节"期间关键词搜索指数的变化趋势，从用户送礼对象来看，情人节的送礼对象主要为女友，"38 好物节"的送礼对象主要为妈妈，而"送老婆"这一关键词的搜索指数在"38 好物节"期间无论是同比还是环比的增速均位列第一。品牌通过数据可以洞察在不同的节日期间送礼对象的变化，在产品定位或者营销宣传中需要考虑送礼者的购买心智。

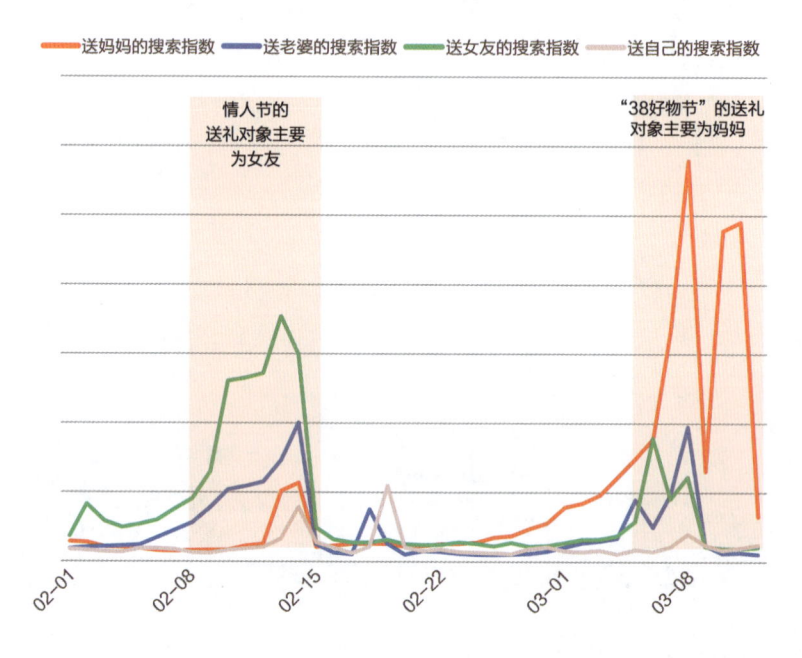

▲图 3-4

（数据来源：蝉妈妈）

3.2.2　产品定价三大策略

产品定价对品牌的利润、市场份额、形象等都有重要影响。当产品定价过高时，可能会降低消费者的购买意愿，使其选择竞品，从而直接影响品牌的销量；当产品定价过低时，可能无法覆盖成本，难以保证健康的经营，同时过低的产品定价也会损毁品牌形象，消费者在认知上可能将其打上低档品牌的标签，十分不利于品牌长效经营。我们将品牌的产品定价策略大致分为以下 3 种，分别为成本导向定价策略、需求导向定价策略和竞争差异定价策略。

1. 成本导向定价策略

成本导向定价策略如图 3-5 所示，这一策略是最常见的定价策略，从供给方的角度考虑，盘点产品的生产制造成本、物流成本、营销成本、人力成本、税收成本等多项成本，在成本基准线上思考利润空间。品牌根据期望的目标利润率，结合市场环境、行业特性、竞争难易程度等要素，综合确定利润空间，与成本结合给出产品定价。对于相同市场中相同价格的产品来说，成本低的产品能够采用更灵活的价格调整策略，可以在不同的销售阶段和不同的渠道之间灵活定价。

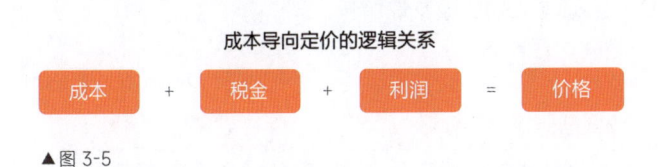

成本导向定价的逻辑关系

成本 ＋ 税金 ＋ 利润 ＝ 价格

▲图 3-5

2. 需求导向定价策略

与成本导向定价策略相对应的是需求导向定价策略，如图 3-6 所示，这一策略从需求方的角度考虑，适合在一些相对成熟、价格体系相对透明、消费者对价格认知强的市场中使用，例如美妆护肤市场，品牌难以完全按照自身成本定价。这一策略围绕消费者的价格认知和消费需求，根据消费者对产品的普遍价值认可来定价，并基于此逆推产品成本在各个成本环节的占比。

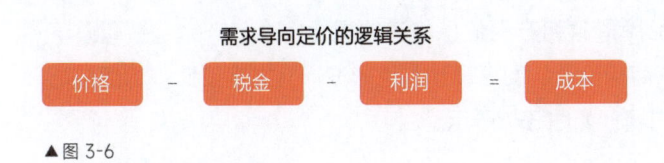

需求导向定价的逻辑关系

价格 － 税金 － 利润 ＝ 成本

▲图 3-6

3. 竞争差异定价策略

竞争差异定价策略是根据竞争差异定价，不从需求方与供给方的角度考虑，而是选定竞争对手，根据竞争对手的价格带，选择优势价格带或差异化价格带进行定价。品牌可以考虑错开竞争激烈的价格带，从竞争较小或者真空价格带入手。这个策略非常考验品牌对市场竞争格局的洞察和对竞品价格带的分析。比如，觅光在进入射频美容仪市场时，瞄准 2000～3000 元价格带（见表 3-1），当时射频美容仪器市场的价格带定位两极分化，高客单价美容仪市场中有雅萌和宙斯，成交价格带为 4000 元以上，低客单价美容仪市场中无代表性品牌。觅光凭借强大的技术实力和适合品牌的营销打法，斩获 2022 年面部美容仪器行业 TOP1，实现了 GMV 爆发性增长。

表 3-1

价格带	品牌	技术（来源于官方信息）
2000～3000 元	觅光	六级射频+变频 EMS 微电流+IR 红外光+隧道红光
3000～4000 元	初普	多级射频+动态肌肉激活技术
4000～5000 元	雅萌	五重圆环状电极射频+红光+电流
5000～7000 元	雅萌	3 波段脉冲射频+红/黄/蓝光+微电流电脉冲+微电流+LED 彩光
7000 元以上	宙斯	电脉冲+微电流+LED 彩光

3.2.3　产品包装六要素

产品包装是指通过灵活地运用文字、图形、数字、颜色等元素，将产品进行创意设计，从而让设计出来的包装作品能够打动消费者，直接影响消费者的购买行为，最终给品牌带来盈利，同时也是品牌形象和产品信息传递的重要媒介。产品包装有以下六要素：商标设计、图形设计、色彩设计、文字设计、构图技巧和文化内涵，如图 3-7 所示。

产品包装六要素

商标设计　图形设计　色彩设计　文字设计　构图技巧　文化内涵

▲图 3-7

1. 商标设计

商标设计是产品包装的第一步，凝聚着整个品牌的理念，如图 3-8 所示。例如，花西子的商标展现了花卉之形、时尚之美、古典之窗、东方之韵、融汇共生、平衡之美，传达着花西子要做精致时尚的中国彩妆，为世界打开一扇东方之窗，既坚守古典的含蓄内敛，又融合现代的开放、创新的理念。七匹狼的商标是一只奔跑的狼，不但呼应了品牌名中的狼字，奔跑的姿态也代表了勇于拼搏的企业精神。

（a）花西子的商标　　（b）七匹狼的商标

▲图 3-8

2. 图形设计

产品的图形设计可以帮助品牌建立其独特的视觉标识，传达品牌的个性和价值观，同时也可以提高品牌在消费者心中的认知度，如图 3-9 所示。例如，大众的甲壳虫汽车和勃肯鞋的图形设计深入人心，甲壳虫汽车的外形形似一只甲壳虫，与其品牌名相契合，大大提高了辨识度。勃肯鞋以其独特的鞋床设计和舒适性而闻名。这些产品的图形设计在提高了品牌的辨识度的同时，也容易被消费者认识和记忆。

（a）大众的甲壳虫汽车　　（b）勃肯鞋

▲图 3-9

3. 色彩设计

色彩是产品包装中最显著的特征之一，色彩可以充分传达产品的品牌形象和特点。选择较为适宜的颜色，可以使产品在视觉上与竞争对手区分开，从而给消费者留下独特的品牌印象。例如，使用鲜艳的色彩可以传达产品年轻和时尚的特点，而使用柔和的色彩可以传递出产品高雅和沉稳的形象。蒂芙尼的标志性蓝色被称为"蒂芙尼蓝"，它传递出了品牌的优雅、高贵和传统的形象，同时也具有一定的辨识度。星巴克采用深绿色作为品牌的主要色彩，这种颜色与咖啡有着天然的联系，传递出品牌的自然、原始和高质量的形象。蒂芙尼和星巴克的产品包装如图 3-10 所示。

（a）蒂芙尼的产品包装　　（b）星巴克的产品包装

▲图 3-10

4. 文字设计

在产品包装中，文字的选择和排版也很重要。文字与图形一起构成了产品包装的重要组成部分。路易威登以棕色和金色为基础色调，而品牌名的缩写 LV 贯穿了整个产品外观的图形设计，让品牌标识更加突出和显眼，并且可以让消费者很容易辨认出该品牌，如图 3-11 所示。

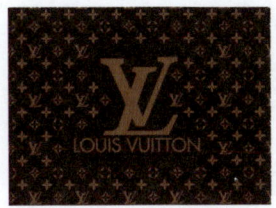

▲图 3-11

5. 构图技巧

产品包装设计的构图首先应该突出主题，让产品的优势与特点一目了然。其次，产品包装的外观布局应该合理，元素之间应该平衡，让人视觉上舒适。例如，可口可乐的产品包装就十分经典，采用了红色与白色的组合突出碳酸饮料的活力感，如图 3-12 所示。

▲图 3-12

6. 文化内涵

在产品包装中，品牌可以通过视觉元素、色彩、形状等设计手段，融入品牌的文化内涵和价值观，从而更好地表达品牌的特点和优势。例如，奥迪的车标由四个相互交叉的圆形组成，两个交叉的圆形的中间是一个空心的结构，这与品牌的寓意"愿世间的美好与你环环相扣"不谋而合，如图 3-13 所示。

▲ 图 3-13

3.3 产品迭代方向

产品迭代是指产品快速地适应不断变化的市场需求或消费者需求。品牌的销售额其实来源于产品的销售额,产品迭代不但能够延长产品的售卖生命周期,也是间接助推品牌增长的秘诀之一。

3.3.1 利用消费者洞察推动产品迭代

在第1章中,我们通过消费者认知、消费者行为、消费者需求和消费者属性全面洞察消费者,下面以消费者需求为基石,从消费者的角度,重点阐述如何推动产品迭代。

1. 消费者需求如何推动产品迭代

> 请思考:
> 你们的产品设计是产品经理"自嗨"的结果吗?你们通过什么渠道做过哪些消费者需求洞察?

品牌可以根据所在的具体行业或产品属性,有针对性地将消费者对产品的评价、对这个行业的搜索词进行分类处理。多数的消费者搜索词可以按产品词、使用场景、使用人群与关联行业分类。对于从产品本身迭代来说,以服装行业为例,品牌可以从面料、板型、风格和衣服细节这几个方面考虑,比如夹克行业的产品多适用于行政或商务场景,那么首先要考虑的是面料的抗皱,而换成羽绒服行业,在板型方面,消费者多会考虑是否连帽、拉链处是否防风。

2. 利用消费者需求完成产品迭代

下面用具体的案例介绍利用消费者需求完成产品迭代。如图 3-14 所示，我们先将羽绒服行业 2021 年的消费者需求划分成五大类，即属性需求、场景需求、款式需求、人群需求和关联品类需求。在属性需求中可以看到消费者有防寒、轻薄、防风和舒适等核心诉求，而 2022 年新增的消费者需求能够为品牌迭代羽绒服产品提供新思路，一是面料要有防静电功能，二是穿着风格要时尚和百搭；从场景需求来看，2022 年新增的消费者需求有商务穿搭与情侣装。相对应地，2022 年波司登羽绒服的热卖产品就是情侣装羽绒服。

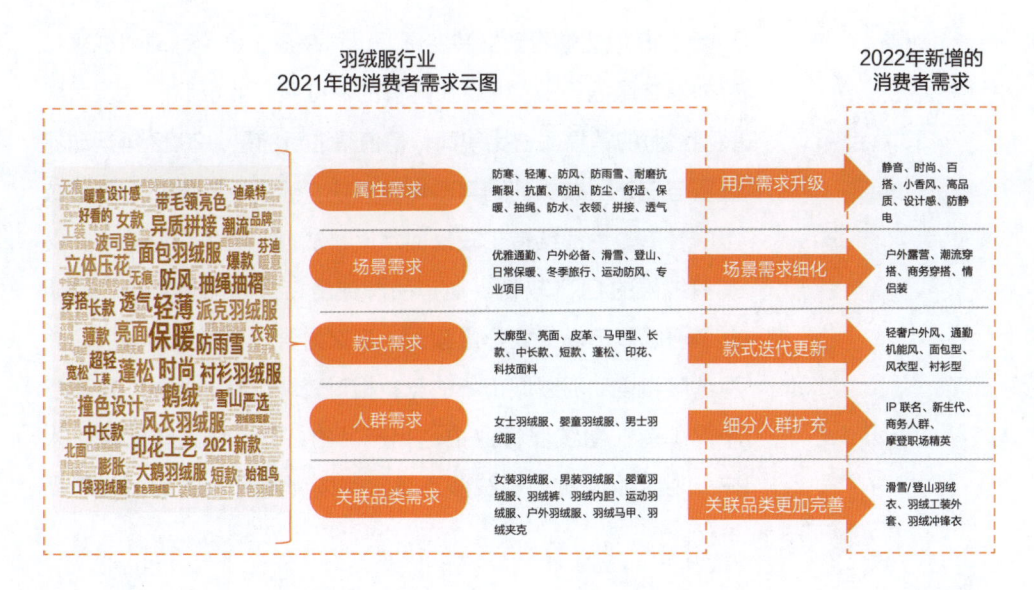

▲图 3-14

（数据来源：巨量算数）

及时洞察消费者需求有助于快速锁定产品迭代的方向。同时，人群需求和关联品类需求也能推动产品迭代。在羽绒服大行业下，消费者对婴童羽绒服、女士羽绒服和男士羽绒服都有不同的需求。在关联品类需求上，除了较为基础的男装和女装羽绒服，还有专注于羽绒夹克、运动羽绒服和户外羽绒服的品类，这其实就涉及跨品类的产品延伸，现在有很多可以迭代的方向，如果每个方向都做，那么试错成本是否较高？如何根据人群需求和关联品类进行产品迭代？我们将在 3.3.2 节重点剖析。

3.3.2　跨品类产品如何选择迭代方向

上面的消费者需求已经给我们提供了具体的产品跨品类迭代思路，下面介绍如何用数据锚定新市场。

从图 3-15 中能够看到女装羽绒服、男装羽绒服、运动羽绒服和户外羽绒服的行业势能：在抖音的羽绒服行业中目前女装和男装羽绒服的销售额占比较高，但值得注意的是，2022 年运动羽绒服与户外羽绒服的销售额增速较快。运动羽绒服和户外羽绒服的客单价也都维持了较高的水平，从行业竞争程度来看，女装羽绒服的 CR5 较低，动销品牌数量持续增加且最高，说明女装羽绒服市场的竞争最激烈，其次为男装羽绒服市场，户外羽绒服和运动羽绒服市场的竞争相对较弱。综上所述，如果各个品牌有在羽绒服行业中迭代产品的打算，那么较适合进入户外羽绒服与运动羽绒服市场，可以利用行业优势进行产品迭代。

第 3 章　小产品的大增长，爆品打造靠企划 | 081

▲图 3-15

（数据来源：蝉妈妈）

3.3.3 对产品进行迭代

1. 单品迭代

发明产品的初衷是满足消费者的需求，而产品的基础属性的好坏直接关系到消费者需求能否被满足，如羽绒服的羽绒填充量、蓬松度和面料的抗风性等都会直接影响消费者的保暖体验。在市面上可供选择的产品较少，且消费者需求量又较大的时期，产品的核心功能是消费者购买的主要原因，而这种产品稀缺的现象不仅存在于物资匮乏的年代，在当今也如此。在新品类刚出现时，由于该类产品刚刚创建，消费者的选择并不多、产品功能体系也正在搭建中，并不完善，如近几年的洗地机，在行业发展的初期只有几家品牌入局，2016 年的洗地机只把扫地与拖地功能做了简单的结合，节省了消费者清洁的时间与花费的精力，在这一时期，产品核心功能的好坏是消费者最关心的。

> 小贴士：
> 产品的核心功能是消费者购买的主要原因。随着可选择的产品越来越多，产品会在基础属性上进行迭代以便提供更好的使用体验。

随着可选择的产品越来越多，消费者开始对产品有更高的要求，产品的适用场景也会增加，因此产品会从基础属性上进行迭代。比如，洗地机在产品迭代上十分注重提升使用体验的周边功能，在水箱容量、续航时间、电机转速等方面进行清洁效果的提升。

2. 品类拓展

单个爆品其实没办法持续地满足多样化的市场及不同人群的需求，打造结构化的产品矩阵，才是对细分市场及不同的消费人群偏好的最佳回应。对于耐消品，如家电行业的产品，一个产品的使用寿命可达 3 年以上，短期复购率低，品牌需要研发更多产品给老顾客再次创造价值；对于快消品，如护肤品行业的产品，消费者基于自身肤质的差异，对产品的成分与功效存在不同的需求，单一的产品很难覆盖全行业的消费群体。所以，打造产品矩阵也就成了品牌增长的共同法宝。

(1)觅光用现有产品打开新市场，随后拓展产品矩阵。在目标市场确定后，品牌需要充分了解目标市场的机会点，并与现有产品做对照，开发理想的产品模型。比如，之前面向B端现在转向C端的企业，之前在淘系平台发展的品牌入驻新平台（如抖音）。我们把用现有产品与新市场结合发展的战略称为市场开发战略。以觅光为例，觅光因在天猫上销售日光镜而被大家熟知，在2020年5月至2021年4月，mini台式LED灯日光镜已经占据了觅光品牌过半的销量，见表3-2。觅光在2021年5月入驻抖音，用消费者熟知的明星单品mini台式LED灯日光镜入驻抖音，用已有的强势单品打开抖音的销路，并相继拓展了红光波脱毛仪、射频美容仪等产品。

表 3-2

排名	产品名	销量占比	销售额占比
1	mini台式LED灯日光镜	53.03%	25.41%
2	红光波脱毛仪	6.72%	23.45%
3	红光波脱毛仪PRO	2.93%	10.57%
4	化妆镜LED带灯O系列小黑镜	5.33%	7.33%
5	射频美容仪（家用）	1.20%	6.53%

(2)珀莱雅的多元战略。当现有产品或市场不存在期望的增长空间时，比如受到地理条件、市场规模或竞争太过激烈的限制，品牌通常会考虑多元战略。多元战略是指品牌为了占领更多的市场和开拓新市场，或规避经营风险而选择性地进入新领域的战略。

将自身发展资源全部投入单一市场中将会增加品牌的经营风险，因为市场这艘大船行驶得快慢，会受到外部政策条件、区域发展上限、竞争激烈程度等因素的影响。为了不让单一市场的翻船对品牌造成严重打击，品牌通常会使用多元战略同时开拓更多的新市场。

例如，珀莱雅采用"大单品迭代"策略（如图 3-16 所示），以点带面形成了红宝石、源力、双抗三大产品系列。珀莱雅在 2020 年根据"早 C 晚 A"的护肤理念推出了"双抗精华"（早 C）+"红宝石精华"（晚 A）的套装，成功地将护肤概念进行了产品标准化，2021 年 1 月—2022 年 9 月，珀莱雅天猫旗舰店的两款精华（"红宝石精华"和"双抗精华"）产品的累计成交额分别为 5.8 亿、5.0 亿元，同比增速分别为 228%、140%，爆发力极强。之后，珀莱雅推出了"源力精华"，将其加入产品矩阵中，打造"护肤 ABC 公式"，在产品品类上不断地创新，不断地在产品家族中扩展眼霜、水乳套装、面霜等品类产品，满足不同人群的护肤需求。

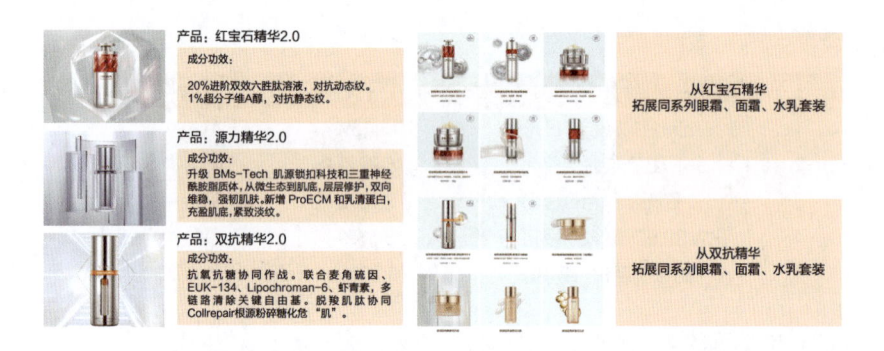

▲图 3-16

（图片来源：珀莱雅官方产品图）

3.4　总结

（1）没有哪一个品牌能够靠一个产品长期存活，这注定了产品企划是一个企业发展过程中的长期课题。

（2）产品设计四要素：使用场景、产品特点、产品功能、适用人群。

（3）产品定价三大策略：成本导向定价策略、需求导向定价策略和竞争差异定价策略。

（4）品牌为了快速地适应市场变化，需要不断地进行产品迭代，除了迭代现有的单品，品类拓展也是产品迭代的必要模式。

第 4 章

选择比努力重要，
渠道不对努力白费

4.1 渠道是品牌进行所有经营活动的载体

品牌无论从事何种经营活动，都需要依托特定的渠道来进行品牌营销。在当今的商业竞争中，如果一个品牌能够实现全渠道覆盖，就不需要考虑渠道选择的问题。然而很明显，没有一个品牌能够在地铁、商场、电梯和广场上无处不在地展示自己的海报，并且霸占线上各个平台的开屏广告和信息流广告。事实上，大部分品牌的规模和宣发资源限制了它们只能在少数几个渠道上进行精细化运营，先依靠一两个渠道积累市场声量，再逐步向全域发展。投入一个好的渠道可以让品牌的知名度乘势上升，投入一个不适合自身的渠道就像逆水行舟。

4.1.1 渠道流量进入存量时代

渠道红利就像蓝海市场一样，是大部分品牌在发展上共同追寻的增长助推剂。但是，依托渠道红利做出成绩的品牌，必然会在渠道红利消失时受到"优胜劣汰"规律的残酷挑战。当渠道红利消失时，品牌需要反思自身的竞争优势是什么，审视自身对渠道的适配性、利用效率，以及对渠道潜力的挖掘是否都已经足够好。

在今天中国的消费市场环境下，这个问题不再是制造焦虑。在大消费市场中，人口红利已经见顶，主流渠道逐渐发展成熟，逐步瓜分了消费者的消费场景，进入了存量搏杀阶段。天猫和淘宝的月活跃用户达到了 9 亿人，中国网民中年龄在 18 ～ 50 岁的用户为 6 ～ 7 亿人，意味着每个适龄消费者基本上都已经成了淘宝和天猫的用户，很难有流量的大量增长。抖音在 2018 年到 2020 年的月活跃用户数快速攀升到了 6 亿，在 2020 年到 2022 年，月活跃用户数仅增长了 1 亿，流量规模逐步触顶。2020 年至 2022 年在抖音流量艰难增加的同时，大批想要瓜分流量的达人和商家涌入，让抖音的流量竞争与日俱增，品牌对渠道流量的运营能力开始受到挑战。

> **请思考：**
> 在渠道红利期之后，品牌红利期开始显现，品牌如何确保持续成长和市场成功？

4.1.2　渠道运营效率是品牌生意效率的基础

当手中能够运营的流量规模逐渐固定，同时难以支付高昂的成本来购买新的流量时，对现有流量的运营提效，就成了摆脱增长困境的方法。在存量竞争下，品效格外被品牌看重。告别了行业和渠道发展初期的"跑马圈地"与用钱换市场规模的时代，品牌开始注重自身的盈利能力，以保证能够存活。在这样的背景下，"提效"在过去几年中越来越多地被提及。为生意运营花出去的每一分钱，都需要带来更大的回报。渠道运营效率是品牌生意效率的基础，品牌选择的营销渠道如果质量不高，人群标签不精准，没有良性的生态发展，那么品牌自身的投放变现效率再怎样提高，都很难弥补渠道的劣势。图 4-1 所示为品牌在不同的渠道中的表现差异。

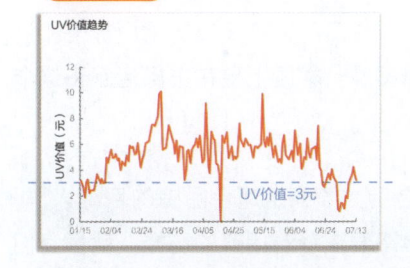

注：UV价值是指进入直播间的客户所产生的平均价值。

▲图 4-1

（图片来源：蝉妈妈）

4.1.3 新兴渠道是品牌的新机会

对于品牌来说，新兴渠道中存在大量的机会。对于相同的一件衣服，结合不同渠道的业务生态，再匹配渠道的特有人群，能够将已经被验证为成熟的品类生意快速复制一遍，使其再次成为爆品。

例如，具有代表性的传统货架电商渠道（如天猫、淘宝、京东、唯品会等），把货架电商的市场份额已经做到了十万亿元级别，而抖音将强内容属性与货架电商结合，拼多多将白牌平价领域的货架电商的市场份额做到万亿元，小红书也开始尝试依托内容"种草"属性结合货架电商，开启电商售货之路。这些渠道通过自身独有的渠道特性，与成熟市场相结合，引发了一轮接一轮的新增长，而那些在货架电商市场上的红海品类，比如美妆、服饰和快消品类等，同样在以抖音、拼多多、小红书为代表的新电商渠道中实现了增长。在新渠道红利条件下，市场格局将重新洗牌，大量的增长红利让各个品牌趋之若鹜。

4.1.4　渠道定位是品牌定位的关键步骤

每个渠道的功能场景都不同，注定了每个渠道的用户标签和消费者任务都不同。品牌选择渠道，本质上是在选择活跃于这个渠道的消费者。

品牌在做好自身发展定位之后，要确定适合品牌的目标人群。如何寻找和触达目标人群？需要依赖对渠道的选择。就像我们很难去一个寺庙里卖梳子和假发一样，品牌不会在 Keep（运动健身类应用）上卖甜甜圈，不会在拼多多上卖香奈儿，不会在美柚（女性健康管理应用）上卖六味地黄丸。因此，对渠道人群的标签和消费者任务做出准确判断，是在帮助品牌做精准的人群定位。精准的人群定位的重要性不言而喻。

另外，除了人群定位，场景定位也很重要。年轻人喜欢喝饮料，但在喝饮料的时候，更会追求便利性和即时性。因此生鲜配送渠道、终端零售门店、商超、自助贩卖机，对饮料品牌来说是高流量、高转化率的渠道。与这类渠道相比，电商平台失去了即时性这一重要优势。在能够满足即时饮用场景的渠道中进一步筛选，就需要考虑这些场景高频出现的地方，例如写字楼、运动馆、风景区等，与之相比，大型商超的网点分散、稀疏，当消费需求诞生时，消费者往往并不容易在当下通过商超消费。

总结一下，渠道是品牌运营动作的载体，也是所有生意的基本动作——触达用户的发生地。渠道的属性对品牌的所有运营动作都会产生基础性的影响。不同渠道的用户的画像和心智存在差异，不同渠道的经营效率也不相同，因此品牌需要选择适合自身的渠道进行经营，下面展开分析品牌如何选择渠道。

4.2 渠道质量评估六维模型

深度透视每一个渠道的每一面，是所有品牌在做渠道布局时的理想状态。对于品牌来说，货品不同、发展阶段不同、营销目的不同、需要考量的因素不同，就决定了需要的渠道也不同。头部品牌可以大量渗透的渠道或许并不适合中小品牌做精细化运营；初创品牌可以深耕细作的垂直渠道或许无法满足大品牌的曝光需求。品牌需要通过六个维度（如图4-2所示）对渠道进行全面的评估，选择出最适合自己运营需求的渠道和渠道组合。

功能	人群	容量	发展	壁垒	效率
渠道主要提供的功能	渠道用户的画像和心智	渠道承载的流量规模	渠道发展的速度	渠道的不可替代性	渠道的运营效率

▲图 4-2

4.2.1 渠道功能

渠道功能可以被理解为渠道自身最具有代表性的属性，是渠道独有的、对渠道运营影响至关重要的属性。选择一个适合品牌运营发展的渠道，相当于获得了"地利"，所以品牌要考虑渠道的特性是否符合品牌调性，以及是否适合品牌当下的运营方式。下面以六类常见的线上渠道为例（如图4-3所示），分析一下渠道的主要功能。

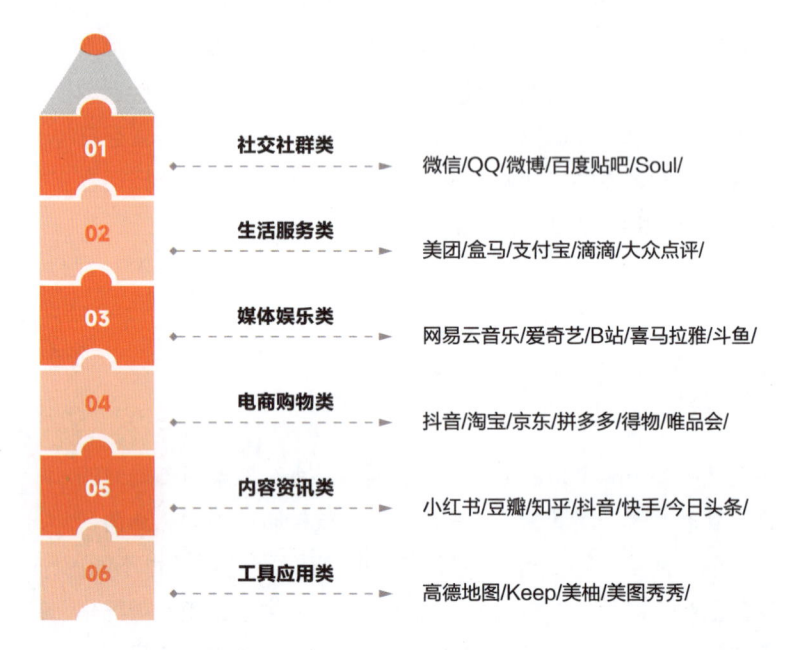

序号	类别	示例
01	社交社群类	微信/QQ/微博/百度贴吧/Soul/
02	生活服务类	美团/盒马/支付宝/滴滴/大众点评/
03	媒体娱乐类	网易云音乐/爱奇艺/B站/喜马拉雅/斗鱼/
04	电商购物类	抖音/淘宝/京东/拼多多/得物/唯品会/
05	内容资讯类	小红书/豆瓣/知乎/抖音/快手/今日头条/
06	工具应用类	高德地图/Keep/美柚/美图秀秀/

▲图 4-3

1. 社交社群类渠道

社交社群类渠道是社交行为的高度集中地，是品牌做私域社群的主要渠道。同时，在传播方面，社交媒体营销是品牌市场营销中最核心的部分之一。品牌都希望制造热点话题，通过社交媒体让广大消费者形成自发的讨论传播，并且能够在短时间内将品牌曝光推到极高的量级。

2. 生活服务类渠道

生活服务类渠道通常能够解决消费者生活中的某个具体需求。消费者往往带着明确的使用目的进入这些渠道。生活服务类渠道适合的品牌类型较为集中，以本地生活、餐饮、出游住宿、交通等类型的品牌商家为主。一些品牌在做线下营销推广活动时，也会利用生活服务类渠道做线下引流。

3. 媒体娱乐类渠道

媒体娱乐类渠道覆盖的消费者较广，消费者画像较为多元，但通常年轻群体占比较高。消费者利用媒体娱乐类渠道进行内容消费、娱乐活动。媒体娱乐类渠道适合品牌做泛人群大规模曝光，是性价比较高的品牌曝光渠道。品牌需要注意的是，渠道要契合品牌自身的调性。

4. 电商购物类渠道

电商购物类渠道是许多品牌运营线上流量的流转终点，从其他渠道蓄水的所有流量，最终都需要被引导至电商购物类渠道完成下单转化。电商购物类渠道的流量的价格通常很高，因此品牌的运营动作必须精准、快速迭代。流量的供不应求决定了电商购物类渠道与媒体娱乐类渠道相比，并不适合品牌做大量的泛曝光和泛投放。品牌往往利用电商购物类渠道丰富的数据体系，进行人、货、场的精准运营，收集消费者反馈，对经营策略不断调优。

5. 内容资讯类渠道

当品牌想要做介于"泛流量曝光"和"精准人群转化"之间的内容曝光时，内容资讯类渠道就成了品牌青睐的渠道。消费者喜欢在各个内容资讯类渠道中进行大量的内容消费，这一点与媒体娱乐类渠道相似，但是不同的地方在于，媒体娱乐类渠道的内容主要为 PUGC（专家制作的内容），以专业的制作精良的内容为主，品牌做内容"种草"容易与消费者之间出现"距离感"。内容资讯类渠道有大量优质的 UGC（用户制作的内容），使得品牌能够做很多关于产品亮点、品牌故事等精细化内容的宣传，天然适合品牌做内容渗透，占领用户心智。需要注意的是，不同的内容资讯类渠道本身的内容形式存在差异，例如小红书的笔记以本地生活和美妆服饰类的攻略为主，抖音的短视频以娱乐向内容为主，今日头条的文章以资讯为主。

6. 工具应用类渠道

工具应用类渠道的功能更加垂直，适合自身领域和渠道属性高度契合的品牌对精准人群进行宣传，以及与渠道相关性稍弱的品牌做泛人群曝光。

在实际运营过程中，品牌通常不会只依附于单一的渠道做全部的运营动作。考虑到每个渠道的特点和优缺点，品牌应该具备渠道的组合运营能力，即在不同的发展阶段、不同的运营目的和营销需求下，选择适合的渠道。

> 请总结：
> 上面介绍的六类常见的线上渠道的特点分别是什么？它们分别适用于哪些场景？

4.2.2 渠道人群

每个渠道都拥有属于自己的活跃群体。图 4-4 所示为 2022 年对小红书、哔哩哔哩、抖音、快手的用户分析。品牌需要了解每个渠道的用户标签，并以此筛选出精准的人群，依托人群的差异来判断哪个渠道最适合自己。

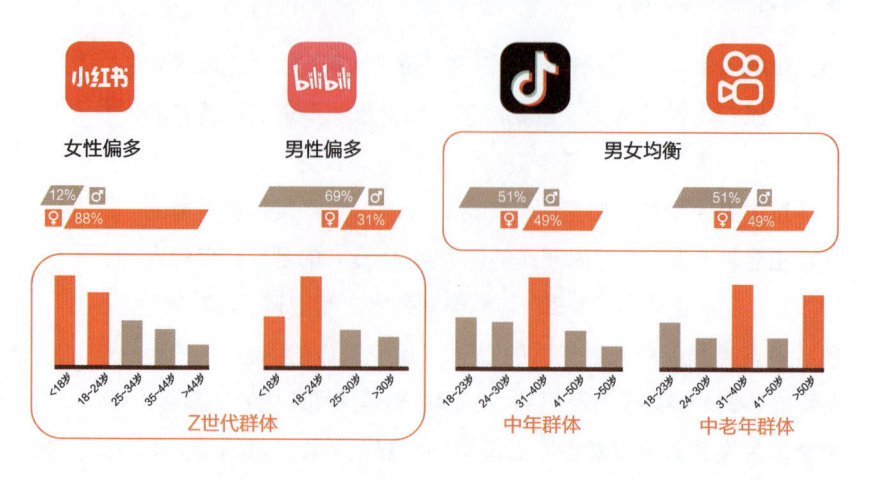

小红书	bilibili	抖音	快手
女性偏多	男性偏多	男女均衡	男女均衡
♂ 12% / ♀ 88%	♂ 69% / ♀ 31%	♂ 51% / ♀ 49%	♂ 51% / ♀ 49%
Z世代群体 (<18岁, 18~24岁, 25~34岁, 35~44岁, >44岁)	Z世代群体 (<18岁, 18~24岁, 25~30岁, >30岁)	中年群体 (18~23岁, 24~30岁, 31~40岁, 41~50岁, >50岁)	中老年群体 (18~23岁, 24~30岁, 31~40岁, 41~50岁, >50岁)

▲图 4-4

渠道人群为什么不同？

(1) 渠道内容生态的差异决定了渠道吸引的兴趣人群不同，例如爱奇艺与快手，分别吸引对中长视频和短视频感兴趣的人群。

(2) 消费者任务的不同决定了每个渠道的消费者目的都不同，例如经常做饭的家庭主妇或许会用朴朴买菜，而在校学生会更多地使用线上教育平台。

(3) 渠道固有的功能决定了筛选后留下的人群不同，例如美柚记录月经的功能会留下大量的女性用户，淘汰单身的男性用户。

每个品牌想要渗透的人群都不相同。品牌所处的行业不同，以及市场定位不同，决定了目标人群存在差异。因此，在进行渠道选择时，渠道固有的人群标签是否符合品牌想要渗透的人群画像，就成了品牌判断渠道质量的重要依据。

渠道人群是什么样的？我们可以从以下几个方面判断。

1. 通过公开的渠道研究资料获取渠道人群的基础信息

在公开的渠道研究资料中可以看到渠道人群的基础信息，包括渠道人群的年龄、性别、城市等基础标签。渠道人群的基础标签能够帮助品牌对渠道人群做最基本的划分，许多品牌对于人群分类的精细程度停留在这一等级。例如，在哔哩哔哩（B站）的用户中，Z世代人群的占比明显较高；在微信视频号中，中老年人群的占比较高；在快手中，下沉市场的人群占比远高于抖音。

2. 通过消费者任务做渠道特点分类

常见的线上渠道包括工具类、社交类、视频类、购物类、新闻类、通信类等平台，线下渠道从小到大可以分为食杂店、便利店、小超市、大超市、大卖场，以及品牌的直营店。每一个潜在消费者在进入这些渠道的时候，在心里预设的消费者任务都是不一样的（关于消费者任务的详细阐述见第1章）。基于消费者任务的差异，消费者的心智必然存在较大的区别。例如，用户打开像美图秀秀这类工具属性较强的应用时，通常会有强修图需求，对广告内容的浏览意愿较弱，所以它们适合做基础的品牌曝光，而用户一般带着大量的内容消费需求打开像今日头条、百家号这样的新闻内容平台，换句话说就是"刷新闻"的心智很重，所以品牌适合在新闻报道中做品牌和产品的软植入，借助新闻内容让用户了解品牌，从而"种草"。

3. 通过行为判断用户心智

用户在渠道中的具体行为表现，是品牌了解渠道用户最直接的信息来源。数字营销发展至今，用户在平台上所有的行为几乎都可以被数据记录。常见的行为包括用户对内容的浏览、互动，对产品的浏览、点击、收藏、加购，对不同模块功能的使用等。品牌通过对这些具体行为的行为频率、行为深度、行为对象等信息做归类总结，可以给每个用户都打上各个维度的标签。

由于每个渠道提供给用户的行动路径都不相同，因此不同渠道的用户行为标签会存在差异，但对于同类型的渠道，我们仍然可以跨渠道对比用户心智，比如对比不同电商平台的购物周期，对比不同视频平台的内容完播率和内容类型偏好等，对比不同平台不同行为的表现差异。以小红书和抖音两大内容平台为例做比较，用户在小红书上的搜索行为以搜索攻略为主，包含本地出行攻略、穿搭教程、旅行攻略、家装攻略等，而在抖音上进行搜索时以搜索各类泛娱乐内容为主。基于此，在进行内容创作时，需要注意这两个平台内容的差异性，小红书的笔记需要告诉用户能教会他什么，提供价值感，而抖音的视频需要在3～10秒快速吸引用户的注意力。

4.2.3 渠道容量

每个品牌都曾关注过某个市场的规模有多大，因为市场规模的大小决定了每个品牌能够分到的蛋糕的上限。同样，一个渠道容量的大小也直接影响了这个渠道的发展上限、渠道的竞争压力、渠道玩家的发展上限等。如果一个渠道本身的容量较小，发展的上限不高，品牌就不愿意花费资源去部署在这个渠道中的运营动作，因为一个小容量的渠道能够为品牌提供的帮助相对有限，而了解渠道生态、学习渠道玩法，都需要让品牌付出成本。另外，容量较小的渠道，在稳定性上会更低，没有品牌希望把自己的资源投入到一个经常调整的渠道中。

如何判断一个渠道容量的大小呢？我们可以从如图 4-5 所示的几个方面做出判断。

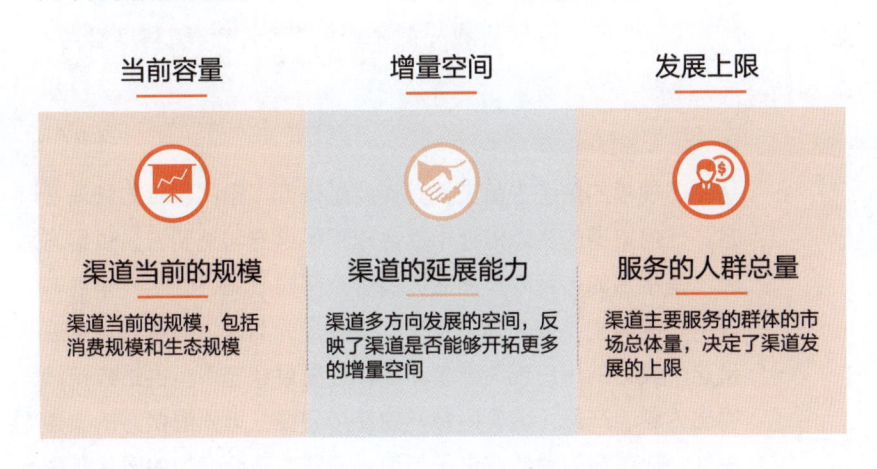

当前容量	增量空间	发展上限
渠道当前的规模	渠道的延展能力	服务的人群总量
渠道当前的规模，包括消费规模和生态规模	渠道多方向发展的空间，反映了渠道是否能够开拓更多的增量空间	渠道主要服务的群体的市场总体量，决定了渠道发展的上限

▲图 4-5

1. 渠道当前的规模

渠道当前的规模，是对渠道容量最直观的判断。在研究渠道当前的规模时，可以从渠道的消费规模和生态规模综合考量，如图 4-6 所示。对于电商购物类渠道来说，消费规模是指渠道的产品销售规模，例如抖音一年能够承载万亿元销售额。对于非电商购物类渠道来说，消费规模通常是指内容或者核心功能的使用量，例如 B 站的视频发布数量和播放量、小红书的笔记数量和互动量、携程一年的酒店订单量、网易云音乐的音乐播放量等。品牌可以通过这些数据对渠道现有的消费能力进行估算。

```
                        ┌─ 消费规模 ─┬─ 内容或核心功能的使用量
                        │            └─ 产品销售规模
        渠道当前的规模 ─┤
                        │            ┌─ 内容或产品的供给方规模
                        └─ 生态规模 ─┤
                                     └─ 内容或产品的消费方规模
```

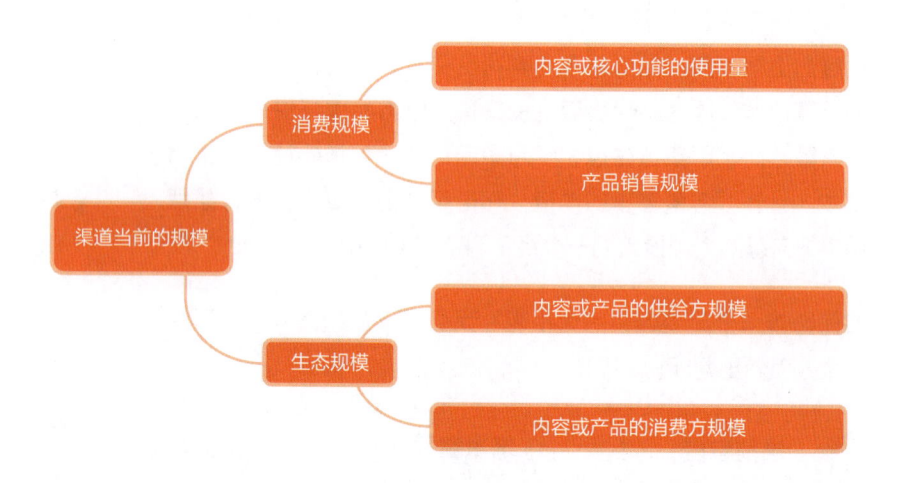

▲图 4-6

从生态规模的角度去研究，其实就是研究渠道的供给方和消费方。任何渠道的生态搭建中都会出现供给方与消费方。供给方通常是平台的内容或产品的提供者，例如 B 站、快手、小红书等平台的博主，或天猫、京东、拼多多的商家。消费方通常就是这个渠道的用户或消费者。在良性发展状态下，供给方持续输出内容、产品，培养消费方的使用习惯，增强消费方的渠道黏性，让更多的消费方进入渠道。消费方持续增加的数量和表达的需求，刺激供给方提供更多的内容、产品。

2. 渠道的延展能力

渠道的延展能力指渠道在现有领域之外开发新领域的能力。

在互联网流量红利逐渐消退的今天，各个平台为了生存和发展，早已不满足于头破血流地跟同行争抢一亩三分地，而是把目光移向了其他领域潜在的机会。如果平台不寻求新领域的拓展，那么流量停止增长的焦虑将会压得平台喘不过气。平台基于自身的基因做功能拓展，已经成了现在平台发展的新出路，可以说是"抢别人的蛋糕"。渠道延展的一种方式是增加模块功能，例如支付宝从单纯的支付工具到增加大量的本地生活服务，再到增加社交属性，尽管社交属性的拓展没有达到预期效果，但能看出其发展的野心。类似这样的渠道案例有很多。比如，抖音的内容从短视频、直播向图文、中长视频发展，抖音从直播电商向货架电商发展，下一步打算开拓本地生活和外卖的市场。再如，微信在原本的社交功能之外，相继推出了公众号做文章内容、视频号做视频内容。

用户有社交、内容、工具、购物需求，渠道为什么需要分成4个，而不能在一个渠道内满足用户的所有需求？现在的互联网渠道已经开始纷纷布局做生态化，不断地扩展渠道的属性，建设渠道生态。渠道能够提供的价值越高，能够覆盖的人群量级就越大，能够留住用户的时间就越长，理论上能够达到的容量越大。

总结一下，品牌在评估渠道容量时，除了需要注重渠道的延展能力——这决定了品牌对渠道是否可以有更大的想象空间——还要关注渠道是否开始做多方面的延展、延展的效果如何、是否有其他延展的可能性。这些都需要品牌调研了解。

3. 服务的人群总量

渠道能够提供的服务决定了渠道面向的人。这部分人的总量就是渠道能够服务的人群总量。

假设某款打车软件主要在一二线城市布局市场，全国一二线城市在工作日的出行人数为 N 亿个，其中地铁、公交车等公共交通工具分走了 $0.4N$ 个人，在剩下的 $0.6N$ 个人中，有 $0.1N$ 个人选择步行出行，那么这 0.5N 个人就是打车软件理论上可以服务的人群总量。这部分人并不会完全成为该打车软件的用户，它的竞争对手包括城市公共交通工具、其他打车软件、其他便捷的出行工具（例如共享单车）等。这款打车软件可以通过不断地渗透市场与竞争对手争夺客户，也可以通过市场教育扩大服务的人群总量，让更多不打车的人尝试打车，或者让偶尔打车的人更频繁地打车。

前面提到，各个渠道不断地进行自身的生态建设，也是为了增加可以服务的人群总量。生态的扩张其实是一把双刃剑，并非只有好处。如图 4-7 所示，当渠道从一个垂直的领域过渡到建设多元生态时，渠道的可覆盖人群总量会变大，但是面临的竞争压力也会增大。一方面是因为竞争对手的数量会增加，另一方面是因为渠道的发展资源变得分散，部分次级模块的竞争力跟不上。

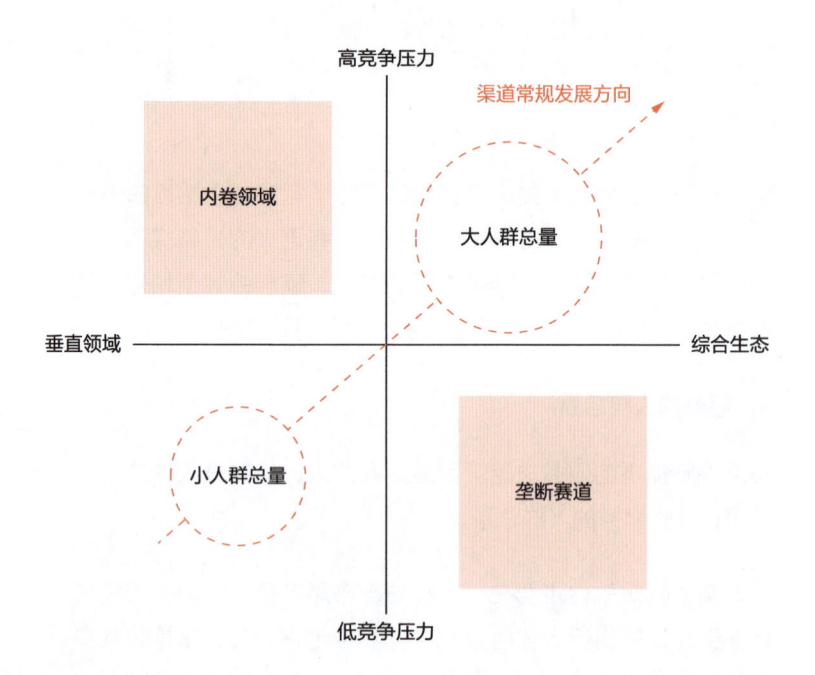

▲图 4-7

在人群总量固定的情况下，渠道的运营就会进入下一个阶段：尝试通过不同的方式让人群留得更久，也就是增加服务深度。比如，内容资讯类渠道的内容推荐机制，基本上都是围绕用户最想看的内容推送，目的是让用户在愉悦的同时逐渐上瘾，更长时间地待在这个渠道中。再如，生活服务类渠道，通过会员制度和优惠券等形式，提高用户的复用频率。

总之，判断渠道容量有多大，就要评估渠道当前的规模和服务的人群总量，除此之外，也要关注渠道的延展能力。品牌不应该把渠道看作"捞一笔就走"的即时成交转化场，而应该做好和渠道共同成长、互利共赢、一起把蛋糕做大的同行者。

4.2.4　渠道发展

对于品牌来说，渠道的发展速度和市场的发展速度具有同等的重要性。品牌在谈论主攻的市场增长时，一定要基于某个渠道来讨论，才能让策略有落地的基础。如图4-8所示，我们从以下3个维度来研究渠道的增长趋势。

渠道增长速度	渠道增长周期	渠道增长驱动因子
渠道当下规模增长的现状	渠道所处的增长周期	渠道增长的核心原因，用来判断渠道的增长类型

▲图 4-8

1. 渠道增长速度

品牌可以通过核心指标直观地判断渠道当前的增长情况，对不同类型的渠道需要有不同的指标。对于电商购物类渠道，品牌可以关注销售额、销量、消费人群、销售品牌数量、商家数量的增长。对于内容资讯类渠道，品牌可以关注渠道流量、用户数量、创作者数量、内容数量的增长等。对于社交社群类渠道，品牌可以关注渠道声量、活跃用户数量、用户活跃时长的增长等。

对于除此之外的其他渠道，品牌可以多关注渠道的核心板块的流量增长情况。

然而，在实操的过程中，不能仅仅通过单一数据指标的上升或下降就给一个渠道下增长或停滞的定论。即便是一个停滞的渠道，往往也不会全面停滞，一些细分的板块或者行业的市场规模仍有可能还在增长。换句话说，有些看似规模正在高速增长的渠道，当我们拆分当中的细分板块去看时，就能够定位到规模增长显著的细分板块，以及规模增长缓慢的细分板块。所以，对于品牌而言，需要再下探一步，找到自身所在的赛道或者主要运营的板块，判断相对应的增长情况。

2. 渠道增长周期

与市场发展周期一样，渠道的发展会呈现出周期性的规律（如图 4-9 所示）。把握渠道增长周期，可以更好地预测接下来的渠道走势。

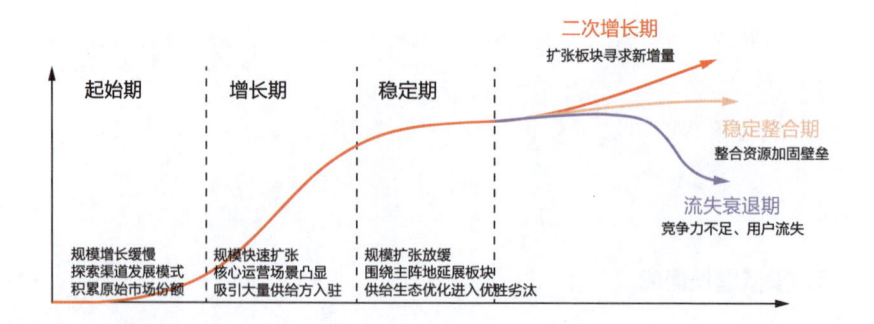

▲图 4-9

(1) 起始期。渠道发展的第一个阶段为起始期。在刚开始发展的时候，渠道整体的规模增长缓慢，关键的业务板块正在进行验证，渠道的流量来源、目标人群、业务发展模式、平台搭建等均处于验证的过程中。此时的渠道还没有足够的用户基本盘，处在市场扩张和积累第一批种子用户的过程中。以抖音为例，在发展初期，泛娱乐短视频并不是抖音首要的发展方向，抖音最开始的定位是"音乐视频"，希望通过音乐元素与市场上的同类视频软件做差异化竞争。在初期尝试通过这一模式吸引第一批种子用户，并生产第一批内容后，抖音开始被越来越多的人所熟知。在此基础上，抖音根据受欢迎的内容调整创作方向，随后持续打造热点和娱乐短视频。

(2) 增长期。渠道的基本业务模式跑通并具备一定的用户基础后，渠道开始进入增长期。这一时期的渠道，以拉新（拉新是指获取新用户）、扩大规模为首要目标，围绕核心的业务模式和业务场景增大渠道的规模，追求每日增长的日活跃用户数量。这一时期通常也是各方追逐的渠道红利期，这时的渠道就是蓝海渠道。这一时期的渠道流量红利快速增加，博主、品牌、商家、用户都在涌入，供给方之间的竞争压力较小，渠道为了寻求增长给出大量的优惠扶持政策，让这一批进入渠道的早期流量能够快速站稳脚跟。在抖音的增长期，内容的供应速度是小于流量的增长速度的。用户对内容的期望值还没有那么高，新鲜感维持的时间长，爆款内容频出，持续周期长，达人"涨粉"的门槛低，只需要跟随热点制作内容，很快就能在抖音上收获大批粉丝。

(3) 稳定期。当目标用户群体已经被多轮曝光时，渠道的流量红利逐渐消退，渠道的增长速度开始放缓，渠道进入了稳定期。在这一时期，已经能够初步窥探到渠道发展的天花板。在这一时期，渠道通常会做以下3件事：一是优化渠道生态，因为在之前的增长期，渠道增长是第一要务，规范监管的工作经常没有及时跟进，进入稳定期后，很多问题就开始暴露，容易造成用户体验不佳，导致用户流失。二是在有限的规模内不断提效，流量基数既然没办法增加，就需要让流量的利用效率有所提升，优化流量分配机制，通过指标考核商家和博主，对业务板块做优化调整。三是稳中求进，开始寻找新的增量空间。例如，开始围绕核心板块做业务拓展尝试，或者建设生态闭环，增加用户黏性，更多地抢占用户的心智。如果渠道不寻求新增量，未来就很容易被新的挑战者挤压，导致用户流失。

在稳定期过后，渠道会分化为3个发展方向：能够实现突破的渠道，进入二次增长期；整合资源加固壁垒的渠道，进入稳定整合期；增长困难、用户流失的渠道，进入流失衰退期。

① 二次增长期。如果渠道能够在业务板块上实现扩充，跑通新的增长路径，就有机会实现二次增长。二次增长的来源可以是新的业务板块，也可以是新的人群渗透，这是第一类增长，这类增长属于引入型增长；第二类增长是在现有框架下做模式调整，例如B站对博主的商业化收入结构进行调整，从激励创作者到逐步开放广告收入板块，这一类增长属于结构优化型增长。

② 稳定整合期。如果渠道没有寻求新的业务板块增长，而选择对现有的业务做长期的深度经营，拓宽现有的业务护城河，就会进入较长时间的稳定整合期，在渠道所在的领域内做市场的深度渗透，降低渠道的可替代性，强化人群心智，通过渠道的效率整合及忠诚用户的私域裂变稳步发展渠道规模和完善渠道生态。

③ 流失衰退期。渠道在增长触顶后，面临市场和其他渠道的挤压或核心的业务板块发展受阻，导致用户逐步流失，无法形成有效的转型，就会进入流失衰退期。流失衰退期的渠道最主要的表现在于用户数量减少，其他表现包括渠道同质化、使用体验感下降、市场声量减小等。

3. 渠道增长驱动因子

前面曾提到，高速增长的渠道是每个品牌都趋之若鹜的渠道。这类渠道的运营成本和门槛低、增长快，能够快速地把流量转化。但是并非所有高速增长的渠道都是红利渠道，品牌需要进一步判断渠道为什么会增长，即驱动渠道增长的关键原因是什么。

> 画重点！
> 并非所有高速增长的渠道都是红利渠道！

第一种增长的渠道是流量驱动型渠道。渠道通过大量的市场拉新，引入大量新用户，增加日活跃和月活跃用户数量，从而让渠道的各个业务板块的使用时长、流量、变现情况等得以增长。这类增长是良性的增长，是品牌愿意看到的增长类型，有了流量基础就有了发展的保证，博主、商家们就能够大展身手，将公域流量转化为己用，实现变现或私域流量积累。

第二种增长的渠道是结构驱动型渠道。渠道通过对细分板块的结构进行调整，让渠道实现了阶段性增长。结构性增长覆盖的情况很多，例如渠道把盈利较好的板块做了扩容，给更多的曝光权重，把盈利较差的板块边缘化，或在模式上调整，加强商业化模式或生态内容建设，在运营发展方向上给出了侧重点。结构性增长需要品牌理性看待。一方面，对于结构性增长是调整策略长效经营，还是杀鸡取卵，品牌需要做好判断。有些渠道为了快速变现，会牺牲用户的使用体验，从短期来看好像增长了，但是这样的增长无法长期为继。另一方面，品牌需要观察渠道的侧重点，当做出调整时，品牌的核心业务板块权重是增加了还是降低了，这意味着渠道对品牌的价值到底有没有增加。

所以，品牌在要进入某个渠道放大品牌声量或增加销售额时，一定要考虑好当前渠道的增速，以便判断是否适合进入。

4.2.5 渠道壁垒

渠道壁垒，可以被理解为渠道的可替代性。这个可替代性需要从两个方面评估，一是该渠道与其他渠道之间的竞争替代性，二是在本渠道内的竞争壁垒。我们举具体的例子来理解这一概念。

以线上电商购物类渠道与线下实体渠道为例，同样是买一瓶饮料，消费者可以在电商平台买 99 元一大箱，也可以通过外卖配送平台购买，还可以在便利店的冰柜购买。那么这 3 个渠道可以互相替代吗？电商平台销售的饮料，由于去除了实体店铺的运营成本，通常具备价格优势；外卖配送平台 30 分钟的配送时间，是电商平台无法达到的；冰柜的饮料，可以在购买后立刻饮用，并且具有冰镇的优势。这 3 个渠道都各自具备无法被替代的竞争优势：电商平台的价格、外卖配送平台的时效和便利店冰柜当下及时解决问题的能力。只要有 3 种不同需求的人群存在，这 3 个渠道就永远无法互相替代。所以，我们能看到，作为新消费饮料品牌代表的元气森林，一边在电商平台卖着 8 种口味的大套装，一边在盒马 App 上布货，还在便利店的冰柜里摆满了气泡水。

很高的渠道壁垒意味着渠道可以稳定发展，也意味着有稳定的生意模式，没有哪一家企业会拒绝做稳定的生意。过去判断渠道的可替代性相对抽象，但现在我们可以尝试分析以下几个方面来进行立体化的评估。

1. 同类型渠道的数量和规模

判断渠道是否会被替代，需要先判断渠道有多少竞争者。形成竞争关系的渠道通常有两种：第一种是直接竞争者，这类渠道通常具有同类型的核心使用场景或业务模式，例如优酷、爱奇艺和腾讯视频，都以长视频作为平台的主要内容，用户群体高度重合，在用户群体方面形成直接竞争关系。第二种是间接竞争者，在渠道的竞争者中，存在着尚未形成竞争关系但业务模式相近、一旦扩张就会形成竞争关系的其他渠道。例如，当抖音从短视频起步时，天猫、小红书，甚至美团，可能都没有想到抖音在未来某一天会成为它们的直接竞争者。

定位间接竞争者往往并不容易，研究人员需要具备敏锐的商业嗅觉和长远的商业眼光，但是直接竞争者是显而易见的。研究人员可以通过渠道的直接竞争者数量和直接竞争者的市场份额来判断渠道面临的威胁。

2. 渠道壁垒的类型

判断渠道壁垒的类型，能够帮助品牌进一步评判渠道的可替代性。渠道壁垒通常有以下几种类型。

请思考：
渠道壁垒有哪3种类型？你觉得什么类型的渠道壁垒是最牢固的？

（1）规模垄断型。像百度，稳稳地占据了搜索引擎的最大市场份额，因为在互联网发展初期，搜索引擎渠道尚未形成明显的寡头时，百度"跑马圈地"，一步步扩大渠道的覆盖面。新的渠道想要和百度竞争，首先要在市场量级上与之抗衡，这无疑是非常艰巨的挑战。通过巨大的规模覆盖，给竞争对手制造很高的挑战门槛，对手需要投入庞大的资源才能够对用户习惯进行重新教育，这就是规模垄断型的渠道壁垒。

（2）场景竞争型。渠道依托于某一个不可或缺的场景存在，比其他挑战者有不可替代的场景优势。最具代表性的便是前面提到的线下实体店。在电商蓬勃发展的十年间，线下实体店的市场份额受到了巨大的冲击，消费者的消费习惯出现了前所未见的大面积变化，尤其是年轻的消费者的线上消费占据了越来越大的比重。近年来，线下实体店又遭受到新冠病毒感染疫情这一"黑天鹅"事件的冲击，可以说在过去的15年间，如果其他渠道受到线下实体店遇到的冲击，那么对它们来说可能都是毁灭性的。然而，线下实体店与消费者的日常出行场景、即时使用场景高度绑定，可以说只要消费者依旧需要出门，依旧需要即时型的消费，线下实体店就拥有坚不可摧的壁垒。

（3）质量竞争型。质量竞争型壁垒代表渠道在竞争上回归了渠道本质，通过提升渠道的整体服务质量来建立壁垒。以天猫为例，在早期电商平台的大促活动期间，物流压力陡增导致出现各类物流问题影响消费者体验。京东拥有自建的物流优势，这让很多消费者愿意在大促活动节点选择有更快物流速度、更有保障的京东。于是，天猫在大促活动期间强调平台的物流要求，督促商家在买家购买后的若干时间内必须发货，增加"菜鸟驿站"的网点建设和吞吐量，提升消费者体验。渠道通过提升各方面的质量来加强竞争力，是最常见的方式。只要渠道愿意，都可以投入资源在方方面面去做好用户体验和渠道建设，所以质量竞争型壁垒相对来说更容易被打破。

4.2.6 渠道效率

效率（此处指投放产出比）对于大多数品牌而言，都是核心的考核指标，在如今很难找到流量红利渠道的情况下，渠道的转化效率是否足够高，在很大程度上影响着品牌是选择持续运营还是放弃渠道。品牌在某个渠道的运营效率，除了受品牌运营动作的影响，渠道自身的效率基本盘是不可忽视的影响因素。一个好的渠道能够让品牌投入的每一份资源都发挥出成倍的效果。这也是为什么品牌都在追逐红利渠道的原因，因为处在流量红利期的渠道，能够掩盖品牌运营动作中的瑕疵，在短时间内给足品牌想要的流量。

评估渠道效率，需要从以下这3个方面考量。

1. 渠道的广告投放效率

广告投放是一个十分看重效率的业务板块。数字化程度高的企业，要追求花出去的每一分钱都能够被追溯。渠道由于本身的人群画像和广告路径的不同，在广告投放效率上会存在差异。品牌可以在渠道间做横向对比，用数据直观地判断广告投放效率的高低。具体的效率评估指标有以下几个。

(1) 流量效率。即常见的 CPC（每点击成本）、CPM（每千人成本）等指标，反映获取用户需要的成本。

(2) 互动/成交效率。从人群流转的角度评估广告作用，需要多少成本的广告能够促进用户点击、互动、转粉、成交等。

2. 渠道的内容投放效率

与通过广告投放获取付费曝光相对应的是利用平台内容获取免费曝光。比较典型的像小红书、微博等 UGC 或 PUGC 丰富的平台，品牌在此类平台上做内容和舆情运营，一方面可以通过优质内容吸引兴趣用户，另一方面可以起到抛砖引玉的作用，形成用户间自发的口碑传播。三顿半、至本等品牌在产品营销上制造热点话题，例如至本在营销时常用"大牌平替"话题，吸引社交媒体平台上的用户自发生成内容，2023 年在小红书上与至本相关的笔记中有九成以上的笔记为非品牌投放的笔记。下面列出评估渠道的内容投放效率的指标。

(1) 内容曝光量/互动量/互动率。相同的内容在不同的平台上发布，获得的曝光量、互动量，以及互动率都有可能存在差异，比如短视频的播放数、点赞数、评论数、转发数、播放后点赞比等。这些指标能够反映相同的内容在不同平台上的曝光效率和互动效率。品牌可以在不同的平台上做内容测试，了解每个平台的内容投放效果，为不同的运营目的做准备。

(2) 投后搜索率。内容在被投放并触达用户后，用户主动搜索的比例，反映了内容"种草"的效果。

3. 渠道的综合投产效率

投产效率被很多中小品牌作为核心的 KPI 来考核，而建设长期的品牌影响力，是如今我们认为实现长效经营的核心方法，因此除了考虑短期内的销售回报效率，也要关注建设长期的品牌影响力的效率。

从短期来看，品牌需要研究经营变现的回报效率，对于即时产出的投产回报链路，我们通过 ROI、CPC、CPM、CTR（点击通过率）、CVR（转化率）等指标做效率判断，通过单位时间内或单位资源内的销售规模、曝光人群量级、互动量级等指标做规模判断，整体判断品牌在渠道中短期内获得直接回报的效率。

从长期来看，品牌需要研究渠道经营对建设长期的品牌影响力的回报效率，常见的几个方面有渠道经营为品牌积累的消费者资产量级、带来的用户自发搜索行为、增加的私域用户数量、渠道新老客的 LTV（生命周期总价值）、品牌正向舆情增量等。从总体来看，长效回报更多在于品牌层面的回报，并不能直接反映在销量上，却是品牌评估渠道价值时不可忽视的。

4.2.7　总结：如何选择合适的渠道

在生意经营的每一个环节中，选择适合品牌的渠道都至关重要。前面分析了在选择渠道的过程中需要考量的 6 个因素，给了品牌一把评估渠道好坏的标尺，下面总结一下品牌需要如何用好这把标尺，在经营的每个环节中都能选好渠道。

（1）认识渠道。渠道功能 + 渠道人群。选择渠道的前提是弄清楚每个渠道的信息，因地制宜地做增长运作。渠道功能与渠道人群相结合，放到实际场景中理解就是什么人在做什么事、这些事有什么特点。

（2）渠道进攻。渠道发展+渠道效率。借助渠道进攻其实就是品牌在寻求增长的助推器，因为渠道本身的增长能够让品牌的运作事半功倍，所以寻求增长的品牌都会重视渠道本身的发展和运营效率，前者让品牌借势而上，后者让品牌在有限成本的投入下，能够快速地看见更显著的效果。

（3）渠道防守。渠道容量+渠道壁垒。当度过了品类发展的上升期，或已经占领了一定的市场份额，开始寻求优化提效，等待下一个爆品和增长点到来时，品牌就需要考虑所处的渠道能否长期稳定发展，让积累下来的品牌人群能够健康发展。如果渠道容量足够大，就能够给予品牌未来充足的发展空间，同时可以让品牌避免过早地进入激烈的竞争环境。如果渠道壁垒足够高，就决定了新的竞争对手的入局门槛足够高，能保证渠道稳定而不会被其他渠道降维打击，毕竟没有品牌喜欢一个经常变动的发展环境。

4.3　品牌借助渠道营销

4.3.1　品牌触达消费者

品牌要想触达消费者，就离不开广告营销，而如何高效和快速地触达消费者，达到预期的效果，就成了品牌需要一直研究的课题。从"传媒1.0"时代，在电梯、地铁、车站等人流密集处的广告投放，到"传媒2.0"时代通过电视机和网页的线上广告投放，再到"传媒3.0"时代直播电商的兴起，品牌需要紧跟市场与传媒发展的脚步，才能高效地触达目标消费者，进而进行销售转化，提升销售额。下面以抖音为例，看一看品牌如何在抖音上高效地触达消费者。

在抖音上，品牌要达到触达消费者的目的，必然离不开抖音提出的 FACT+S 增长模型，其中在 FACT 矩阵中，商家可以根据业务目标，灵活地分配四大经营阵地的资源，实现高效且持续的增长（如图 4-10 所示）。Field 是指自营内容供给的自播，保障稳定的日销量。Alliance 是指达人矩阵，帮助商家扩充不同风格的内容供给，实现广泛的人群渗透。Campaign 是指营销活动，联合平台资源，打造品牌盛事。TOP KOL（头部关键意见领袖）是指头部"大 V"，他们能帮助品牌快速扩大宣传范围并提高销量。品牌在长期的经营中会有两个明显的阶段，一是日常销售经营阶段（日销经营 =Field+Alliance），二是参加平台营销活动、大促活动等品销爆发阶段（品销爆发 =Campaign+TOP KOL）。要做好这两个阶段的生意经营，就离不开达人营销这一生意放大器。达人通常拥有相对忠实和垂直的粉丝群体，能够高效地帮助品牌获取公域流量。无论是要做品销还是放大声量，达人都能利用自身的影响力和号召力，帮助品牌快速、高效地达到目标。达人营销在刚刚诞生的时候，并没有直接成为品牌的主要营销手段。随着新媒体行业的蓬勃发展，价值个体化的趋势越来越明显，达人营销渐渐成了品牌的必选项。

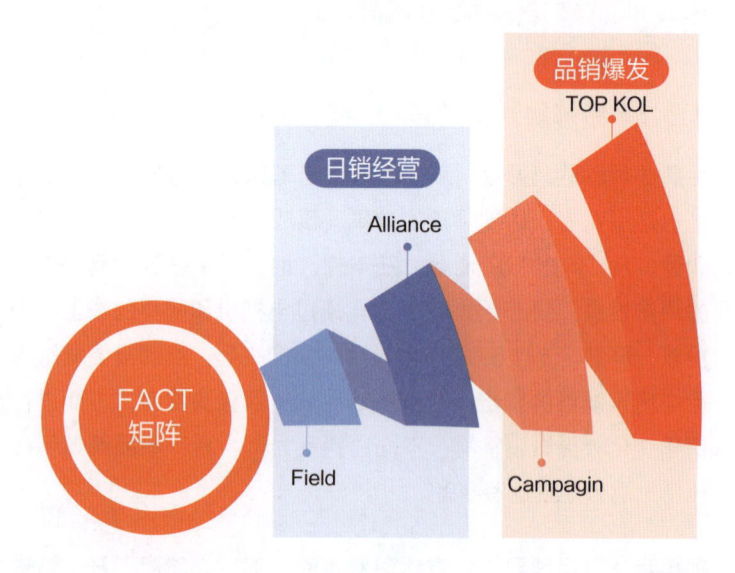

▲图 4-10

品牌在搭建达人矩阵时，主要考虑预算与效果两个方面。在抖音上，达人的报价取决于达人账号的影响力和粉丝黏性。达人账号的影响力和粉丝黏性会影响内容"种草"的覆盖面和电商转化率。评估达人账号的影响力的指标主要是粉丝数量，所以在搭建达人矩阵时，品牌会根据达人粉丝量级的不同，将达人分成头部达人、肩部达人、中腰部达人、小达人和尾部达人。不同粉丝量级的达人的特点如图 4-11 所示。

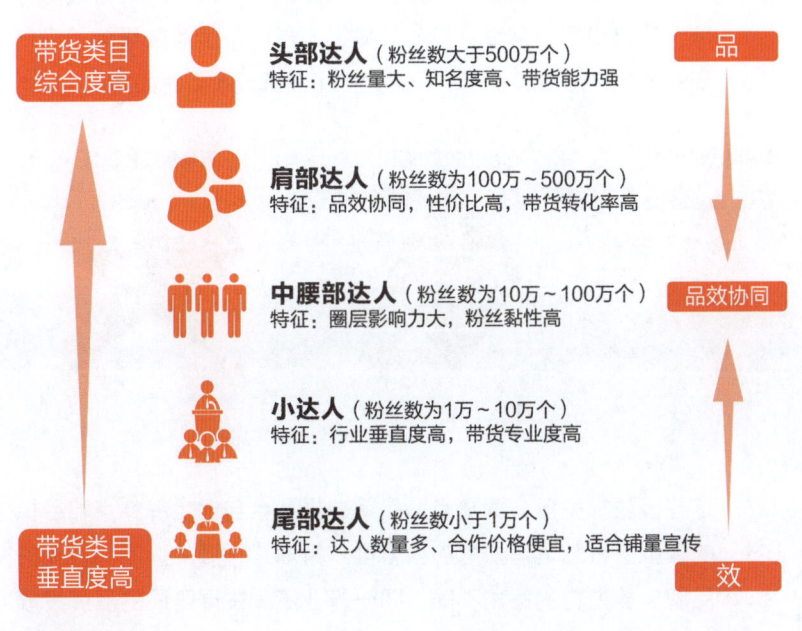

带货类目综合度高 ↑

头部达人（粉丝数大于500万个）
特征：粉丝量大、知名度高、带货能力强

肩部达人（粉丝数为100万~500万个）
特征：品效协同，性价比高，带货转化率高

中腰部达人（粉丝数为10万~100万个）
特征：圈层影响力大，粉丝黏性高

小达人（粉丝数为1万~10万个）
特征：行业垂直度高，带货专业度高

尾部达人（粉丝数小于1万个）
特征：达人数量多、合作价格便宜，适合铺量宣传

带货类目垂直度高

品 ↓ 品效协同 ↑ 效

▲图 4-11

品牌在进行达人营销时不会进行单一投放，而是选择矩阵化投放。搭建矩阵也不是越大越好，而是有一定的策略。现有的 3 种主流的达人矩阵投放模型如图 4-12 所示，分别为金字塔投放模型、橄榄型投放模型和五角星投放模型。

金字塔投放模型是一种递进式模型，是符合传播学原理的投放策略，适合品牌在内容电商平台上布局完整的传播链路，其主要目的是传播，头部达人的名人效应可以起到一定的"种草"作用。

橄榄型投放模型是打爆品模型，是适合产品有较大影响力的成熟品牌的一种高 ROI 打法，重点投放具有高性价比的中腰部达人，在关键节点进行投放，增加曝光量，为大促活动进行蓄水。其优势是，能够更好地抢占搜索流量，容易出现爆款内容，有利于各个大促活动的转化。

五角星投放模型是以品销为核心目的，抛弃传统达人分层的思路，通过内容匹配度、投放效率、人群匹配度等效果指标来布局的模型，适合起步期的品牌、中小品牌或者新锐品牌。

金字塔投放模型
头部达人
肩部达人
中腰部达人
小达人
尾部达人

橄榄型投放模型
头部达人
肩部达人
中腰部达人
小达人
尾部达人

五角星投放模型
头部达人
中腰部达人　肩部达人
尾部达人　　小达人

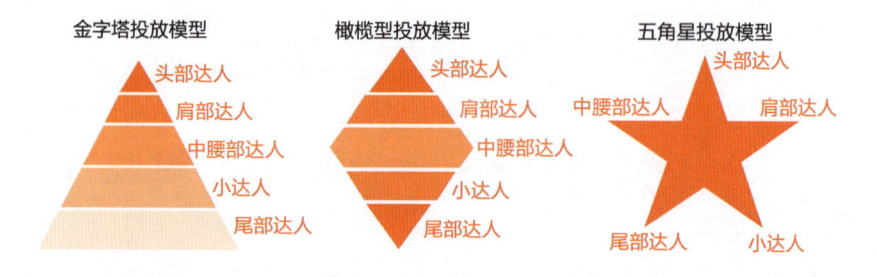

▲图 4-12

小贴士：
行业不同，品牌所处的发展阶段不同，需要搭建的达人矩阵投放模型不同。定期研究行业、竞争对手的达人矩阵投放模型是了解同行营销策略的一个方法。

这些投放模型各有优缺点。品牌选择适合自己品牌特点和目标的模型进行触达消费者的内容推广是非常重要的。不同行业的品牌投放内容的策略不同、同一行业不同发展阶段的品牌投放内容的策略不同、同一行业同一发展阶段但不同营销目的的品牌投放内容的策略也不同。抖音定义了 24 个经营大类（如图 4-13 所示）。奢侈品、美妆护肤、医药保健大类的品牌更倾向于与头部和肩部达人合作，头部达人数量的占比超过 1%；宠物用品、母婴用品、本地生活、家具建材、家居家纺、汽配摩托大类的品牌更倾向于与中腰部和小达人合作；服饰内衣、钟表配饰、鞋靴箱包、3C 数码、珠宝饰品、礼品文创大类的品牌更倾向于与尾部达人合作。

经营大类	头部达人占比	肩部达人占比	中腰部达人占比	小达人占比	尾部达人占比
服饰内衣	0.30%	1.30%	7.20%	23.70%	67.60%
钟表配饰	0.50%	2.60%	10.30%	21.90%	64.70%
鞋靴箱包	0.40%	1.80%	9.10%	25.70%	63.00%
3C数码	0.50%	2.20%	9.30%	25.80%	62.30%
珠宝饰品	0.40%	2.00%	10.00%	26.00%	61.60%
礼品文创	0.20%	1.50%	9.50%	27.30%	61.60%
美妆护肤	1.20%	3.70%	10.80%	22.80%	61.50%
玩具乐器	0.30%	1.80%	10.20%	26.60%	61.10%
日用百货	0.50%	2.30%	10.20%	26.50%	60.50%
二手商品	0.70%	2.40%	10.90%	25.80%	60.30%
汽配摩托	0.20%	1.80%	10.10%	29.40%	58.50%
家居家纺	0.30%	1.80%	9.70%	29.80%	58.40%
运动户外	0.30%	2.10%	11.40%	28.10%	58.10%
家具建材	0.20%	1.70%	10.10%	30.00%	58.10%
厨卫家电	0.50%	2.40%	10.90%	28.30%	57.80%
食品饮料	0.90%	3.30%	12.70%	26.00%	57.20%
图书教育	0.30%	2.30%	13.00%	27.50%	56.80%
鲜花绿植	0.20%	2.10%	12.40%	29.60%	55.70%
生鲜蔬果	1.00%	3.30%	13.00%	28.60%	54.10%
母婴用品	0.50%	2.40%	12.60%	30.90%	53.70%
医药保健	1.20%	4.90%	16.80%	26.90%	50.00%
本地生活	0.70%	3.10%	16.30%	30.30%	49.70%
宠物用品	0.40%	3.00%	15.60%	33.10%	47.90%
奢侈品	2.80%	11.70%	34.20%	27.00%	24.30%

▲图 4-13

（数据来源：蝉妈妈）

品牌需要根据内容推广需求来确定需要与什么业务属性的达人联系，同时还需要根据达人创作的内容匹配带货产品的所属行业。品牌在选定达人后通常有两种合作方式。第一种方式是，由达人做原生内容，即达人创作内容后在达人账号发布内容，这样的内容可以充分利用达人的粉丝优势，但达人的粉丝比较难沉淀在品牌账号上。第二种方式是，由达人出镜做信息流广告或由品牌账号发布内容，这样的内容可以把粉丝沉淀在品牌账号上，但达人的粉丝可能无法被充分利用。

对于内容电商来说，好内容具有很大的价值。品牌可以让不同的达人发布不同的内容，对数据表现较好的内容进一步投放，从而让效果最大化、成本最小化。

4.3.2 消费者对话品牌

聆听消费者的声音，收集消费者的反馈信息是非常重要的，但品牌通过不同的渠道收集的消费者反馈应该是真实的、具体的、有价值的，以免误导产品决策、无法提供实际帮助。在传统渠道中，品牌通过问卷调查、消费者访谈、焦点小组、实地观察和产品测试等途径收集消费者反馈，而在电商购物类渠道中，品牌可以通过分析代表消费者主观看法的产品评论、直播间的弹幕信息等反哺产品的研发。

1. 内容资讯类渠道反馈

在内容资讯类渠道中，消费者对品牌的反馈主要通过评论的方式体现（如图4-14所示）。品牌可以收集本品牌数据、竞品数据、全行业数据，并基于使用场景、消费者痛点、消费者价值点、竞品对比等进行消费者洞察。具体来看，品牌基于使用场景进行消费者洞察可以辅助产品创新，围绕关键词来设计内容，针对场景设计宣传文案和包装；品牌基于消费者痛点进行消费者洞察可以辅助产品设计，根据消费者意见来改进产品；基于消费者价值点进行消费者洞察可以辅助品牌确定产品迭代的重点和优先级，在产品详情页、直播话术、短视频文案等业务模块上管理消费者预期；基于竞品对比进行消费者洞察可以实现品牌的取长补短、取强补弱，制定差异化宣传策略。品牌可以通过对所有数据的分析来优化经营策略，执行策略，获取新一轮的反馈信息，实现良性循环，全面提高产品竞争力、运营推广效率、产品复购率，实现长效增长。

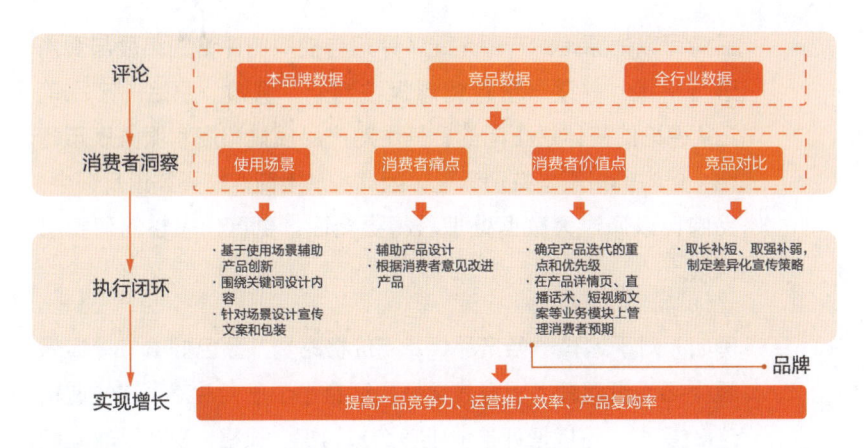

第 4 章 选择比努力重要，渠道不对努力白费 | 117

▲图 4-14

2. 电商购物类渠道反馈

电商购物类渠道的评论是消费者反馈的一部分。如图 4-15 所示，对电商购物类渠道评论的分析主要分成以下两个阶段：评论的维度与观点的抽取和情感极性判断。品牌可以根据产品笔记 / 评论抽取评论的维度与观点。评论的维度主要分为产品质量、适用人群和商家服务等。评论的观点主要是评论的维度的具体描述，例如产品很好用、适合干性皮肤、商家回复很快。情感极性判断可以分为正向、负向和中性，情感极性判断的结果可以给品牌 / 商家迭代产品、升级服务提供具体的指导建议，还可以让品牌及时地掌握某款产品或本身品牌在消费者心中的好感度变化。

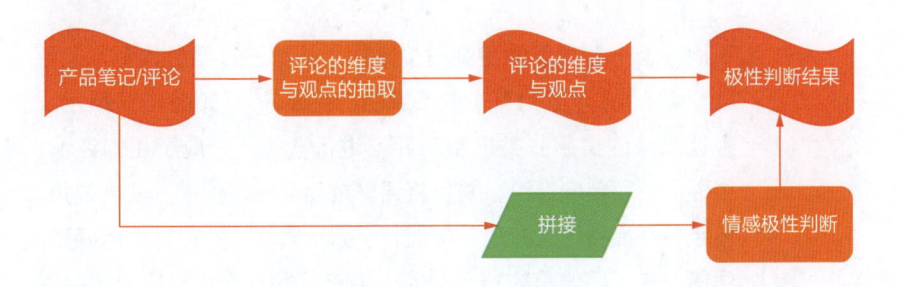

▲图 4-15

品牌可以把原始的产品笔记/评论与抽取的评论的维度与观点进行拼接，并逐一进行情感极性判断。例如，原始的产品笔记/评论的整体是正向的，其中对产品质量和商家服务表示肯定，但对价格不是特别满意。因此，从电商购物类渠道反馈中，品牌可以通过大数据处理获得更全面、更具代表性的消费者诉求。

例如，对于这样一条产品评论"价格略贵，颜色好看，厚实保暖，-5℃没问题，上身效果好，适合小个子，希望下次快递别这么慢了"，可以把评论的维度分成价格、风格、颜色、功能和物流，价格维度和物流维度的评论情感被识别成负向，颜色维度、功能维度和风格维度的评论情感被识别成正向（如图 4-16 所示）。

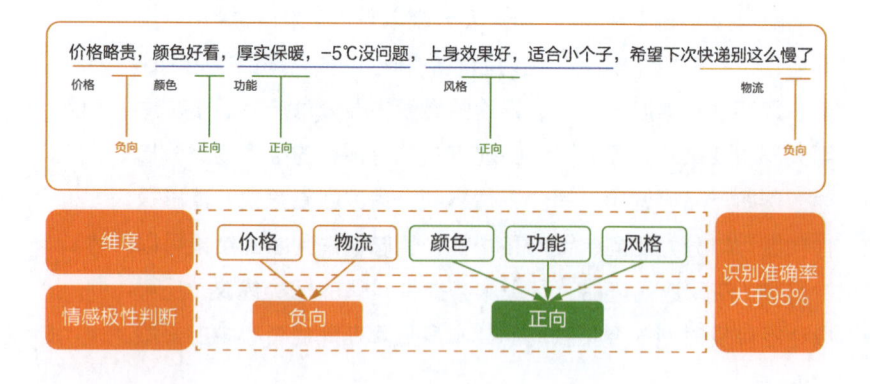

▲图 4-16

下面来看一看具体的品牌舆情案例，从第三方平台蝉魔方上可以查看 2023 年 3 月某护肤品牌的产品评论[1]（如图 4-17 所示），根据算法的情感分类机制对评论进行分类，分成了正向评论、中性评论和负向评论，并且将评论按照商家、价格、使用效果、包装、产品特性、容量、物流、味道/气味、外观、使用感受、质量、售后等维度进行了分类。当产品需要迭代升级时，品牌

---

[1] 评论和评价一词意思相同，正文中使用评论。

需要优先关注消费者暂未被满足的需求下对应的负向评论，其中消费者对美白面膜的使用感受给予了"刺痛""黏糊糊""太干""不服帖"等负向评论，对味道/气味给予了"酒精味""味道难闻""刺鼻"等负向评论。在美白面膜迭代升级的设计中可以将使用感受与味道/气味的负向评论考虑在内。

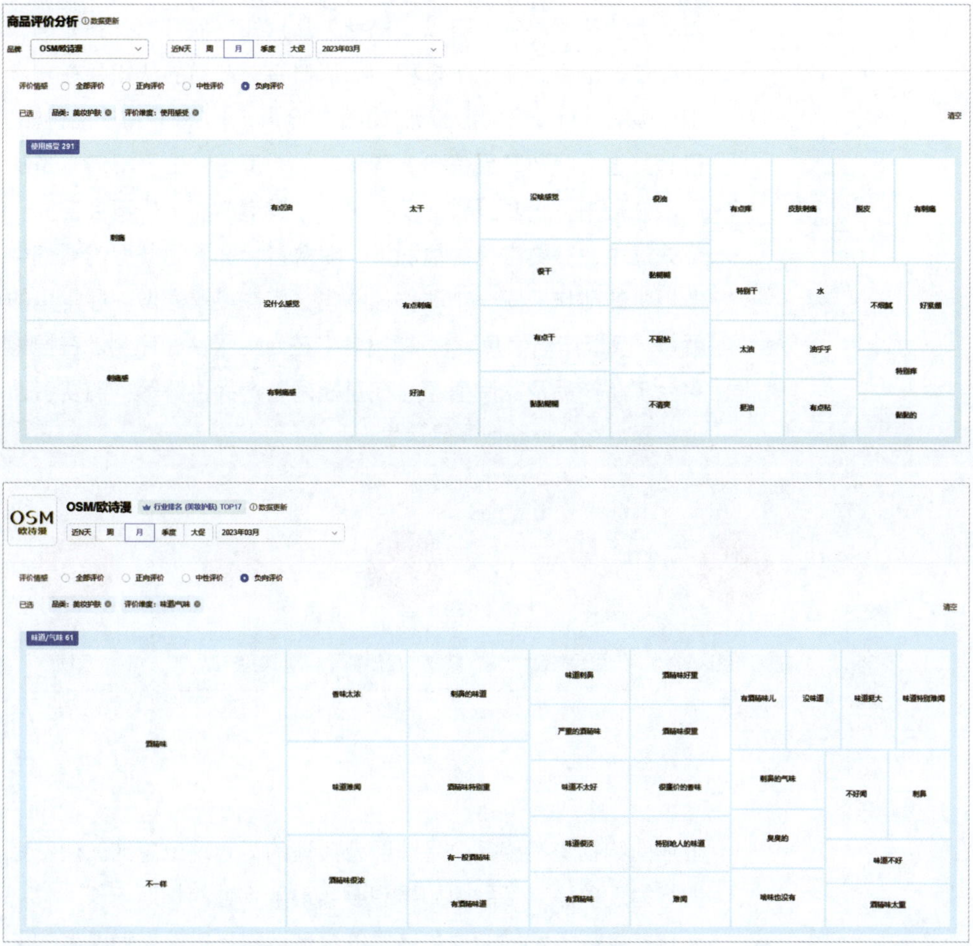

▲图 4-17

（资料来源：蝉魔方）

4.4 全域渠道协同运营

4.4.1 依靠购物决策路径布局渠道策略

消费者流量会出现在各个不同的渠道中，但是活跃的流量并不是无规则地随机出现的，而是按照购物决策路径有迹可循的。消费者的消费路径，可以被概括为从认知产品开始，到复购产品或反馈结束。在这个过程中，消费者对产品的认知是在一步步加深的，有 5 个关键节点（如图 4-18 所示），即获得产品认知、引起兴趣、获取产品信息、购买产品、反馈。由于渠道本身的局限性和消费者多渠道活跃，这 5 个关键节点一般不会在同一个渠道中，在更常见的情况下，消费者会在不同类型的渠道中做相关的动作，同一个动作往往也会跨越多渠道做。最常见的就是"获取产品信息"，可能包含了在专业平台看评测、在搜索平台了解产品及品牌信息、在直播间看产品讲解等，消费者通过多平台综合性获取产品信息。

获得产品认知	引起兴趣	获取产品信息	购买产品	反馈
曝光	种草	种草	转化	舆情

▲图 4-18

上述的购物决策路径，是消费者典型的行为现象总结。消费者的行为现象注定了品牌如果想要实现确定性的长期增长，就需要具备全域运营的能力。这里的全域运营是指根据消费者的购物决策路径的每一个节点，在对应活跃的渠道中做相应的运营动作，从而实现整个消费路径的人群流转提效，让流量朝着品牌想要的方向流动而不是流失，最终形成流量闭环。

1．获得产品认知阶段

消费者从无到有地认知产品，是购物的起点，也是流量进入品牌场域的起点。过去品牌通过传统渠道做大量的产品曝光，目的就是让更多的消费者对产品和品牌留下印象。现今很多品牌仍旧长期需要做产品曝光，让更多的消费者建立产品认知，扩大潜在的消费人群。

消费者获得产品认知的主要途径：朋友介绍、产品曝光、信息流广告、销售平台曝光、营销宣传活动、KOL"种草"等。

从渠道的角度来看，产品认知渗透在消费者日常活动的各个角落，也就是说任何渠道都可以用来做产品曝光。纯粹的广告形式的产品曝光包括打开手机接触到的每个 App 和走出家门看到的大大小小的广告牌。在不同的渠道建立产品认知的主要差别在于效率高低和人群画像的差别，常见的用来做产品曝光的渠道如下。

① 社交媒体平台。适合做浅层曝光。社交媒体平台是大量信息的集中地，是消费者获取外界信息的核心阵地。如今的社交媒体平台已经越来越去中心化，各类具备社交属性的平台都在发挥着信息曝光的作用。

② 内容平台。适合做进阶曝光。内容平台也是大量信息的集中地，与社交媒体平台相比，内容属性更强，常见的短视频、长视频、图片、博文等是详细展示产品的内容载体。

③ 电商平台。适合做精准曝光。电商平台是大量产品/品牌信息的集中地，是超强的产品曝光平台，平台用户的购物心智较强，有利于用户的后续流转。其缺点是曝光成本高。

④ 泛线下渠道。适合做浅层曝光。泛线下渠道中可选的细分渠道的种类丰富，形式多样，曝光成本低，其缺点是调整的灵活

性差，对曝光效果的评估困难，以及曝光人群不可控。

⑤ 私域渠道。适合做进阶曝光。一种私域渠道依赖于品牌自建的私域社群运营，人群价值高，转化率高，但曝光量级难以大幅提高。另一种私域渠道依赖于用户裂变推荐产品，转化率也高，但是运营难度较大。

2. 引起兴趣阶段

在这个阶段，品牌可运营的空间远远大于获得产品认知阶段可运营的空间，用数字指引人、货、场的差异化运营在这个阶段展开。

引起消费者兴趣的主要途径：深度内容介绍、产品重复曝光、KOL"种草"、营销活动等。

引起消费者兴趣的关键是用产品自身属性、社交价值、情绪价值、品牌价值等信息的展现来占领消费者的心智，也就是通常说的"种草"。回到渠道的角度看"种草"，"种草"的硬性要求是围绕产品的内容拓展，也就要求渠道本身有足够强的内容承载力。品牌可以过滤掉那些以广告曝光为主的渠道，例如美图秀秀、电子邮箱等工具属性和功能较强的渠道，它们对产品的曝光在很多时候只是一些开屏曝光、切片曝光，只能通过多次触达来引起消费者兴趣，无法做到精细化运营，效率较低。常用来引起消费者兴趣的渠道有以下几种。

小贴士：
对于"种草"，除了渠道要有足够强的内容承载力，产品的内容属性也很重要。

① 内容平台。用综合内容引起兴趣。内容平台是最常见的"种草"平台，凭借内容支持，通常在产品曝光时就能够快速引起消费者兴趣。内容平台也可以利用 KOL"种草"来为产品"背书"，或通过各类营销活动来快速引起消费者兴趣。

② 电商平台。用产品详细信息引起兴趣。电商平台的广告多次触达消费者，引起消费者兴趣，平台上关于产品的价格、参数、

功能等详细介绍也能够直接引起消费者兴趣。与内容平台相同，电商平台经常通过营销活动等来引起消费者兴趣。

③ 线下卖场。用产品实际体验引起兴趣。与线上平台的产品"种草"相比，线下卖场具有能够直接接触、观看、试用产品的优势，能够快速引起消费者兴趣。对部分使用复杂、了解成本较高的品类，例如3C数码产品，在线下实际接触和试用产品，比线上的图文或视频介绍更能引起消费者兴趣。

3. 获取产品信息阶段

获取产品信息阶段与引起兴趣阶段相似，都是消费者深入了解产品与品牌的过程，对于品牌而言，同属于对消费者"种草"的阶段。二者主要的差别体现在对产品的了解程度，以及被动曝光与主动曝光。在这个阶段，品牌除了做好内容曝光和营销活动上的"种草"，还需要注意搜索的引导和搜索后的内容及产品承接，因为流转到这个阶段的消费者的转化率已经很高了，值得品牌重点关注。

消费者获取产品信息的主要途径：搜索、KOL"种草"、营销活动、消费者评论、深度内容介绍等。

进入这个阶段的消费者需要收集内容来辅助决策。因为获取产品信息和引起兴趣阶段同属于"种草"阶段，因此主要的运营渠道基本相同，但是获取产品信息阶段对渠道的搜索承接能力有更高的要求。常见的渠道包含以下几个。

① 内容平台。用丰富的内容承接搜索。当内容平台的运营对象从兴趣人群过渡到主动搜索的消费者时，品牌的内容布局思维就需要转变了。对于兴趣人群，品牌需要思考的是什么样的内容可以让他们更感兴趣，需要展现优势的方面来吸引他们。但是对于主动搜索的消费者，品牌需要考虑消费者分散多元的搜

索心智,并且能够部署相关内容做承接。另外,消费者的口碑是这个阶段的消费者关心的高价值信息,品牌需要在内容平台和社交媒体平台上做好舆情监测,及时发现负面舆情并做相关优化。

② 电商平台。用货架电商承接搜索。电商平台的货架逻辑天然适合承接用户的搜索流量,这里的重点是电商平台的搜索曝光往往直接与竞价挂钩,所以渠道的运营必然需要精细化的人货匹配。另外,品牌还要注意竞品的威胁。具备搜索心智的消费者的转化率高,且在没下单之前,这类消费者尚未形成品牌心智,是竞品抢夺的首要目标。电商平台的大量购后评论也是这个阶段的消费者重点浏览的信息,品牌需要做好评论口碑运营。

③ 相关垂直平台。用深度内容承接搜索。对于一些决策成本较高的产品,消费者会选择搜索更专业、更垂直的信息来辅助决策,比如婴童奶粉辅食,消费者会在像宝宝树这样的垂直平台上搜索奶粉的测评内容。对于主流大体量的渠道,各个品牌的运营投入都应该尽量做到饱和,细分的垂直渠道对于品牌来说就是拼细节和增量的地方。

4. 购买产品阶段

购买产品阶段的渠道运营要重点围绕各类型的电商平台展开,这个阶段是品牌的运营资源高度投入的阶段。品牌要做大量的竞价广告投放、用户拆分运营,对每一份流量都要激烈抢夺,对人、货、场要精细化运营。下面以常见的电商平台为例,从消费者决策视角出发,简单归纳一下对不同平台的运营重点。

① 以天猫/京东为代表的传统货架电商平台。货架电商平台发展至今已超过10年,从消费者购物决策的视角出发,货架电商平台的底层运营逻辑还是围绕货品的推荐与搜索,即消费者带着强目的性进入渠道,并基于目的收集信息和进行决策。货架

电商平台基于人群行为标签进行货品推荐。这类平台的运营逻辑更考验品牌对精准人群的把握，考验搜索运营和投放能力。这类平台的流量价格较高，对品牌的数字化运营要求极高。

② 以抖音、快手、小红书为代表的直播或短视频内容电商平台。作为新兴的电商平台，内容电商平台的底层运营逻辑是优质的内容即时激发兴趣并产生转化。消费者的购物决策路径通常较短，且通常以平台内的优质内容为起点，而非消费者在进入平台之前就有消费欲望。当消费者产生购物的欲望之后，由于平台的优质的内容支撑，使得消费者能够快速走完购物决策路径，在站内完成"种拔"闭环。对于品牌而言，要在这类平台上达成生意目标，需要具备视频和图文内容的创作和运营能力，以及以直播间为代表的综合性"种拔"场景的运营能力。

③ 本地服务配送电商平台。本地服务配送电商平台偏向于电商+渠道的组合，通常在下单 30 分钟内将产品交到消费者手中，形成了与传统电商平台之间最大的渠道优势。消费者更关注即时性，关注产品本身能否满足需求，对价格不太在意。许多"强渠道弱品牌"的品类在这类平台上扮演主角，如生鲜蔬果和生活日用品。消费者在这类平台上的购物决策路径比较短，因此考验品牌的渠道布局能力，要扎根渠道获取消费者的第一眼曝光。

5. 反馈阶段

这个阶段的价值有两个，第一个是消费者反馈的内容对所有潜在的消费者的影响，第二个是品牌从消费者反馈的内容中了解消费者的购物心智，从而优化产品。

消费者发布和获取反馈信息的主要途径：产品购后直接评论、社交媒体平台的互动传播、内容平台上的内容、朋友介绍等。

品牌在这个阶段的运营可以归纳为舆情运营。在很多品牌看来，消费者的购买是购物决策路径的终点，但完整的购物决策路径运营必然包含购后的舆情管理。从渠道的角度来看，舆情高度集中的区域，就是消费者高度活跃的区域。常见的渠道包含以下几个。

① 社交媒体平台。品牌可以在社交媒体平台上获取综合性的购物反馈。大部分消费者在社交媒体平台上发布评论，发布的门槛低，内容简单，大多以表达正负向评论为主。对于品牌而言，一方面要监测反馈的舆情声量，这反映了品牌在消费者心中的热度，另一方面要监测负向评论，控制负向评论的比例，增加正向评论的投放等。

② 电商平台。品牌可以在电商平台上获取消费者对产品的精准反馈。电商平台的产品评论是消费者发布和获取反馈信息最直接的地方，因为通常与产品详情页强绑定在一起，所以消费者无须搜索就能获得信息，因此产品评论对产品销量的影响很大。产品评论通常是对单个产品的精准反馈，但仍旧会对店铺和品牌层面产生扩散影响，因此更考验店铺的整体售后服务能力。同时，品牌需要从评论中获取运营指导意见，及时调整运营细节。如图 4-19 所示，品牌需要掌握产品评论的舆情情况，对产品口感、物流、包装等进行优化。

▲图 4-19

（资料来源：蝉妈妈）

③ 内容平台。品牌可以在内容平台上获取消费者在使用产品之后的深度测评反馈。内容平台的产品反馈信息通常是消费者自发发布的产品使用体验、买家秀等。内容平台扮演的角色很多，这些反馈信息既可以是对其他新消费者的曝光信息，也可以是"种草"信息，还可以是影响决策的关键信息。内容平台的产品反馈信息通常更具深度，包含更多信息，例如产品细节图片、使用前后对比等。品牌对内容平台的运营与对社交媒体平台的运营相似，需要注意舆情的整体走向，让 KOL 进行舆情背书，及时处理负向评论。如图 4-20 所示，优秀的舆情管理应该长期维持正负向评论分布相对稳定。

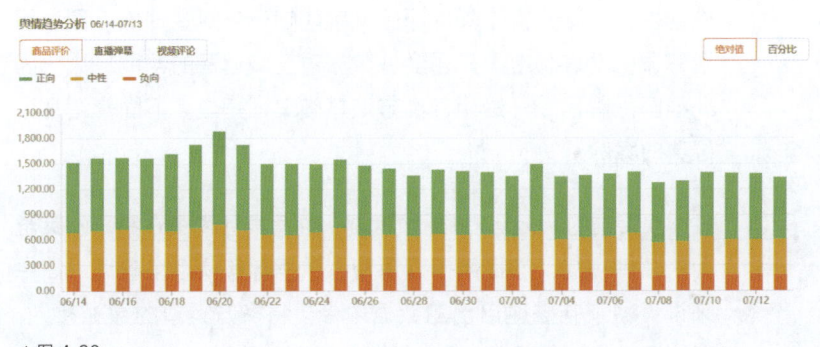

▲图 4-20

（图片来源：蝉妈妈）

④ 私域。消费者在私域范围内传播的反馈信息，对潜在的消费者有很强的引导作用。除了在公开渠道中发布产品反馈信息，消费者通常也会在其关系网内进行私域裂变传播，给身边的朋友提供产品反馈信息和决策建议。这一渠道的反馈信息的影响通常是非常客观的，由于私域的信任基础，反馈信息对决策的影响很大，品牌可以利用这一特性，让购买用户采用给好评、晒图、朋友圈分享等方式，或在产品包装中增加社交元素，让消费者自发进行传播，从而利用消费者的正向评论来拉新。

> 画重点！
> 品牌要通过社交媒体平台、电商平台、内容平台和私域等渠道获取和管理消费者反馈信息，实现舆情掌控和口碑传播。

4.4.2 用数字化工具击穿渠道运营壁垒

在拆解完消费者购物决策路径中每个节点的活跃渠道和对应的运营重点之后，品牌需要思考如何跨越渠道壁垒，引导流量按照购物决策路径一步步流转，最终进入品牌的人群池。

1. 打通全域数据，建设一体化人群数据中台

数据无法打通一直是品牌全域运营的一大痛点。这导致了品牌对广告投放、内容"种草"、线下"引流"等营销行为的效果无法准确判断，在精细化运营的路上就很难前进，无法提效。当流量跨渠道流转时，流失是必然的。如果品牌能敏锐地捕捉到流失的群体，并分析流失的原因，就能够有针对性地做召回、促活等调优动作。由于打通全域数据对全域运营的帮助极大，因此很多品牌已经开始用各类方法打破渠道壁垒。下面介绍几个经典的案例。

(1) 欧莱雅的"Data Lake 数据湖"数据中台解决方案。欧莱雅面对营销挑战，选择用搭建消费者数据标签体系来破局。简单来说，欧莱雅搭建自己的数据中台，将多方渠道的数据接入，以消费者的设备 ID 作为唯一身份标识，将多方数据配对，删除重复 ID，沉淀出消费者设备 ID 库，并围绕这些唯一身份标识来搭建自己的数据中台为运营赋能。其中典型的操作包括将线下数据上传，同步到线上人群库。具体来说，欧莱雅在线下派样活动中，将领样用户引导到公众号和小程序，记录领样用户的设备 ID 和手机号码，实现从线下扫码到线上兑换的渠道转换，在后续运营中，对领样用户进行跨渠道追踪，实现对领样用户的持续运营，以及对派样策略的监测和调优。

(2) 认养一头牛的公私域会员一体化解决方案。认养一头牛在天猫和抖音上都成了头部品牌。数字化应用是认养一头牛生意运营中的重要抓手，但是依靠线上渠道走红的"这头牛"，却不想出现渠道数据依赖。虽然认养一头牛在多个平台上都积累了品牌会员，但由于渠道分散，用户画像不清晰，认养一头牛在进行会员运营时仍旧存在阻碍。认养一头牛打造了自己的 CRM（Customer Relationship Management，客户关系管理）工具，将多个平台的会员信息导出，打通会员体系，建立会员的 oneID，实现全域一体化。通过此举，认养一头牛将多个平台的会员的权益、等级一体化，全面提升会员服务体验。截至 2022 年年底，认养一头牛已经积累了 2000 万个会员。

2. 跨渠道承接流量

品牌进行数字化转型需要大量的资源投入和长期建设。在数据中台体系之外，品牌仍旧需要其他跨渠道运营的策略来推动人群运营。

（1）从曝光到"种草"的跨渠道承接。品牌在进行一轮广告投放后，需要对投放的人群做承接，如果没有在黄金转化时间内及时地做承接，这轮投放的效果就会大打折扣，这也是传统投放与数字化投放的资源利用率差距的来源。当初次看到曝光内容时，消费者下一步的动作可以分为 3 种，如图 4-21 所示。第一种是主动搜索相关产品或其他信息，第二种是继续浏览相关内容进行深入了解，第三种是无明显动作，这类用户是沉默用户。在曝光承接上，品牌就需要做相对应的承接动作。

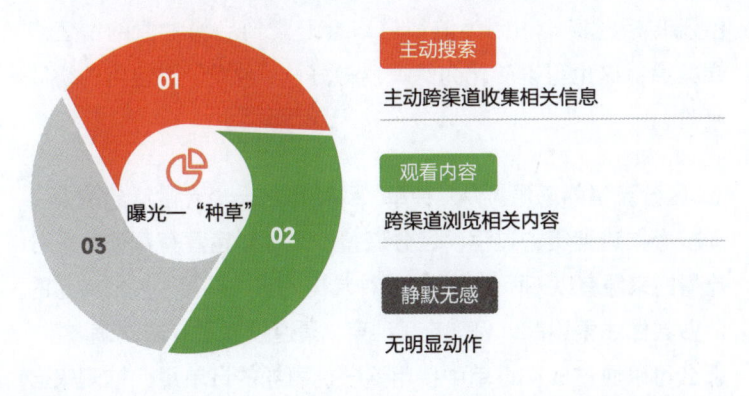

01 主动搜索	主动跨渠道收集相关信息
02 观看内容	跨渠道浏览相关内容
03 静默无感	无明显动作

▲图 4-21

第一种是利用相关搜索词承接流量，尤其是与投放主题高度相关的搜索流量。例如，某手表品牌计划在情人节到来前进行多平台的开屏广告投放，就需要在电商平台、社交媒体平台上对相关活动的搜索词（例如"表达爱意""××品牌情人节"）进行投放曝光。如果只是做普通的产品/品牌曝光，就需要在短期内在搜索端提高面向新客户的搜索词权重，配置更多的搜索后拉新内容，用新用户购买意愿更强的产品来承接流量。

请总结：
有几种承接流量的方式？分别是什么？

第二种是有针对性地发布相关内容，承接跨渠道流量。品牌通常根据投放的素材、营销的主题等，有针对性地布置拉新的内容在内容平台或社交媒体平台上做承接。

第三种情况是做组合曝光，重复触达沉默用户。在大多数时候，品牌进行投放是为了追求投放覆盖的人群规模足够大，很难保证人群画像高度精准，这就导致了一些非核心人群被触达后没有立刻出现反应动作。数据统计显示，消费者从曝光到感兴趣，通常需要多次触达。因此，品牌可以采用多渠道组合式的投放，让投放动作立体化的同时形成差异化，基于触点曝光、广告海报、文章介绍、图文展示、视频讲解等不同渠道的广告类型来组合曝光，促进消费者往下一阶段流转。

（2）从"种草"到转化的跨渠道承接。从"种草"到转化的流量流转相对集中，因为流量最终会汇聚到品牌主营的销售终端渠道，这也可以转化为跨渠道做好从"种草"到转化的协同经营。

① 区分流量的来源。从"种草"到转化是一个流量从分散渠道向核心渠道聚集的过程，区分流量的来源对运营有帮助。区分流量的来源有以下两种方法：一种常见的方法是通过投放特定的消费券做线索追踪，例如在"种草"渠道投放了专属的满减券，那么可以通过成交订单中使用这一优惠券的订单量，推测来自这个渠道的用户比例。另一种常见的方法是在单平台的"种草"

上做时间的独立区隔，在某段时间内只在一个平台上"种草"，以此区分订单的来源。

② 了解渠道转化的特点。品牌要根据不同渠道的特点来考虑从"种草"到转化的承接。首先，需要了解在不同渠道中从"种草"到转化的周期，以此规划"种草"的时间节点，保证当消费者集中进入电商平台时，能够有相匹配的销售活动。其次，根据不同渠道的人群画像设置对应的承接策略，如图 4-22 所示，在平销期对某个站外渠道集中投放后，可以通过监测短期内电商平台内的流量高峰的人群画像，近似了解这一站外渠道的人群画像，在未来对流量做千人千面、千人千店或千人千权的承接。

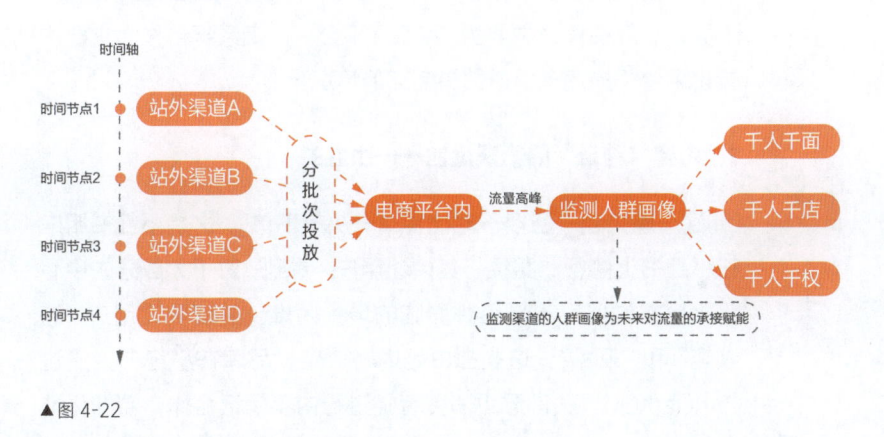

▲图 4-22

4.4.3 多渠道联动实现全域"种草"和转化

随着社交软件、媒体软件和购物软件不断增加，用户媒介触点变得多元化。单一平台的流量模式已经无法高效利用流量，多平台运营往往能够达到"1+1>2"的效果，这意味着品牌营销将逐步迈进"全域"经营时代。对于新生代消费主力来说，个性化的购买体验也能和价格优惠一样激发消费冲动。个性化的消费需求带来的结果是消费者圈层不断细分，从而推动了信息传播渠道裂变和细化。企业为了吸引消费者，需要优化每一个可能触达消费者的点，全面提升消费者生命周期各个环节的效率，从而不断地创造与消费者接触的机会，创造更多的商机。然而，各个渠道的营销策略不同，要真正发挥流量优势，品牌就需要整合各个平台的资源，将流量引导到关键的转化渠道上。多渠道间的协作主要体现在"种草"渠道和电商转化的流量承接上。品牌可以在小红书、快手、抖音等社交媒体平台上加强内容"种草"，精准地筛选目标人群，提供优质内容，促进淘系平台、京东、拼多多等传统电商平台的关键词搜索流量成交转化。在多渠道联动的过程中，品牌需要制定有效的关键词搜索策略、科学合理的达人"种草"策略，进行精准的内容策划、信息流广告投放、搜索流量的承接和运营优化等，构建多渠道的营销闭环。下面以小红书作为主要的"种草"平台，以淘系平台作为主要的转化平台，描述多渠道营销闭环的情况。

1. 内容"种草"的肥沃土地——小红书

"看到—感兴趣—回搜—对比种草—决策下单"，这是小红书用户在小红书上的行动路径。其中让用户"看到"对于大部分去中心化平台来说已经不是品牌面临的最大困难，关键要让用户"感兴趣"和"回搜"，这些都由好内容决定。品牌在小红书上通过与 KOL/KOC（关键意见消费者）进行内容笔记合作，精细化地布局内容，精准地把握消费者的兴趣点，从而影响消费者决策（如图 4-23 和图 4-24 所示）。

2. 覆盖品类较多的电商平台——淘系平台

淘系平台是覆盖品类较多的电商平台。淘系平台包括淘宝、天猫等多个子平台，涵盖了广泛的产品品类和服务，提供包括服饰内衣、日用百货、3C 数码、美妆护肤、运动户外、食品饮料等多个品类的产品。用户可以在淘系平台上找到所需的几乎任何产品，无论是日常生活用品还是高端奢侈品。广泛的品类覆盖使得淘系平台成为消费者的首选。消费者在打开淘系平台的时候已经想过要买什么，通过搜索寻找产品。在淘系平台上，没有用户主动搜索就缺失了大量产品的精准曝光，因此品牌在承接其他渠道的流量时，需要聚焦于关键词搜索策略。

小红书站内电商

产品笔记　薯条投流　店铺直播

直播场
为直播间积累精准流量
笔记场

品牌
用户
KOL/KOC

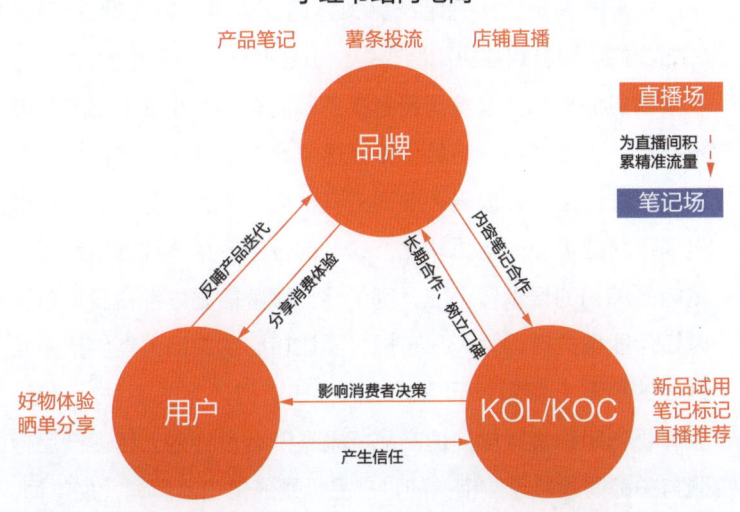

好物体验晒单分享
新品试用笔记标记直播推荐

▲图 4-23

小红书外溢流量的转化路径

搜索关键词 》 浏览偏好笔记 》 接收卖点信息 》 搜索购买信息 》 外溢流量转化

▲图 4-24

3. 小红书与淘系平台联动

品牌在多渠道联动时要想做数字化，会遇到的问题是从在小红书上投放到最终在淘系平台转化的链路比较长，由于渠道断层，回溯数据难以有完整的链路。常见的问题有以下两类：①在小红书上做了大量的"种草"，但在淘系平台上没有监测到品牌或产品的关键词搜索，搜索量也没有提升；②搜索量有一定的提升，但转化率非常低。下面展示如何打破渠道间的壁垒，让数据流动起来。

（1）分析产品定位，确定产品关键词，搭建内容关键词矩阵。在如今的消费者购物决策路径中，小红书已经承担起了"种草"、收集信息的角色，很多消费者在下单前都会在小红书上进行信息搜寻。小红书用户的转化路径通常是浏览博主发布的优质笔记，产生兴趣，并根据关键词去其他电商平台进行搜索，经过电商平台的承接落地页转化，这一部分的效果体现在电商平台站内品牌词的搜索量上涨。基于此，品牌需要思考在投放内容时如何围绕关键词矩阵来布局，要让核心的关键词能够把多元分散的搜索心智聚集起来。然而，在搭建内容关键词矩阵前，品牌要先明确货架电商的产品标题是怎么设计的，因为产品标题与关键词是最直接相关的。产品标题通常由品牌词、品类词、属性词、热搜词、卖点词、场景词、人群词、功能词、季节词、价格词、竞品词等关键词组成，如图 4-25 所示。产品标题应该保证基础信息完整、准确、无品牌和品类等主体信息缺失。在设计产品标题时，并不是涵盖的元素越多越好，品牌应该注意优先选择竞争度小、范围更精准、流量较大的关键词。例如，产品标题的万能公式中包含热搜词、品牌词、属性词、类目词、卖点词、场景词，如图 4-26 所示。设计这种标题旨在后续得到更多精准的搜索流量。例如，气质连衣裙（热搜词）gucci（品牌词）2023 夏新款（属性词）个性西装（卖点词）连衣裙（类目词）时尚女（场景词），电商人（热搜词）蝉妈妈（品牌词）专业版（属性词）会员（类目词）官网直充（卖点词）抖音数据分析（场景词）。

品牌词	品类词	属性词
热搜词	卖点词	场景词
人群词	功能词	季节词
价格词	竞品词	……

▲图 4-25

热搜词 + 品牌词 + 属性词 + 类目词 + 卖点词 + 场景词

▲图 4-26

小红书的内容关键词除了需要与产品标题的关键词保持一致，以防流量外溢，数据无法溯源，还需要符合小红书站内的关键词收录逻辑，重视长尾词的使用（热词权重遵循 7∶3 原则，即 70% 的稳定长期流量词 +30% 的有实时热度的词）。

在确定"种草"内容关键词之前，品牌还需要对相关内容在平台上的当前热点有较为清晰的了解，包括相关内容的目标用户的搜索热点，相关内容的热门笔记、话题，爆款笔记有什么特点，大家热议的细节是什么。品牌对当前热点的掌握能够让内容关键词具备更高的价值，从而获得更多免费的公域流量。

（2）提升搜索后承接的效果。在用户进行了搜索之后，后续的行为流量就是宝贵的精准流量。品牌需要对搜索后的流量进行拦截，让精准流量能够回到品牌的流量池里，而拦截的抓手无疑是优质的信息流内容。品牌通过信息流内容进行内容池沉淀，选择优质内容与关键词矩阵做对应，充分发挥优质内容的长尾效应，让所有关键词搜索流量都能有对应的优质内容做承接。

（3）用数据指标对投放结果复盘。投放后的数据是品牌最重要的无形资产之一,从小红书"种草"到淘系平台转化的过程中有以下几个数据指标需要被关注(如图 4-27 所示)。

销售 ROI
是否在搜索后产生了购买行为
(小红书的站内直接销售额 + 淘系平台的直接销售额 + 搜索后一定周期内的销售额)/ 投放费用

搜索量
消费者被深度"种草"后是否产生了搜索行为
小红书搜索量+淘系平台搜索量(手搜+品销宝+直通车+拍立淘)

CPC、CPE
品牌在小红书上"种草"是否成功
根据投放量级和投放成本计算点击成本、互动成本

从"种草"到转化的数据指标

▲图 4-27

① 判断品牌在小红书上"种草"是否成功的指标是 CPC 和 CPE,其中 CPC 即 Cost per Click(每次点击费用),CPE 即 Cost per Engagement(每次互动费用),品牌需要根据投放量级和投放成本计算点击成本和互动成本。

② 判断消费者被深度"种草"后是否产生了搜索行为的指标是搜索量,搜索量包括小红书搜索量及淘系平台搜索量。

③ 判断消费者是否在搜索后产生了购买行为的指标是销售 ROI,销售 ROI 的计算逻辑是(小红书的站内直接销售额 + 淘系平台的直接销售额 + 搜索后一定周期内的销售额)/ 投放费用,这个数值能够反映投放的回报率,销售 ROI 越高,表示本次跨渠道投放的效果越好。

4.5 总结

（1）电商消费大市场逐步进入存量时代，流量竞争已经是一场零和博弈，渠道的运营质量是品牌提效的核心手段。

（2）选择渠道是一切运营动作的起点。品牌要洞察渠道基因，观测渠道发展，衡量渠道效率，围绕渠道质量的 6 个方面综合判断渠道和品牌的适配度。渠道效率决定了品牌运营效率，只有在正确的渠道中做正确的经营动作，才能最大化发挥渠道效能。

（3）对于内容渠道的运营，品牌需要基于不同的需求对目标人群分类，根据细分人群的特点选择最合适的达人矩阵投放模型。

（4）品牌需要依靠渠道特性来实现与消费者之间的正向循环增长，除了利用渠道将产品推送给消费者，还要通过渠道聆听消费者的声音，为产品迭代和营销赋能。

（5）渠道运营的下一站必然是全域运营。品牌一方面需要思考渠道分工，让不同的渠道发挥生意阶段中不同的作用，另一方面需要打破渠道壁垒，实现全域渠道协同运营。数字化营销是打破渠道壁垒的手段。品牌可以通过数字化看清流量流转的路径，了解消费者购物决策路径，以达到跨渠道精准营销的目的。

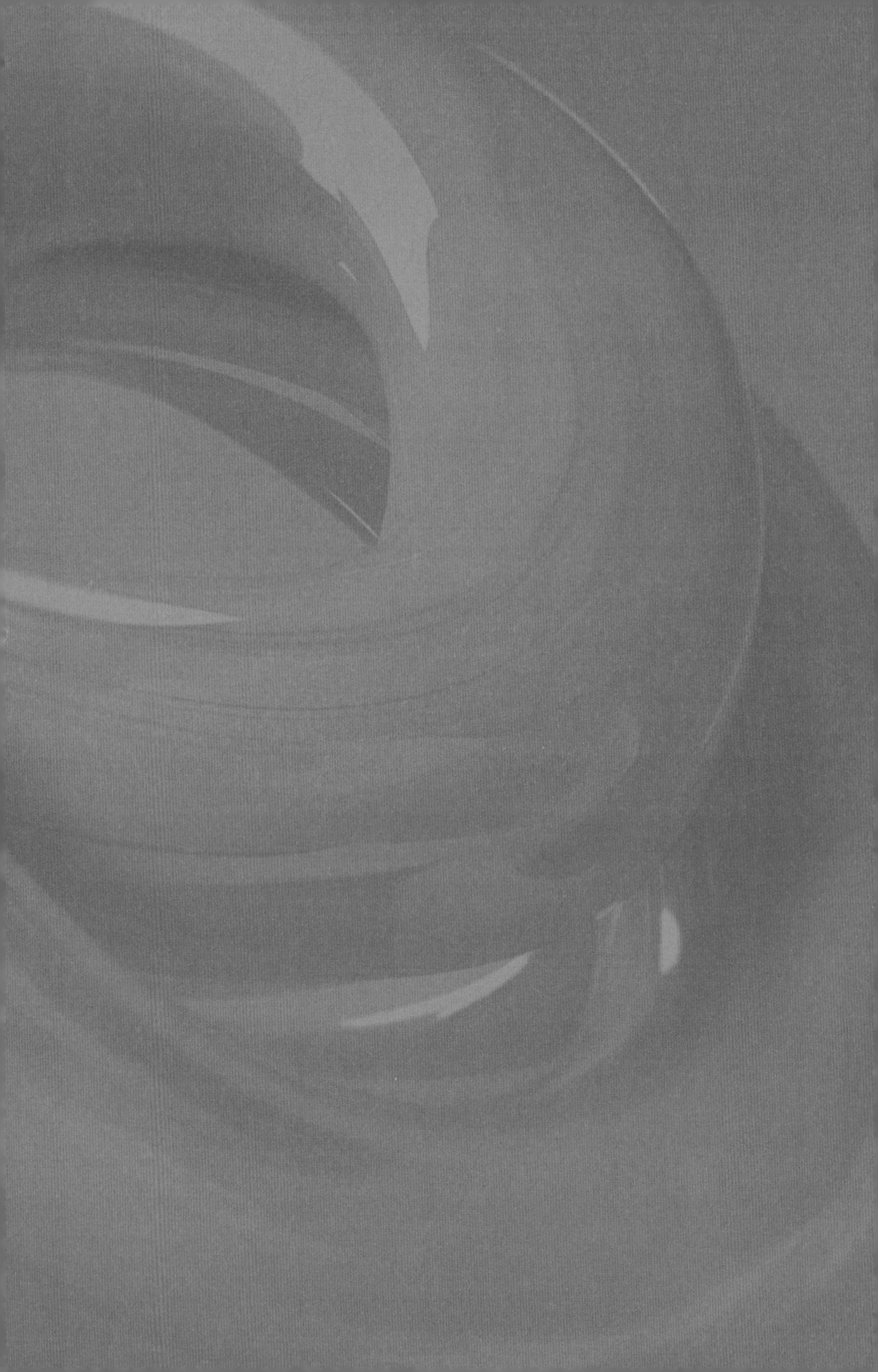

第 5 章

建好阵地长效增长，
品牌资产要沉淀

5.1 品牌资产运营进入数字化时代

品牌在经营过程中，需要不断地问自己：要用什么内容吸引什么人？从本质上来说，吸引人的目的是获取新客户和留住老客户。在增加新客户的过程中，品牌需要曝光给潜在的兴趣人群，从而增加潜在的消费者数量，而在留住老客户方面，品牌需要实现复购，稳定消费者基本盘，让老客户不会流失。通过拉新和复购的双线推动，品牌的人群量级不断扩大。所有与品牌有联系的消费者，包括已购买的消费者和被品牌触达的潜在消费者，统称为品牌消费者资产。

无论是做拉新还是做复购，品牌都需要依托于各种各样的媒介渠道去对市场上的消费者进行曝光，用视频、图文等方式让消费者认知品牌、了解品牌的产品，最终形成购买和复购。在触达消费者的过程中，品牌需要依托于各种各样的内容，例如一段"三年二班李小明同学，你妈妈给你送来了旺旺"的广告短片，一篇详述伊利牛奶杀菌保鲜工艺的文章，一张迪奥为品牌代言人拍摄的巨幅海报，一段"洗脑"的步步高点读机音乐，这些在

请总结：
品牌资产都有哪些？

品牌运营中产生的视频、图文素材、音乐、广告语，甚至特定的颜色、包装设计，都可以被称为品牌内容资产。

数字化为品牌资产运营带来了各种挑战和众多机遇。一方面，数字化加速了消费者数据的积累和使用，品牌需要更好地保护消费者隐私，同时也需要更好地利用消费者数据来提高营销效果；另一方面，数字化也提供了更多的营销手段和工具，品牌需要不断地学习和掌握新技术，以便更好地实现数字化营销。用数字重新定义品牌资产，便赋予了品牌资产可沉淀、可复制、可拓展、可迭代、可衡量的特点，让其契合数字化营销的基因。

5.1.1 认识品牌消费者资产

过去，品牌与消费者沟通存在多层障碍，想要了解消费者的想法和行为是困难的。品牌将产品分发给各级代理商，由代理商在面向消费者的门店、超市销售，最终消费者在线下终端渠道完成购买（如图 5-1 所示）。品牌只能获得代理商的订单数据，对消费者的行为反馈知之甚少。因此，大品牌过去通常通过广泛覆盖各种渠道并投放广告来占领消费者心智。然而，即使品牌都意识到消费者接收信息后的反应具有十分重要的意义，也无能为力。

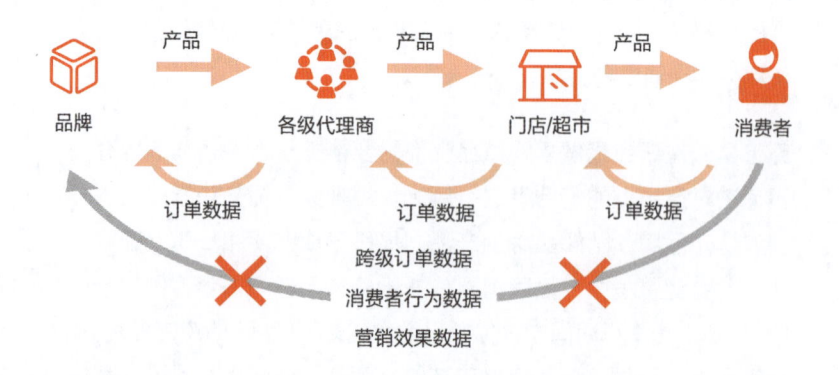

▲图 5-1

于是，随着对消费者资产的重视被频繁提及，品牌开始采取不同的策略挖掘消费者资产的价值。许多品牌使用门店直营模式，线上渠道和工具的出现，给品牌收集消费者行为数据提供了可行性。如今，消费者数字化运营潮流奔涌向前，线上电商平台推广消费者分层、消费者精细化运营的概念，搭建并完善配套的数据生态工具。以阿里巴巴的数据生态为例，数据银行、策略中心、生意参谋等工具，将消费者在平台内的一举一动全部记录并数字化，为所有平台上的品牌商家提供消费者运营的重要基础。同时，阿里巴巴也把旗下的各类 App 数据打通，记录消费者在电商平台之外的生活习惯，例如通过地图 App 了解消费者的线下场所偏好类型，通过影视 App 了解消费者的观影娱乐偏好类型，让每一个消费者的人格标签都足够丰富，让品牌知道是谁买了它的产品，面对的是什么人。

2010 年左右，以淘宝为代表的线上平台开始搭建消费者数字化运营系统，这类单一平台的数字化运营系统存在两个问题：第一个是在很大程度上依赖平台或渠道本身的数据体系搭建，虽然能对消费者做很多精细的运营，但实现全域运营还有很大的难度。第二个是在今天的消费市场上，仍有相当一部分品牌的销售重心不在线上渠道，尤其是强依赖于线下门店做品销的品牌，比如餐饮行业、家具行业的品牌等，线下渠道的数据体系搭建不如线上渠道容易，消费者行为和标签数据很难收集。随着行业发展，许多深受上述问题困扰的品牌，围绕整个经营过程中与消费者有接触的环节做数据沉淀，并打通数据（如图 5-2 所示）。

以瑞幸为代表的新锐品牌，尝试围绕消费者运营过程中的所有环节做数据打通。瑞幸将所有消费者下单的路径，用小程序和瑞幸 App 做闭环，即使在美团或抖音直播间购买优惠券的消费者，也回归到小程序和 App 做核销，这两个端口的订单数达到了 90% 以上。瑞幸依托这两个端口的数据建设,将所有消费者的数据汇总沉淀。

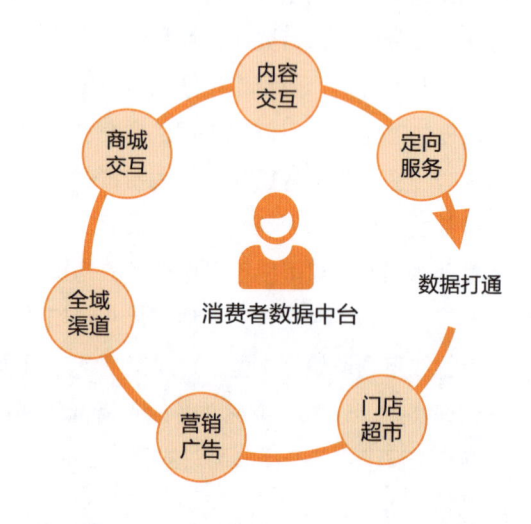

▲图 5-2

1. 消费者行为可视化

线上渠道的兴起,使得消费者的每一次行动都能够被准确地记录。消费者在平台上,从以接触某个品牌或产品为起点,到以最终下单为终点,这是最常见的消费者流转链路,我们把这个流转过程中的所有消费者行为记录下来,可以得到以下几种最常见的链路。

(1) 广告曝光—点击广告—进店浏览—收藏/加购产品—下单—复购。

(2) 直播/视频曝光—进入直播间—在直播间互动—浏览直播产品—在直播间下单—复购。

(3) 搜索产品—产品曝光—进店浏览—收藏/加购产品—下单—复购。

电商发展至今，触达消费者的触点非常多，消费者从接触品牌到下单和复购的链路非常多，但消费者流转的方向都是一致的。品牌通常会根据消费者与品牌的远近关系进行消费者资产分级。

2. 消费者属性可分类

除了消费者行为，消费者本身的属性同样是品牌在运营消费者资产过程中的重要依据。常见的消费者属性有以下几类。

(1) 消费者的性别、年龄、地区、城市等级等基本属性。

(2) 消费者的购买力、偏好的价格带、偏好的品牌类型。

(3) 消费者偏好的内容类型，包括短视频、直播、广告素材、文字。

(4) 消费者偏好的触点和渠道。

(5) 消费者的其他属性，例如是否养宠物、是否养娃、是否有车、是否出行等。

3. 消费者心智可沟通

在过去，消费者对品牌和产品的反馈，就像一个黑盒。品牌知道盒子中的信息非常重要，却很难直接得到。于是，很难避免出现的一种情况是，品牌已经拥有了规模可观的消费者基数，却在研发、营销等环节依旧从自身视角一厢情愿地闭门造车，并没有考虑消费者对品牌的产品和价值有何反馈。在如今以数字思维运营消费者资产的时期，随着消费者在线上渠道的数据体系的完善，缺乏消费者心智参与的传统营销模式被快速替代，品牌能够通过大面积的舆情监测和消费者行为监测，深挖消费者在消费过程及产品使用过程中的心智反馈。我们甚至能够看到，基于消费者心智洞察而存在的新锐品牌——DTC（Direct to

Consumer，直面消费者）品牌已经出现。在第 4 章中，我们列举了许多品牌与消费者沟通的路径，这里不再赘述。

5.1.2　认识品牌内容资产

与品牌消费者资产相比，品牌内容资产在运营过程中更容易被忽视，其中主要的原因是，品牌内容资产与品牌生意之间的关系比品牌消费者资产与品牌生意之间的关系更远，且往往没有办法简单量化，这给品牌对品牌内容资产的运营增加了一些不确定性，甚至披上了一层"玄学"的外衣。品牌在日常运营过程中每天都在快速、大量地生成品牌内容资产，但如果没有搭建起良好的内容管理体系，就会出现两个问题：一是低效，内容的复用率低，大量生产重复内容；二是低质，即内容质量低下，因为没有制定内容的评估考核规则，也就无法做内容升级。

今天，当打开内容平台时，我们能看到品牌发布的内容数量激增（如图 5-3 所示），其中隐藏的价值是巨大的。

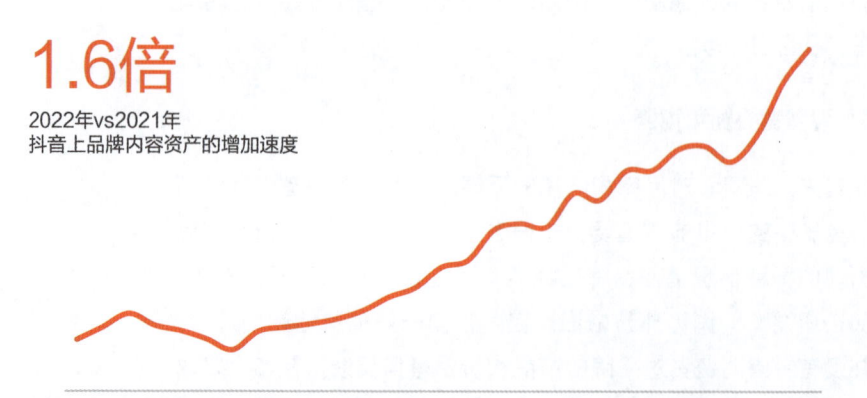

1.6倍
2022年vs2021年
抖音上品牌内容资产的增加速度

2020-08　2020-12　2021-04　2021-08　2021-12　2022-04　2022-08　2022-12

▲图 5-3

（数据来源：蝉妈妈）

对于品牌而言，内容是品牌和产品对外输出的载体。过去，消费渠道集中在线下时，消费者接触的品牌内容多以海报、广告牌上的广告、电视广告为主，要想详细了解产品，就需要在门店近距离观看。货架电商的兴起让消费者接触产品和品牌的途径变成了品牌精心制作的图片。消费者被图片吸引，打开淘宝，看到一张精美的开屏产品图就可以点击它进入店铺，看到几张产品详情图就可以付款，人们也戏称货架电商为"图片电商"。随着抖音和快手等直播、短视频电商平台的兴起，品牌触达消费者的内容形式又从图片变成了引起消费者短暂冲动的视频。与图片相比，视频能承载的内容的密度更大、更连贯，内容维度也从视觉上升到了视觉+听觉，内容再次进化，而以内容推荐引起消费者兴趣并吸引消费者下单的"内容电商"，在2019年开始崛起，给电商行业带来革命性升级，更把内容的价值潜力放大到过去没有人敢想象的程度。

小贴士：
很多品牌已经搭建了内容中台来适应内容电商，可见内容资产的重要性。

如今，内容早已不仅是吸引消费者下单的工具，还是向消费者输出品牌价值的第一利器。品牌触达消费者的途径，已经从电商平台高价的广告位，扩展到了内容平台、社交媒体平台的泛内容输出。这些内容或许不能直接促成消费者下单，却可以聚集消费者流量。在小红书、微博、知乎、豆瓣等内容平台上，品牌有大量的机会通过相应的内容来向潜在的消费者曝光品牌或产品，放大市场声量、增加消费者资产等，为品牌增加更多的增长势能。

1. 如何将内容"资产化"

未经分类管理的原始内容素材就只是一份素材，很难或者只能被很低效地复用和延展。资产化的标志就是内容可管理、可沉淀、可复用、可度量，所以我们可以思考内容资产化的基本方法：

（1）精细化拆分内容，把相似的内容归类，以达到分类运营的目的。

(2) 提取内容信息要素，制定内容标签，方便查找。

(3) 制定管理体系，设置内容层级，分配访问权限。

(4) 制定梳理内容的迭代流程，提高内容复用率，减少重复工作。

2. 内容资产运营的常见痛点

除了缺乏内容资产运营的意识，在实际落地操作过程中，品牌往往会遇到以下常见的难题：

(1) 分类规则相对抽象，易出现混乱的情况，导致取用困难。

(2) 没有成熟的标签分类体系，分类价值较低。

(3) 缺乏数据统计支持，只有记录，无法评估质量。

(4) 易出现重复生产的情况，浪费资源。

(5) 沟通困难，内容生产与取用流程烦琐。

(6) 存储工具多，管理和取用困难。

(7) 权限管理、安全合规等其他问题。

5.2 品牌消费者资产运营——品牌长效经营的核心

品牌消费者资产运营是品牌长效经营的核心，品牌消费者资产运营的策略就是以消费者生命周期价值为中心，提高消费者渗透率及消费者价值。品牌增长乏力的原因是缺乏对消费者的精细化运营。互联网电商生态日益完善，流量红利消失，品牌依赖平台野蛮生长的时期基本结束。

从天猫"双十一"活动近年的发展趋势来看，活动期间的流量早已供不应求，流量价格倍增，部分行业（例如美妆）的 CPC（每点击成本）和 CPM（千人成本）能达到平销期的 5 倍以上。在大促活动期间，品牌想付费触达高价值人群的困难程度倍增，甚至许多高价值人群早早被头部品牌"锁量"，品牌即便付出高昂的投放费用，也很难触达这部分人群。人群投放困难，除了触达精准人群的费用高昂影响投放，许多品牌并不清楚真正适合本品牌的高价值人群标签是什么。在大促活动期间，品牌的投放困局已经摆在眼前。

究其原因，还是品牌缺乏对自身消费者的了解，在消费者有效触达、投放策略制定、投放效果度量等方面也缺乏科学指导。我们把品牌缺失的这部分动作称为消费者关系资产运营，主要有以下 3 个表现。

1. 品牌不了解消费者，导致广告投放效率变低

很多品牌迫于业绩压力，急于通过竞价广告变现，但投放了一段时间后，发现广告投放效率越来越低，成本越来越高，甚至在很多时候广告都无法获得预期的曝光量，更别谈广告效果了。其主要原因是精准消费者的数量有限，很多品牌都在盯着这部分消费者，当这些消费者变成稀缺资源时，品牌间的竞争就变得越来越激烈。面对这种情况，正确的动作是拓展更多的消费者。问题在于：除了已知的消费者，还有哪些合适的消费者可以拓展？

还有一个难题是，如何用好消费者资产？当前状况是，品牌不但没有足够的数据积累，而且无论是运营理念还是技术和产品化能力都跟不上。如何为品牌做消费者分层？如何通过消费者变化调整货品？如何通过消费者变化指导运营？如果没有合适的工具，品牌就很难解决这些消费者增长的问题。

2. 品牌不了解消费者，导致核心人群流失

品牌的成交消费者可以被定义为品牌的核心人群。他们不仅为品牌带来 GMV，还为品牌带来认同、复购和分享传播。如果品牌不主动积累核心人群，不与他们长期联络，那么强关系就会变成弱关系，从而造成核心人群流失。

举个正面的例子，在 2022 年"818"大促活动期间，某鲜炖燕窝品牌根据历史投放和销售数据，对"818"大促活动圈选的目标人群进行投放，投入了近百万元进行测试。最终，该品牌在"818"大促活动期间直播间广告的投放效率比平销期提高了 39%。

3. 品牌不了解消费者，导致制定了错误的增长策略

如果品牌对每个阶段的消费者构成都不了解，就会制定错误的增长策略。制定正确的增长策略的前提是清楚让哪些人对品牌感兴趣、让哪些人买单、让哪些人忠于品牌。

（1）如果品牌处在刚刚起步的阶段，那么"活下来"是重中之重。在这个阶段，品牌要重点转化对品类有认知的潜在的消费者，利用差异化卖点吸引潜在的消费者。

（2）如果品牌处在高速增长阶段（GMV 为 1000 万～1 亿元），那么增加目标人群是品牌的重中之重，仅仅用效果广告做转化，必然会增长乏力。品牌如何发现消费者兴趣成了难题。

（3）如果品牌处在稳步增长阶段（GMP 为 1 亿～10 亿元），就要把关注点从品类人群延伸到兴趣人群，这就要求品牌通过破圈的手段拉新，放大流量入口。

(4）如果品牌的 GMV 能达到 50 亿元，那么可以建立足够深的品牌护城河。品牌可以通过长效经营的方式提高广告投放效率并获得长期复利价值。

总结一下，品牌要想做好消费者精细化运营，就一定要有科学的、可以落地的方法论，利用它梳理关系资产，在不同的阶段制定合适的策略，提高投放效率，并为品牌在增长策略上提供合理的决策依据。O-5A 模型恰好可以帮助品牌解决这些问题，下面重点介绍 O-5A 模型。

小贴士：
每个平台的人群分层模型都略有不同，抖音使用 O-5A 模型，淘宝使用 AIPL 模型，但分层逻辑相似，都是基于用户购买路径和与品牌的关系远近划分的。

5.3 以数识人，挖掘消费者资产背后的价值

品牌如何知道应该运营哪些人群呢？整体上可以从以下两个方面进行思考：①品牌的人群结构现状；②品牌的长期战略需求。换句话说就是，现有的人群比例或量级存在什么问题？从长远来看打算如何发展？

5.3.1 品牌消费者关系分类——O-5A 模型的应用

在《营销革命 4.0：从传统到数字》中，菲利普·科特勒提出了 5A 架构，用以描述顾客体验的路径。5A 分别是 Aware（了解）、Appeal（吸引）、Ask（问询）、Act（行动）、Advocate（拥护），反映了品牌和受众间建立"关系"的深度。

巨量引擎营销科学团队发现，在研究品牌消费者关系资产的过程中，除了要关注 5A 人群，还需要关注 O 人群，即机会消费者。A 代表营销深度，在通常情况下也代表转化意愿。O 代表营销广度，O 人群是品牌希望拉新、构建受众认知的目标人群。据此，巨量引擎营销科学团队提出 O-5A 模型（如图 5-4 所示）。

O人群 相关行为人群 → A1人群 Aware 被动人群 → A2人群 Appeal 轻度交互人群 → A3人群 Ask 深度交互人群 → A4人群 Act 购买人群 → A5人群 Advocate 私域用户

浅层 ┈┈┈ 用户与品牌的关系远近 ┈┈┈▶ 深层

▲图 5-4

下面看一下每个人群的含义。

O 人群：是指相关行为人群，是有相关行为且在平台上多个领域活跃的人群，等待被吸引注意力。

A1 人群：是指被动人群，是对品牌有感知但未有进一步互动的人群，在品牌多次触达形成深度认知后会进行互动。

A2 人群：是指轻度交互人群，已经形成了品牌印象，对品牌形成了短期的记忆，在多次触达后会采取进一步互动，或形成长期记忆。

A3 人群：是指深度交互人群，被引起好奇，产生了主动搜集品牌相关信息的行为，是最接近转化的人群，转化率最高，只差临门一脚就可以形成转化，是高价值人群。

A4 人群：是指购买人群。

A5 人群：是指品牌的私域用户，是关注品牌账号，发表正面评论并转发品牌信息的人群。

基于上面的定义，品牌可以给自己的关系资产分类，并可以针对目标消费者所处的阶段与品牌的关系，制定出更有效的品牌策略以达到品牌的目标。我们在实操过程中基于 O-5A 模型有以下几个结论。

(1) 在自然流量下，A3 人群的转化率最高，因此 A3 人群是最具蓄水价值的人群。

(2) 品牌要想有新突破，希望可以"出圈"，那么 O 人群是品牌需要着重考虑的人群。

(3) 在相同的时间内，A3 人群转化为 A4 人群的概率大于 A2 人群转化为 A4 人群的概率，A2 人群转化为 A4 人群的概率大于 A1 人群转化为 A4 人群的概率。保持良好的 A2 人群和 A3 人群的比例，有助于持续转化。

(4) 品牌持续地做转化动作会造成 A2 人群和 A3 人群逐渐减少，投放效率会下降。

(5) 品牌广告、达人内容和自然内容更容易触达 O 人群和 A1 人群。

1. 品牌如何基于 O-5A 模型进行消费者健康度诊断

在制定好增长策略之前，品牌要根据自身情况做消费者健康度诊断，以此来判断与行业平均水平、行业标杆的差别，进而明确努力的方向。也就是说，品牌要弄清楚不同阶段的消费者到底有多少人？他们的画像是什么？某一个具体的消费者处于什么阶段？品牌在每一次运营行动之后消费者会有哪些改变？在没有 O-5A 模型之前，其实想做到这些是非常难的，O-5A 模型就成了品牌关系资产健康的"晴雨表"，也成了品牌增长的"导航仪"，具体诊断步骤有以下 3 个。

(1) 品牌要了解关系资产的规模和构成。品牌要弄清楚有多少关系资产、不同阶段的消费者到底有多少人、占总体的比例为多少。

（2）品牌要对关系资产进行特征分析。品牌在了解了关系资产的规模和构成之后，要从以下4个方面对关系资产进行特征分析。

第一，量级分析。品牌要将自身的关系资产情况与行业情况和行业内TOP5品牌进行对比，判断人群结构是否健康。如果不健康，就要制定相应层级的人群拉新策略，以增加品牌的5A人群。例如，品牌的A3人群严重不足，会造成转化效果越来越差。

第二，流转分析。分析关系资产流转，也可以帮助品牌判断关系资产的健康度。

① 如果品牌之前的拉新动作仅仅沉淀了O人群和A1人群，那么说明关系资产非常不健康。

② 如果在大促活动期间，人群流失/疏远现象严重，成交主要来自O人群到A4人群的直接转化，那么说明品牌的消费者的转化意愿没有加强，因为运营O人群存在不确定因素，所以关系资产不够健康。

③ 如果A3人群未向A4人群流转，那么存在资源浪费。

④ 如果在大促活动后，人群流失/疏远现象严重，流失率>50%，那么说明人群的长效运营没有做到位，广告投放无法达到长期深入人心的效果。

针对以上情况，品牌要制定人群加深策略，加大"种草"力度，并调整内容方向，提升A1、A2、A3人群成交的转化率，减少消费者流失。

第三，核心人群触点分析。

通过与行业中的多个标杆品牌进行比较，如果品牌发现人群触点（品牌与用户的接触点，如视频广告、开屏广告）集中在品牌阵地（如抖音企业号），触点结构较为单一，那么说明关系资产的健康度有问题。品牌需要制定触点组合策略，除了品牌阵地，还要重视自然内容、常规广告和品牌搜索，这些触点也可以提高人群触达转化率，为品牌选择广告形式提供重要依据。

第四，核心人群特征分析。

品牌要找到容易受影响且与品牌高度相关的人群进行广告投放。如何找到这部分核心人群？可以通过以下两个指标对人群进行划分，一个是 5A 人群的 TGI，另一个是转化率。

某运动潮牌就借助消费者健康度诊断，找到了与竞品之间的差距。通过 5A 人群的规模和构成分析发现，A1 人群的占比超过 80%，人群构成极不健康，需要增加人群互动。通过 5A 人群的量级分析发现，关系资产的量级仅为竞品均值的 1/10，确定品牌亟须进行人群拉新。通过 5A 人群的流转分析发现，关系递进率不足 1%，而竞品的关系递进率的均值是该品牌的 10 倍以上。通过核心人群特征分析发现，核心人群为 18 ~ 40 岁的都市蓝领、"Z 世代"、小镇青年等高消费人群，进而确定了内容方向。通过一系列的调整，该品牌的 5A 人群整体增加了 49%，A2 人群增加了 1086%，女性人群占比的增幅为 17%，"Z 世代"人群占比的增幅为 25%，成功地提高了目标消费人群的占比。

从该运动潮牌的案例中可以看出，O-5A 模型为品牌的目标人群的增长策略制定提供了非常有力的依据。

（3）品牌应该针对不同的消费者制定不同的运营策略。在了解了各类消费者之后，在投放广告的过程中，品牌应该针对不同的消费者在不同的阶段制定不同的运营策略。

① 在预热期，品牌应该重点拉新 TGI 高的人群，在 TGI 高的人群中选择属于品牌消费者资产的用户作为重点的拉新对象，对其他尚不属于品牌消费者资产的用户，品牌需要加速渗透，抢夺这部分高潜机会人群。

② 在种草期，品牌应该触达和自己有交互行为的 A1 人群和 A2 人群，并对这部分人群进行深度品牌教育。

③ 在转化期，品牌应该重点触达和转化对品牌有较深认知的人群、离发生购买行为最近的 A3 人群、拥护品牌的 A5 人群。

2. 品牌如何制定长期的人群运营策略

通常来说，品牌都知道要不断地扩大自己的行业影响力，拓展 A1 人群和 A2 人群，要在活动前吸引足够的 A3 人群，要长期沉淀 A5 人群，但是对于不同时期、不同背景、不同行业的品牌来说，在人群运营上肯定需要有主次之分。不同行业的品牌，由于行业本身的特性不同，导致了消费者的复购率、品牌忠诚度等存在差异（如图 5-5 所示），并进一步影响了该行业品牌的消费者资产结构，消费者资产结构决定了品牌运营的重要方向（如图 5-6 所示）。

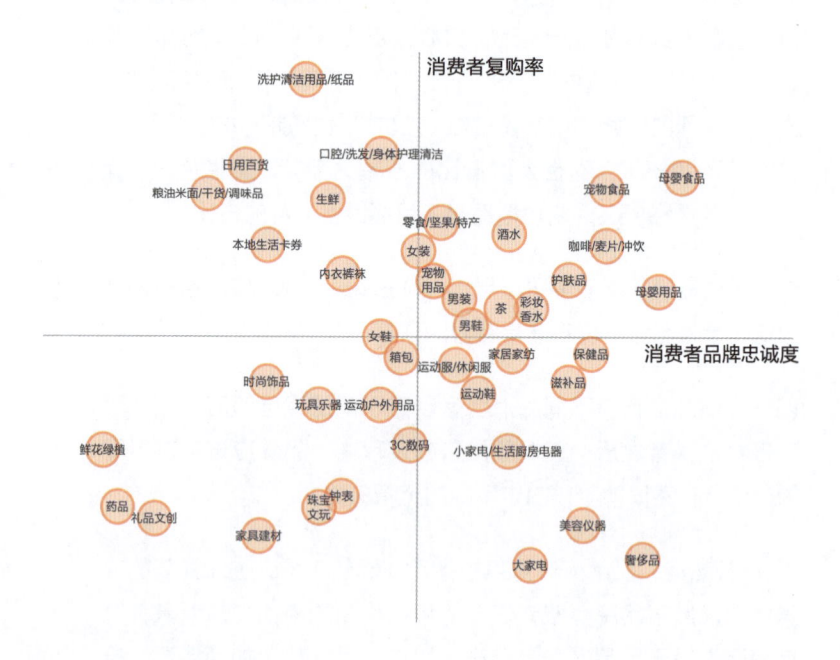

▲图 5-5

（资料来源：蝉妈妈）

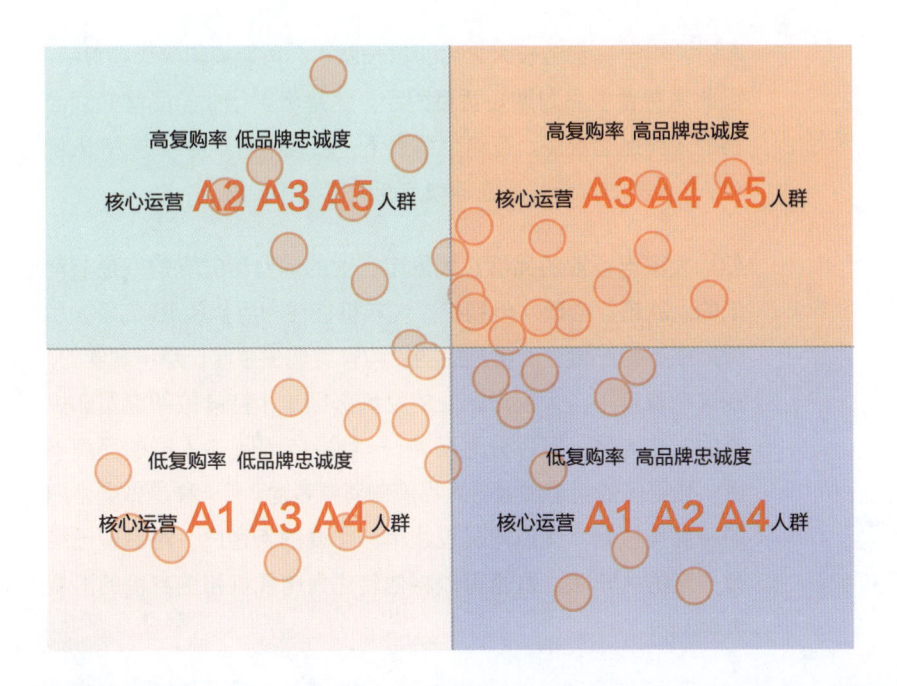

第 5 章 建好阵地长效增长，品牌资产要沉淀 | 155

▲图 5-6
（资料来源：蝉妈妈）

下面举 4 个例子便于你理解。

(1) 母婴行业的品牌。对于母婴行业的品牌，尤其以母婴食品品牌为代表，消费者具备很高的品牌忠诚度。其原因在于，消费者通常对母婴食品的质量、安全、营养等有很高的要求，往往需要从各个方面详细了解一款产品后才会谨慎地下单，决策周期很长，因此更换一款产品的决策成本是很高的。在产品没有明显问题的情况下，消费者一般没有轻易替换的理由和动机。因此，与其他行业的品牌相比，母婴行业的品牌的 A5 人群的占比通常都会更高。

基于这样的消费心智，品牌就需要思考如何让消费者产生首次购买，一旦消费者购买过产品，那么后续的复购就自然会持续产生。

同时，由于在宝宝长大之后，家长就不会再继续购买母婴食品，因此消费者生命周期短暂且固定。这是母婴行业的品牌必须面临的人群运营难点。在这个背景下，品牌不得不持续做 A1 人群和 A2 人群的拉新，不断地锁定新的宝爸和宝妈。

(2) 大家电行业的品牌。大家电行业的消费者的复购率是非常低的。冰箱、空调、电视机、洗衣机往往一用就是 10 几年。品牌指望老客户通过同类产品的复购来实现生意增长是不现实的。在这个背景下，大家电行业的品牌必须走上持续拉新之路。拉新的方式大体上可以分为两种：一种是持续做 O 人群的品牌渗透，让更多的新消费者进入品牌的消费者池；另一种是做老客户的跨品类拉新，比如购买过冰箱和空调的老客户，对品牌已经有一定的认知了，是否可以将他转化为电视机和洗衣机的消费者呢？

(3) 纸品行业的品牌。纸品在日常生活中是非常高频率使用和复购的产品，消费者的购买频次很高，在品牌间的流动性也很强。主要的一个原因是，纸品产品本身的差异性并不明显，没有足够深的产品护城河，替代成本很低。因此，对于纸品的品牌来说，互相抢夺消费者是非常重要的获客手段。这类品牌需要关注的是 A3 人群的积累和转化，以及避免 A4 人群和 A5 人群流失，所以我们能看到很多纸品品牌，持续做营销和推广新品，目的就是依靠营销势能带动下单，以及放大品牌在行业中的声量，尽量抢占消费者的品牌心智，不让老客户流失。

(4) 鲜花绿植品牌。消费者在购买此类产品时，品牌心智非常弱。消费者购买行为的决策往往围绕产品本身，至于是这个品牌的玫瑰花还是那个品牌的玫瑰花，往往不是消费者的考虑重点。同时，消费者的消费频次不高，行业的旺季与各种节假日强相关。在这种情况下，品牌想增大 A5 人群的量级是非常具有挑战性的，消费者资产的运营重心往往是 A1 人群到 A4 人群的快速流转。

5.3.2 品牌如何基于 O-5A 模型提高投放效率

前面提到了品牌在投放过程中会遇到效率低、成本高、广告跑不出量（覆盖的人群数量很小）的困境，下面分享一些品牌如何基于 O-5A 模型提高投放效率的技巧。

1. 实现精准人群扩展

品牌可以基于 O-5A 模型解决跑不出量的问题，这个问题的核心其实是可投放的人群数量不够，品牌需要基于现有的投放人群实现精准人群扩展，可以通过以下两步来解决这个问题。

(1) 科学圈选，扩大拉新范围。品牌可以依据历史购买人群确定拉新人群的特征标签，之后依据特征标签，在 5A 人群中圈选核心的种子人群，再洞察种子人群的类目偏好和感兴趣的内容，进一步扩大可拉新的 O 人群的范围。

(2) 洞察高潜人群，确定拉新优先级。在确定了拉新范围后，品牌可以针对可拉新的 O 人群，以种子人群的 TGI 和量级确定人群投放优先级。具体标准是：先选择种子人群密度高且拉新空间较大的人群为首要触达对象，再以种子人群密度高、本身体量较小的精准人群为后续触达对象。

某美妆品牌通过获取其他电商平台的消费者在抖音上的行为及高潜标签，结合消费者的兴趣场景和产品偏好等，基于 O-5A 模型制定了人群扩展策略，扩展的投放人群的点击率提升了 60%，全渠道的广告投放效率比常规人群的广告投放效率提高了 50%。

2. 监测并衡量"种草"效果

为了加速关系资产沉淀，某日化品牌通过洞察品牌的 A4 人群的基础特征及内容偏好，圈选相似的 A1、A2、A3、A5 人群作为"种草"的目标人群。之后，该品牌参考历史各层级人群的触点分布和转化率，以多触达、高转化率为目标制定高效的"种草"触点组合策略，通过有效地结合目标人群、触点组合及相应的优质内容素材进行广告投放，有效地加速人群流转。

3. 高效促成人群"拔草"转化

"拔草"效率是品牌最重视的投放效率，但多数品牌会遇到品效割裂的情况。例如，某饮料品牌竞价广告的触达人群与达人的触达人群重合度低，仅有 20.33%，导致大部分目标受众在被"种草"后不"拔草"，造成营销资源浪费。

之后，该品牌基于 O-5A 模型进行品效协同调整，对达人的触达人群通过竞价广告/品牌广告搭配促销信息进行二次触达，提高转化率。首先，该品牌通过信息流广告"拔草" A3 人群，然后让达人继续转化 A3 人群，再通过竞价广告拉新 A1 人群，通过达人拉新 A3 人群。

某运动品牌也采用了同样的调整方法，把品牌的转化率提高了 42%，把 A3 和 A4 人群的转化率提高了 20% 以上，把 A3 人群的转化率提高了两倍。

5.3.3　品牌如何基于消费者资产做重大决策

1. 大促活动的运营决策：基于 O-5A 模型制定大促活动策略

在大促活动期间，投放竞价广告难以达到预期的曝光量，转化效果差，成本高，品牌应该基于 O-5A 模型进行 3 个阶段的策略制定。

(1) 探索期：蓄水。在大促活动前期需要蓄水，这基本上已经成了品牌的共识，但是蓄水对于许多运营团队来说仍旧停留在知道要做，而不知道该怎么做、做到什么程度的阶段。我们用数字思维来解决这个问题。

拆解生意目标：做大促活动，要达到什么目的？是销售额达到某个数值还是营销活动要达到多大的规模？或者再细一点儿，某款爆品、某场直播要达到多少销售额？

基于制定的目标，我们倒推所需要的消费者数量。大促活动的目标销售额通常可以被拆解为消费人数 × 客单价（如图 5-7 所示），一场大促活动的货品组合通常会比较早确定，操盘团队会利用各类组合装、捆绑装、促销装、联名联动装的 SKU 来提高大促活动期间的客单价，或者对高价格的产品做打折促销。

销售额 ＝ 消费人数 × 客单价

▲图 5-7

① 消费人数确定。根据目标销售额和产品价格，品牌可以大致推算出需要的消费人数，但是首次购买品牌的新客户与多次复购的老客户的客单价通常是不同的，这一点在一些客单价相对较高的品类里体现得尤为明显。所以，要想弄清楚品牌到底需要多少消费者来达成目标，就需要预估最终成交人群中的新老客户比例（如图 5-8 所示）。要做好这部分预估，有以下几个方面的信息可以参考。

a. 历史大促活动的新老客户比例。通常在品牌没有做人群结构定向运营的情况下，品牌大促活动的新老客户人数不会有太大的波动。

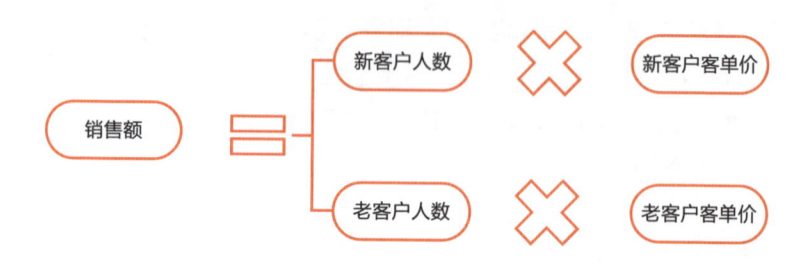

销售额 = 新客户人数 × 新客户客单价 + 老客户人数 × 老客户客单价

▲图 5-8

b. 行业和竞品的新老客户比例。前面讲过，不同行业的新老客户比例存在各自的特点，品牌所在的行业的新老客户比例，是品牌重要的参考指标。同时，行业中相同定位的竞品的新老客户比例，也是品牌可以重点关注的参考指标。

c. 不同渠道的人群基因。不同的电商渠道，以及其所处的发展阶段也会存在明显的差异。以京东和抖音的家电行业为例，京东以自营和 B 店（以公司身份入驻的店铺）的强产品质量信任"背书"，在 3C 家电方面的渠道积累非常深厚，平台消费者的规模逐渐维持在相对平稳的区间。而抖音以服饰、食品、美妆等快消品作为先驱发展类目，白牌和厂牌众多，3C 家电类目发展的时间短，消费者在抖音上购买 3C 家电类产品的心智尚不成熟。因此，对于同一个家电品牌，在这两个渠道的新老客户比例上，抖音的新客户人数无疑会高于京东。

d. 大促活动的其他战略目标。在精细化数字营销为主流的今天，品牌参与一场大促活动早已经不止是为了最终的销售额，如何在这场活动中营销出圈、如何吸引更多的消费者关注、是否可以打爆一款新品、如何积累更多的行业势能带来后续的长效转化都可能成为品牌在大促活动中的重要目标。

举个例子，品牌计划通过这次大促活动，让某位行业头部达人对某款主推新品做混场首播，那么新品的推广便成了一个很重要的运营目标，这时就不宜将易转化的老客户作为主要的蓄水人群，而应该以更多的行业新客户和竞品客户作为主要的蓄水人群。

② 蓄水目标确定。在确定好达成目标所需的新老客户人数后，品牌就可以开始思考需要蓄水的 5A 人群目标了。同样，5A 人群分别蓄水多少才能达到需要的新老客户人数？要想解答这一问题就必须考虑 5A 人群对应的转化率（如图 5-9 所示）。要想做好这个方面的预估，可以参考以下几个方面：

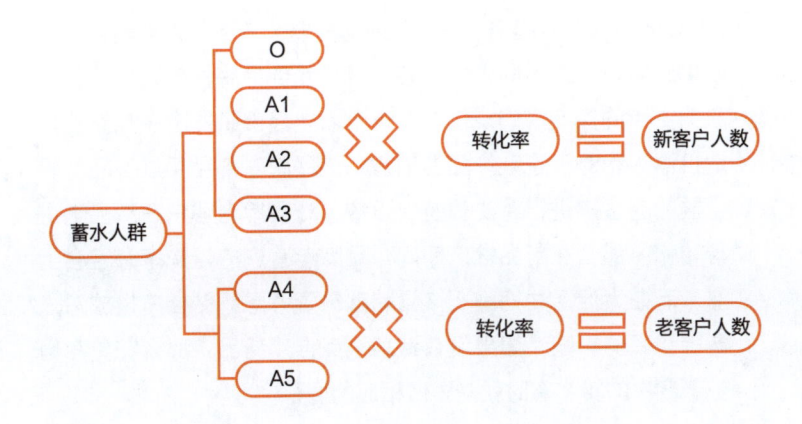

▲图 5-9

a. 活动期的平台流量环境。与平销期相比，在大促活动期间，平台公域流量的环境通常会出现比较明显的变化。

由于在大促活动期间平台会做营销宣传，所以公域流量会激增，O 人群和 A1 人群会快速增加；消费者"逛商场"的行为增加，进店的自然流量占比也会增加，这部分人群的转化率与蓄水人群的转化率存在差异；消费者的需求表达更直接，搜索曝光 / 进店流量增加，对这部分精准的 A2、A3 人群的运营非常重要；消费者的摇摆性更强，他们会在"相同品类不同品牌""相同品牌不同渠道"间进行价格、优惠活动比较。

b. 在历史大促活动期间，品牌消费者资产中 A1 人群按顺序流向 A5 人群的转化率。品牌 / 店铺的历史大促活动的转化率是很重要的参考依据，运营团队应该优先以历史数据作为标准衡量蓄水人群目标，在执行的过程中，需要考虑以下因素：

与品牌关系越远的人群，历史转化率的波动越大。这是因为品牌每次活动前的蓄水行为都可能存在差异，例如通过站外 App 矩阵投放信息流广告带来的 A1 人群，与站内信息流广告带来的 A1 人群，其人群特征标签具有潜在差异。

c. 转化率的发展趋势。品牌 / 店铺需要关注自身人群转化率的变化趋势，因为不同人群的转化率会受到品牌长短期战略和投放侧重点的深度影响。例如，一个家电品牌研发出一款新的扫地机器人。对于这款产品的销售，该品牌对曾经买过该品牌吸尘器的老客户进行跨类目拉新投放，让品牌老客户在新品上进行转化，那么在新品推广期间，品牌老客户的复购率必定会上涨。而在大促活动期间，该品牌就需要考虑新品推广投放对人群转化率的影响，如果没有计划重点推广新品，那么在参考历史老客户的转化率时就需要做相应的调整。

最后，品牌在制订蓄水计划的时候，通常以达成生意目标为制订计划的出发点，但除了考虑蓄水人群对生意的贡献（销售额），也要考虑大促活动期间新增的这部分人群带来的生意贡献（如图 5-10 所示），这对于人群转化链路较短的品类尤其重要。一是为了制订科学的蓄水计划，不会制定过高的目标压垮团队，二是活动期间的人群转化更加"短平快"，这部分人群对运营团队来说是高效的转化对象。但同时需要考虑，大促活动期间的流量价格往往比平销期高出数倍，且流量波动较大，不可控。因此，尽管大促活动期间人群的 ARPU（Average Revenue Per User，每用户平均收入）值高，但是品牌要结合投放预算、时间、转化率等因素综合考虑。

销售额 = 蓄水人群销售额 + 活动期间新增人群销售额

▲图 5-10

（2）优化期："种草"流转。在制定好大促活动的蓄水目标后，就进入了落地蓄水阶段。在这个阶段，团队的首要目标肯定是保证积累到足够的消费者，完成蓄水目标。但是人群量级不应该作为唯一的标准，如果只是为了追求人群量级而忽略了蓄水人群的质量与精准度，就回到了传统的通投（在广告投放时不设定定向，通常指投放全部人群）广告追求曝光，忽视效率的模式。从数字营销的角度出发，品牌同样需要对优化期进行数字拆解。

① 蓄水节奏确定。在一般情况下，整个蓄水期可以被简单地划分为前期、中期、后期，具体的时间节点一般会根据平台的营销节点、品牌营销规划来安排。既然品牌对与人群关系远近进行了拆分，就需要考虑各个人群的特点。人群与品牌关系的远近不同，其发生转化所需要的内容触达量和时间就不同。距离品牌较远的 A1 和 A2 人群，比 A3、A4、A5 人群需要更多的时间来对品牌进行深入了解。因此，在大促活动前 1 个月和大促活动前 1 周进入品牌人群池的人群，在大促活动期间表现出来的转化率会有所不同。

下面以某头部家具品牌蓄水的 A2 人群的转化率为例，家具中桌椅沙发品类的客单价相对较高，消费者的复购率低。消费者在接触产品的过程中，需要详细了解桌、椅、沙发的材质和尺寸等，且往往对各种参数并不了解，需要花时间接受行业知识教育。同时，在横向对比各个品牌的产品时，由于没有一个核心指标可以直接参考，对比的时间很长，因此消费者从完全不认识一个品牌到知道该品牌、了解该品牌，再到下单购买，需要相当长的时间。我们观察该品牌在大促活动前蓄水的 A2 人群的转化率发现，在大促活动前 20～25 天蓄水的 A2 人群，在大促活动期间的转化率最高（如图 5-11 所示），因为这个人群有足够的时间去了解品牌和产品，同时又不会因为过久没有转化而流向其他品牌。因此，品牌在规划蓄水期的人群转化节奏时，需要考虑给不同的人群留下充分的流转时间，以实现大促活动期间更高效的转化。

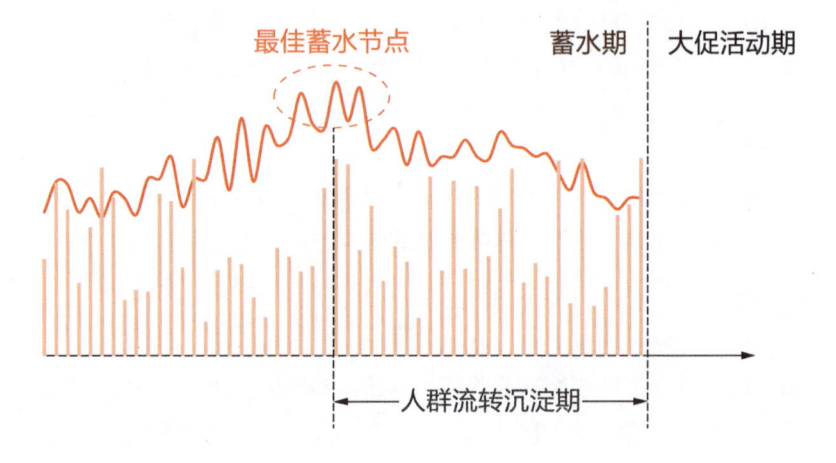

▲图 5-11

（数据来源：蝉妈妈）

② 蓄水质量把控。品牌的广告触达的到底是什么人群？与品牌想要的人群存在多少异同？品牌需要在整个蓄水期内做好蓄水人群质量的跟踪监测，及时对人群能够贡献的 GMV 做更精准的预估，并及时调整蓄水目标，具体可以从以下两个方面监测。

a. 人群活跃度。品牌在一次大促活动中需要的蓄水人群由品牌历史人群与蓄水期新增人群组成（如图 5-12 所示）。人群活跃度可以由人群的近 N 天行为进行界定，例如在近 30 天是否有浏览或看播行为？近 90 天是否有收藏或加购或搜索行为？近 180 天是否有购买行为？不同品类的品牌可以按照行业特性进行定义。我们设定活跃人群的标准后，就可以从多个方面了解蓄水的质量和问题。

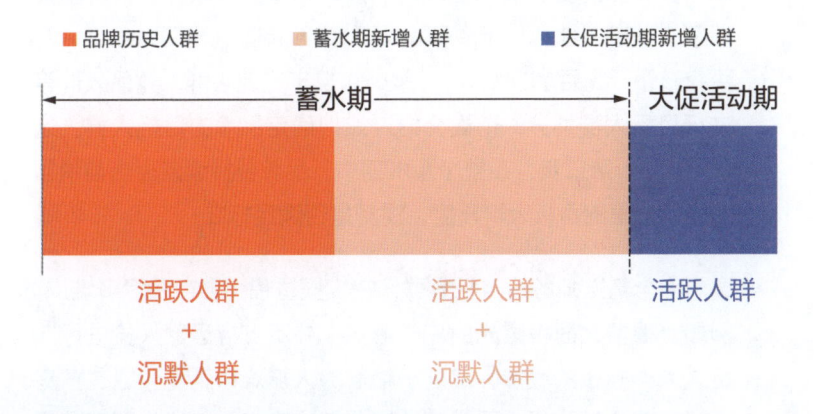

▲ 图 5-12

首先，判断品牌历史人群中的沉默人群与活跃人群的比例，在这部分人群中，沉默人群的占比可能会非常高，包含已经流失的老客户、已经购买竞品的人群、多次被动触达但没有进一步流转的人群等。

其次，品牌可以借助历史数据来判断沉默人群与活跃人群的价值差异。以某母婴品牌的沉默人群与活跃人群为例，在大促活动期间的人群价值可能相差 10 倍。

由此可以得出，在蓄水期，除了增加人群规模，还有一个很重要的工作就是人群促活。我们通常先用高性价比的触点触达人群，根据效果反馈再设置广告策略，同时设置广告止损点，将多次触达后却无法激活的人群放弃。我们同样可以像设置蓄水目标一样，参考历史数值给活跃度设置一个目标，例如保证人群活跃度能够维持在 70% 以上，进一步确保蓄水人群在大促活动期间的转化能符合我们的预期。

b. 人群精准度。品牌通过广告覆盖的人群，真的是品牌要的人群吗？在数字营销思维模式下，品牌需要研究这个问题。

第一步，品牌要明确想要渗透的人群画像。可以通过人群基础标签（城市、性别、年龄等）、人群进阶标签（购买力水平、是否有孩子、是否养宠物等）、策略人群、行业人群、竞品人群等进行目标人群划分，前面介绍过如何确定品牌的目标人群，这里不赘述；第二步，在整个蓄水期中，品牌要持续监控当前积累的人群池里的目标人群密度，观测是否满足标准。

要想完全精准地触达目标人群，在实操过程中会存在很多难点。例如，很多大面积曝光的广告触点，并不支持运营人员进行自定义人群标签的圈选，或过于精准的人群难以跑量，或过多高质量人群的触达成本非常高，这些都注定了品牌的人群精准度存在波动。其实随着蓄水人群的扩大，人群精准度必然会受到一定的稀释，这时需要制定对非目标人群的运营策略。举个例子，都市白领和精致妈妈两大群体，是"她"经济的核心消费群体，是美妆、服饰、母婴等行业的核心策略人群，但是由于这些人群的消费力强，非常抢手，所以品牌们在蓄水过程中不可避免地会圈到很多小镇青年、都市蓝领人群，这时就要预估这部分人群带来的收益及需要分配的资源。

（3）活动期：敏捷转化。在大促活动正式开始后，品牌就要在蓄水的大池子中开始转化，运营团队要按照预先制订好的投放计划开始定向投放效果广告，转化高潜人群。下面用数字营销思维来拆解一下这个过程中需要注意的问题。

电商发展至今，一场大促活动早已不是两三天可以做完的。平台为了追求大促活动的规模不断拉长时间线，制定了丰富的大促活动玩法。某品牌在大促活动期间每日的销售额如图 5-13 所示。对于品牌来说，大促活动逐渐演变成了一场马拉松比赛。把所有资源一次性胡乱砸出去肯定是行不通的，品牌需要根据大促活动的节奏来制定相应的策略。下面列举某头部奶粉品牌在"618"大促活动期间的人群投放策略。

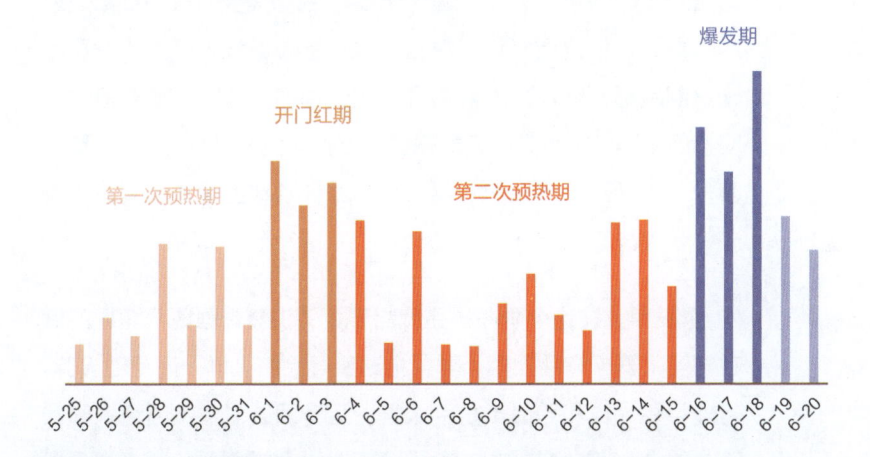

▲图 5-13

（数据来源：蝉妈妈）

① 第一次预热期。在第一次预热期，品牌需要关注以下 3 类群体：易转化群体、摇摆群体、未产生动作的高价值群体。易转化群体是销量的主要来源。摇摆群体是很重要的增量人群，品牌可以通过订金预付等方式提前锁定这部分人。未产生动作的高价值群体值得多次曝光，随着大促活动的进行可能会有更多的贡献。以下几类人群需要重点投入资源进行运营：竞品人群、跨品类（三段奶粉转四段奶粉）人群、潜在会员 / 粉丝、非活跃会员 / 粉丝、A1 和 A2 人群、主力单品的兴趣人群等。

② 开门红期。开门红期通常是大促活动的第一个爆发期，付尾款通道开启，GMV 冲高。在这个阶段，品牌需要关注 A3 人群

和 A4 人群，快速触达他们使其转化，另外可以尝试促活沉默老客户。以下几类人群需要重点投入资源进行运营：直播间的互动人群、短视频的互动人群、近 60 天活跃的 A3 人群、近一年活跃的粉丝、近一年的复购人群、沉默老客户。

③ 第二次预热期。在第二次预热期，品牌需要对开门红期之前的人群运营情况做阶段性复盘，看一看哪部分人群的生意贡献未达到目标，哪部分人群的表现超出预期，尝试做一些追投和复投的动作。以下几类人群需要重点投入资源进行运营：沉默老客户、第一次预热期的购买人群、派样活动的领取人群、高潜未转化人群。

④ 爆发期。在这个阶段，品牌需要更关注具备强购买意愿的潜在购买人群、竞品摇摆人群、主动探寻品牌人群、高互动人群、行业目标人群和跨品类机会人群。运营团队需要不断地探索最高效的"种草"和转化方式。以下几类人群需要重点投入资源进行运营：

a. 具备强购买意愿的潜在购买人群：点击购物车、收藏和加购产品、多次进店 / 进直播间浏览的人群，新加入的会员或粉丝，多次被广告曝光的人群。

b. 竞品摇摆人群：多次浏览竞品与本品、购买过竞品与本品、收藏和加购竞品与本品的人群。

c. 主动探寻品牌人群：对品牌进行搜索、主动进店或直播间，以及主动分享品牌内容的人群。

d. 高互动人群：进行视频互动、直播间互动、产品评论的人群。

e. 行业目标人群：对行业内容进行浏览、收藏、搜索等的人群。

f. 跨品类机会人群：对相关品类进行购买、浏览、收藏、搜索等的人群。

2. 赋能营销：基于消费者心智做营销企划

前面介绍了消费者资产运营对品牌做好大促活动的重大意义。除此之外，消费者资产对品牌日常的营销同样可以提供诸多帮助，在第 1 章详述了消费者洞察对产品研发的赋能作用，下面重点阐述品牌如何基于现有的消费者资产做营销。

(1) 放大消费者资产，找到真正的高价值群体。在消费品牌中，规模做得越大，产品线越丰富，面向的消费群体就越大。各个系列的产品会做出差异，以便实现更多人群的覆盖，得到更高效的运营回报。同时，由于产品依托于品牌存在，同一品牌的不同产品面向的消费者虽然存在差异，但消费者的理念、喜好、消费力、品位等也存在相同之处。基于此，品牌可以通过对现有的消费者资产的研究，制定产品矩阵的人群策略，具体包括以下几种：

① 对已有的人群，进行人与货的重新匹配运营。

② 放大种子人群，寻找增量人群。

③ 定位新品人群，辅助新品推广。

执行以上 3 个策略的过程，就是产品人群不断精准化的过程。以某进口彩妆品牌 A 为例，品牌 A 拥有口红和粉底液两条稍具优势的产品线。作为一个有多年历史的小而美的进口彩妆品牌，品牌 A 在人群渗透方面需要做好精准筛选。长期以来，品牌 A 对于目标人群的选择一直停留在精致妈妈、新锐白领等美妆行业的泛"她"人群，增长效果并不理想。在目标人群重新定位的策略中，品牌 A 首先对美妆行业的消费者人群进行了拆分重组，拆分口红和粉底液的消费者年龄与城市等级，再做交叉，形成了 20 多个细分市场。然后，品牌 A 对现有的消费者资产做相同的拆分重组，与细分市场中的消费者做对比研究，判断出渗透规模最佳的细分市场、增长速度最快的细分市场等，从而判断出品牌自身的优势细分人群和增量人群到底是什么。

（2）洞察人群兴趣，确定营销模式。在过去，品牌依靠对消费者的多渠道覆盖做通投，实现泛人群的渗透。这样的信息传递基本是单向的，品牌投放什么内容，消费者就接收什么内容。但其实细想一下，消费者在接收到营销内容之后是会有所反馈的。首先的反馈是喜欢与不喜欢，进一步的反馈是喜欢到什么程度、觉得哪里还不够好，更进一步的反馈是哪种营销活动更好。如果今天品牌受困于没有信息来支撑营销决策，还是仅凭经验做营销，那么通过深挖消费者资产的价值可以很好地解决这个问题。

绝大部分营销活动的目的可以被归纳为品和效，也就是扩大品牌知名度和促进消费者下单。无论哪个目的，面向的对象都是消费者。品牌可以通过消费者在不同的端口给出的反馈信息和数据来洞察消费者心智（如图 5-14 所示）。

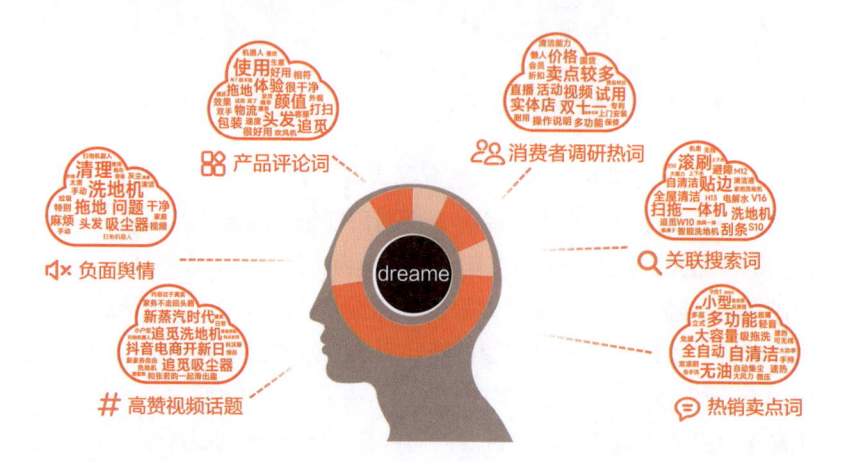

▲图 5-14

(3)营销渠道选择。除了通过渠道的运营成本、效率、特点等方面来选择渠道，品牌还可以从消费者资产的角度出发对渠道进行筛选。

① 按现有的消费者资产的渠道来源拆分，了解不同渠道的获客比例。

② 对现有的消费者资产分层，关注优质人群、高潜人群的渠道来源。

③ 拆分现有的消费者资产，研究渠道的获客特点，例如在什么渠道能够快速获取大量的 A3 人群，在什么渠道获取 A1 和 A2 人群的效率高。

④ 研究渠道获取不同的消费者资产的成本，科学地分配预算。

以追觅的营销策略为例，追觅的日常营销对渠道的覆盖兼具了广度和多维度（如图 5-15 所示）。在线上和线下营销并行的同时，追觅将线下门店的客户引导到私域渠道，用私域平台和小程序承接。追觅收集私域内活跃的消费者的信息，为内容平台的内容输出赋能，同步为电商平台的节点营销赋能，持续监测营销活动的效果，分析活动获得的消费者与品牌的高质量人群的相似度。

垂直种草平台	传统电商平台	私域平台和小程序	内容平台和电商平台	线下门店活动	IP 联名多渠道分发
• 明星代言种草	• 大促节点营销	• 培养品牌黏性	• KOL/KOC触达	• 联名拓展知名度	• 新品发布营销
• 品牌生活理念	• 拳头爆品打造	• 跨品类拉新	• 多维度内容分发	• 活动深度拉新	• 热点事件借势
• 塑造品牌形象	• 平台人群促活	• 私域会员裂变	• 场景理念植入	• 线下流量争夺	• 品牌态度表达

▲ 图 5-15

品牌如果想持续增长，就一定要有合理的运营策略，而制定运营策略的前提是深度了解自己的消费者画像，并做好消费者分层，基于不同的消费者层级来制定相应的触达和服务策略。O-5A 模型可以帮助品牌很好地完成消费者分层，帮助品牌提高广告的投放效率，为品牌做重大决策提供强有力的依据。

因此，O-5A 模型更高的价值在于"以人为本"，帮助品牌把消费者数据转化为关系资产，通过品牌关系资产的构建、沉淀与经营，促进品牌营销全链路的升级。O-5A 模型可以从消费者洞察、策略管理、广告投放，到效果评估、投后归因，都做到有理所依、有据可循，最大化地利用关系资产的价值，全方位助力营销决策，提高营销的转化率。

5.4　内容资产数字化——被忽略的运营助推剂

5.4.1　品牌内容资产的重要性

品牌花钱投放广告，最核心的是加强用户对品牌的认知，让用户认可品牌。卖货当然是非常重要的，但是品牌不应该通过低价让"羊毛党"来买自己的产品，这是没有任何意义的，是短期行为。品牌用优质内容和付费广告找到认可品牌理念和产品的用户才是所有工作的重中之重。

5.4.2　品牌内容能力的沉淀

随着品牌之间的竞争越来越激烈，内容能力对品牌来说越来越重要。品牌不能简单地依赖内容服务商提供的内容服务，自身也要有沉淀内容的能力。对于抖音来讲，内容能力其实包含两个方面，一个是短视频制作能力，另一个是直播间的流量承载力。

1. 短视频制作能力

短视频制作能力是品牌长效经营中非常重要的一项内容能力，不但可以帮助品牌获取自然流量，还可以帮助品牌降低付费流量的成本。品牌要想提高短视频制作能力，就要做到以下几点。

（1）拥有对平台优质内容的监控和拆解能力，这是最重要的。品牌要有专门负责内容的团队，每天浏览平台的优质内容，并且详细地拆解这些内容。

（2）理解消费者。如果品牌在制作短视频的时候不了解自己的消费者，那么制作出来的短视频一定不是好的短视频。

（3）要做出"种草"和"拔草"一体的投放素材，需要对需求三角模型有非常深刻的理解，并且可以将这种理解植入短视频中。需求三角模型如图 5-16 所示。

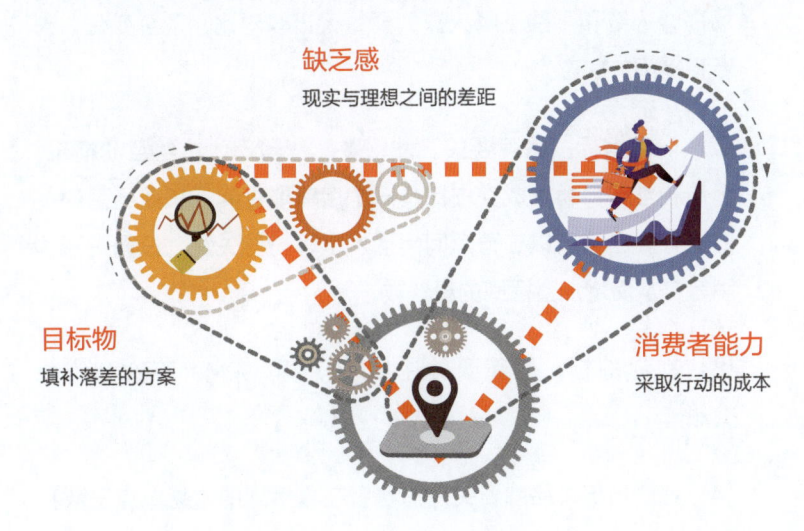

▲图 5-16

（4）重视短视频发布后的用户评论，从用户评论中找到改善产品的建议。评论也是内容的一部分。

（5）重视账号的定位，考虑清楚制作的内容是解决哪类用户的什么问题。

（6）重视数据分析和运营，关注短视频的完播率、CTR等数据，在平常进行评论管理，与用户互动，及时隐藏营销感过强或者各项数据表现不佳的短视频，并且分析做得不好的原因。

2. 直播间的流量承载力

直播间的流量承载力对于品牌来说也是一项非常重要的内容能力。直播间的流量承载力强，不但可以承接付费流量，还可以帮助品牌获取自然流量。直播间的流量承载力指标分为以下4个。

（1）流量指标。品牌要关注每天的场观人数、最高在线人数、开场高峰人数和下播高峰人数，要每天记录对比，了解变化，判断直播间的状态。

（2）粉丝指标。品牌要关注涨粉数、涨粉率、粉丝互动情况、新增粉丝数。粉丝成交占比是一个店铺能否实现长效经营的关键指标。品牌可以在直播间用话术引导粉丝关注，设置关注福利等，从而增加直播间的粉丝数。

（3）交易指标。品牌要关注UV价值和GPM（千次浏览成交额）。

（4）互动指标。品牌要关注消费者在直播间的购物车点击数和点击率、一分钟以上的停留率、平均停留时长、点赞数、评论数，以及打赏金额等指标。

品牌要每天都关注这些指标，不断地优化直播团队的构成，提高流量的转化率。要注意的是，这些指标不是静态的，平台会随着经营需要周期性地调整这些指标，品牌也要长期跟踪。

5.4.3　内容资产的数字化迭代

随着数字营销工具的发展，品牌已经可以对各种不同形式的内容做质量评估。我们以常见的直播间的内容资产为例（如图5-17所示）。直播间的内容资产包括直播间场景、浮窗样式、讲解话术等。这些内容由直播操盘团队规划，如果品牌能够将直播间的所有内容资产拆分、沉淀、迭代，就可以快速地复制出更多的直播间，甚至跨平台赋能。

▲图 5-17

关于直播间的内容资产迭代，我们以 A/B 测试的思路来研究。例如，在保证各类外部条件相同的情况下，对主播的两套引导下单的话术做对比，测试哪一套话术的效果更好。实验的判断标准可以参考以下指标。

(1) 产品销量。在相似的时间、流量下，对比同一个产品的销量。

(2) 转化率。转化率一直是衡量经营状况的黄金指标。

(3) 流量转化率。在很多时候，不同的话术对销量的影响可能没有显著的区别，反而对消费者收藏和加购产品或进店浏览产品有影响。流量转化率的变化能够从不同层级来体现不同话术的优势和劣势。

(4) GPM/IPM（千次浏览成交额 / 千次浏览互动量）。由于直播间的流量存在波动，流量的利用率能够更精准地反映直播间的经营状况。

除了品销渠道，品牌在社交媒体平台、内容平台上也会发布营销内容。这些平台是内容资产积累和高频运用的阵地。品牌同样可以运用测试的方式，对不同类型的内容做质量评估。

以三顿半在小红书上的"种草"内容为例，三顿半是精品速溶咖啡代表品牌，其品牌理念为提供与咖啡店相同口味的精品咖啡、用冷水冲泡方便快捷。因此，三顿半把目标人群定位于办公室人群、居家喝咖啡人群、大学生这 3 个消费咖啡的主力群体。对于一个在成熟市场中以新品类向大品牌发起挑战的新锐 DTC 品牌来说，长期的营销是三顿半必须要花费时间和精力做的事。

三顿半在小红书上长期、持续地"种草",平均每月发布的品牌关联笔记达到 50 篇以上,其中 9 成以上的"种草"笔记是由不到 10 万个粉丝的 KOC 发布的。长期、稳定的内容输出,为三顿半的内容资产迭代积累了非常多的数据样本,让其可以在内容资产迭代上持续深耕。

三顿半的内容类型是多元的,这代表现在的内容发展潮流:在内容井喷的时代,品牌必须基于不同群体的特性做差异化的内容,才能实现有深度的人群渗透。但什么人喜欢什么内容?什么内容才是好内容?这就需要品牌不断地尝试、验证、迭代。我们可以在今天的小红书上看到三顿半发布的多元"种草"笔记(如图 5-18 所示),这些不同的内容类型可以覆盖咖啡"小白"、资深咖啡爱好者、社交达人、"颜值控"、"收集控"、咖啡 DIY 爱好者、弱购买意向者、强购买意向者等。这些我们现在看到的优质的内容资产,来源于对笔记质量和笔记发布后的阅读数、互动数、转化数、搜索数等指标的评估优化。三顿半通过衡量笔记的传播力(转发数、曝光数)、种草力(点赞数、收藏数)、互动力(评论数),以及对增加品牌消费者资产和放大声量的正向作用,不断地调整和改进,最终形成了一个成熟的内容矩阵。

▲ 图 5-18

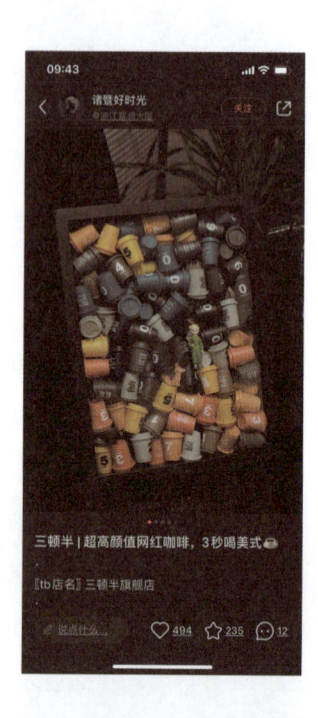

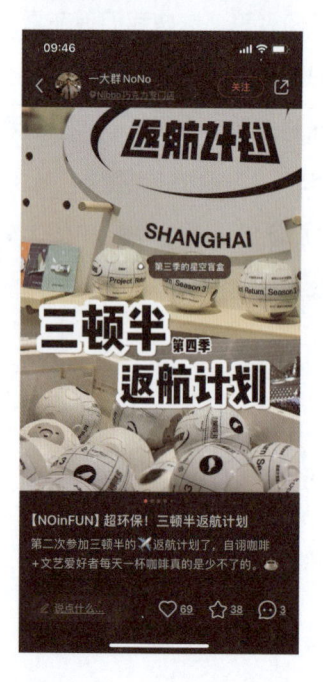

5.5 总结

(1) 消费者资产运营的核心，是围绕消费者的生命周期来提高消费者在不同阶段的渗透率、转化率、留存率，最终提高消费者价值。

(2) 品牌用数字重新定义品牌资产，便赋予了品牌资产可沉淀、可复制、可拓展、可迭代、可衡量的特点，让其契合数字营销的基因。

(3) 传统数字化运营强依赖于渠道的数据体系，且缺乏线下的消费者数据。新数字营销通过搭建数据中台将消费者线上和线下的全域数据打通并汇总。

(4) 消费者资产运营的三大方向：消费者行为可视化、消费者属性可分类、消费者心智可沟通。

(5) 在内容井喷的时代，内容早已不仅是吸引消费者下单的工具，还是向消费者输出品牌价值的第一利器；品牌必须基于不同群体的特性做差异化的内容，才能实现有深度的人群渗透。

(6) 基于 O-5A 模型对大促活动的生意目标进行合理的拆分，让品牌有底气打赢每一场大促活动战役。

先胜而后战

寻找品牌增长确定性

案例篇

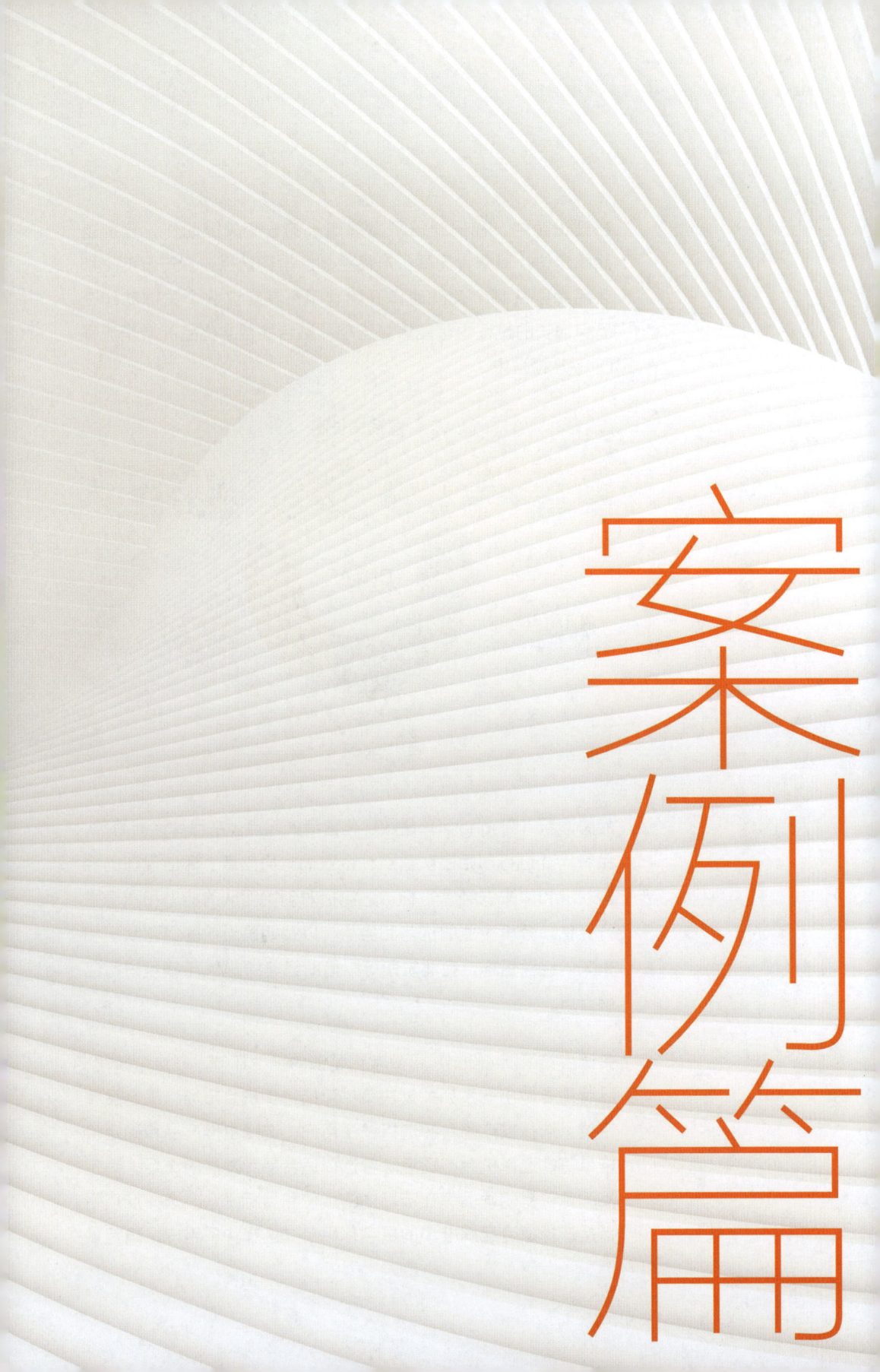

在理论篇中，我们介绍了品牌增长的 5 个关键动作，分别是品牌定位、消费者洞察、产品企划、渠道选择、资产沉淀。那么品牌要从哪个关键动作开始着手？其实这 5 个关键动作在品牌增长的过程中可能重复出现，融合在数字化品牌增长流程 DDTAR 模型中。

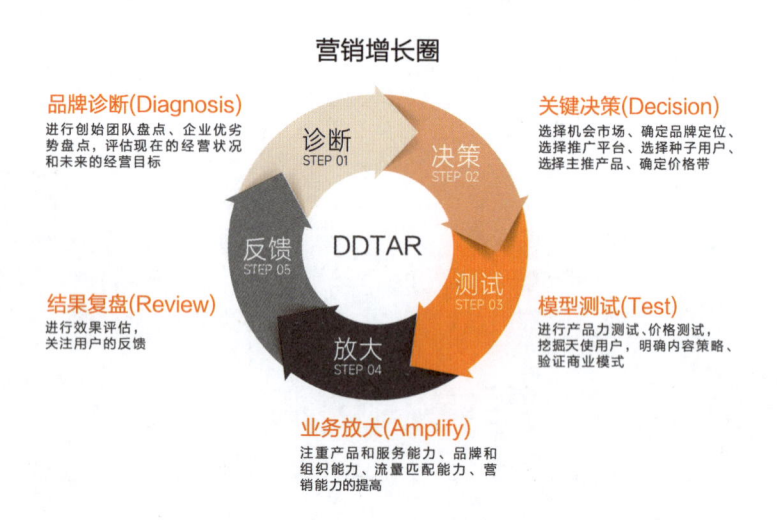

营销增长圈

品牌诊断(Diagnosis)
进行创始团队盘点、企业优劣势盘点，评估现在的经营状况和未来的经营目标

关键决策(Decision)
选择机会市场、确定品牌定位、选择推广平台、选择种子用户、选择主推产品、确定价格带

结果复盘(Review)
进行效果评估，关注用户的反馈

模型测试(Test)
进行产品力测试、价格测试，挖掘天使用户，明确内容策略、验证商业模式

业务放大(Amplify)
注重产品和服务能力、品牌和组织能力、流量匹配能力、营销能力的提高

诊断 STEP 01
决策 STEP 02
测试 STEP 03
放大 STEP 04
反馈 STEP 05

DDTAR

品牌诊断（Diagnosis）是数字化营销的起点。在品牌诊断阶段，品牌需要进行创始团队盘点、企业优劣势盘点，评估现在的经营状况和未来的经营目标。这包括对创始团队的能力和资源进行评估，分析企业的优势和劣势，以及明确当前的经营状况和未来的经营目标。在此阶段可以借助经典的 SWOT 模型进行品牌盘点。

关键决策（Decision）是数字化营销的重要环节。在这个阶段，品牌需要做出一系列关键决策，包括选择机会市场、确定品牌定位、选择推广平台、选择种子用户、选择主推产品和确定价格带等。选择机会市场意味着选择适合品牌发展的市场。确定品牌定位是明确品牌在市场中的定位和目标受众。选择推广平台是选择适合品牌推广的数字化平台。选择种子用户是确定最具潜力的目标用户群体。选择主推产品是选择品牌的核心产品进行推广。确定价格带是根据市场供需关系和竞争格局确定产品的定价策略。

模型测试（Test）是数字化营销的核心。在这个阶段，品牌需要进行产品力测试、价格测试，挖掘天使用户，明确内容策略和验证商业模式。通过产品力测试和价格测试，品牌可以评估产品的市场竞争力和价格敏感度。挖掘天使用户是寻找最早的忠实用户，通过他们的口碑传播和推荐，带动更多用户加入。明确内容策略是确定品牌在数字化平台上的内容形式和传播策略。验证商业模式则是通过市场实践和数据分析来验证品牌的商业模式的可行性与有效性。

业务放大（Amplify）是数字化营销的关键环节。在这个阶段，品牌需要注重产品和服务能力、品牌和组织能力、流量匹配能力、营销能力的提高。产品和服务能力是指不断改进产品的质量和功能，以满足用户的需求，同时增加服务来提升客户满意度或弥补产品未满足预期的负面情绪的能力。品牌和组织能力是指建立品牌的形象和认知，提升品牌的影响力和美誉度，并调优组织结构以满足增长需求的能力。流量匹配能力是指利用各种渠道和方式，增加品牌曝光和用户流量的能力。营销能力是指通过精准的营销策略和手段，吸引和留住用户的能力。

最后，结果复盘（Review）是数字化营销的必要环节和下一次增长的开始。品牌需要进行效果评估，分析数字化营销的效果和成果，以便对策略进行调整和优化。同时，品牌需要关注用户的反馈，倾听用户的声音，不断地提升用户体验。

下面分析通过大单品"出圈"的Spes、拥抱年轻群体的国民老品牌七匹狼和深耕防晒市场的蕉下，讲述品牌在增长流程（DDTAR）中是如何进行数字化运营的。

第 6 章

Spes：用大单品提高品牌势能

新品牌面临的问题是如何让消费者购买产品和认识品牌。到底是产品先行，还是品牌先行，在网上掀起了一股讨论热潮。对于一个新品牌来说，产品是核心，尤其在内容营销和电商时代，我们看到了很多用单品提高品牌势能的案例。下面看一看头部洗护领域的佼佼者如何从产品企划出发搭上内容电商平台的快速列车，通过数字化营销手段实现品牌长效增长。

> 请思考：
> 是产品先行还是品牌先行？

6.1 品牌概况：创始人团队具备丰富的选品经验

Spes（诗裴丝）成立于 2018 年，用控油蓬松产品切入头皮洗护市场，推出海盐洗头膏和免洗空气感蓬松喷雾，并在 2021 年完成 2 亿元 A 轮融资。Spes 创始人郑如晶是网易严选创始人，十分了解供应链渠道。Spes 联合创始人蒋锦杰则是网易严选创始团队的成员、供应链负责人，负责网易严选后端供应链。基于品牌创始人丰富的选品经验，Spes 在诞生后不久便打造了多款爆品，其中免洗空气感蓬松喷雾上线 1 个月就占据抖音新品爆款榜第二位。2021年8月，Spes凭借该款喷雾还打破了抖音"新锐个护家清"直播的单日销售额纪录，成为首个单场直播销售额突破百万元的新锐品牌。

6.2 新锐品牌如何利用产品+内容在抖音上站稳脚跟

6.2.1 品牌定位战略：切入"蓬松控油"市场

1. 把握入局时机，敏锐洞察"蓬松控油"需求

国内不乏好产品，Spes的成功不仅是因为拥有好技术和好产品，而且在出道时间上具备了"天时"。

随着我国居民收入水平持续提高，自2014年起中国洗发水市场规模呈递增趋势，近几年的市场规模增速接近4%。中国洗发水市场的发展经历了以下几个阶段。①起步阶段。此时产品的功能仅限于基本的清洁。②培育阶段。在这个阶段，跨国公司（如联合利华和宝洁）相继进入中国市场，并推出了具有创新功能的洗发水产品。③发展阶段。在这个阶段，新的参与者不断地涌入市场，挑战联合利华和宝洁的垄断地位。洗发水市场不断发展，产品开始向高品质、多品种和功能化的方向发展。④成熟阶段。在这个阶段，跨国公司（如联合利华和宝洁）通过价格战和品牌延伸来巩固市场地位。

早期的洗发水市场由宝洁、联合利华和欧莱雅三家占主要的市场份额。2015年以后，头皮洗护行业三足鼎立的局面渐渐被改变，宝洁、联合利华和欧莱雅的市场占有率逐步下降，从以前的70%到2021年已降至52.3%。不仅如此，国货老品牌的产品迭代节奏慢与消费者日新月异的新需求产生矛盾,使得品牌无法持续吸引年轻客群,长效生意难以为继。微薄的利润空间使得国货老品牌无法在营销时代发出最后的呐喊,渐渐地失去了阵地。国际品牌的头部垄断能力下降,国货老品牌的反应慢,让新锐品牌找到可乘之机。

当新锐品牌存在合适的发展机会时,它们如何有效地参与竞争,如何选取切入的市场成为亟待解决的问题。毫无疑问,Spes很好地解决了以上问题。2018年,大部分品牌把产品功能集中在防脱修复、去屑止痒、柔顺滋润上,Spes发现年轻人已经开始寻找解决头发扁塌,头皮瘙痒、干燥紧绷、敏感等问题的办法,如图6-1所示。年轻人不仅关注头皮和头发的健康问题,还对头发有外在美观(诸如蓬松感、光泽感)的要求。

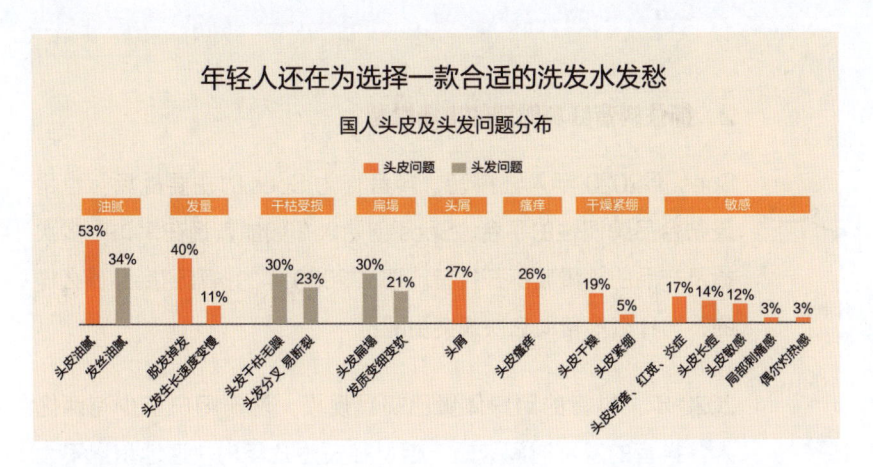

▲ 图 6-1

(图片来源:公众号刀法研究所)

2021 年，凭借长效控油蓬松产品海盐洗头膏和即时控油蓬松产品免洗空气感蓬松喷雾，Spes 快速"出圈"（如图 6-2 所示）。在 2021 年 8 月之前，Spes 在抖音上主要靠蓬松丰盈洗发水与海盐洗头膏起量，2021 年上半年海盐洗头膏就为 Spes 带来了超过千万元的销售额，到 2021 年 8 月海盐洗头膏仅通过品牌自播号就可以做到单月销售额超过千万元。

2020−2022年Spes采用不同的带货方式的GMV变化

▲图 6-2

（数据来源：蝉妈妈）

2. 抓住抖音红利时期的市场增量

Spes 于 2020 年入驻抖音，抖音作为 Spes 的主要战场，也是最贴合品牌调性的平台。Spes 创始人郑如晶曾经在采访中多次提及产品的火爆离不开抖音。那么 2020 年的抖音到底是什么样的？为什么能帮助它快速突围呢？

2020 年，抖音的用户体量已初具规模，注册用户至少有两亿人，抖音的发展时间较短，但是在短短几年内快速地积累了大量的用户，在用户数量上打败了大部分同行业的平台。用户对抖音的依赖性越来越高，抖音已经成为很多人消磨时间的一个常用平台。从流量上来看，抖音已经是一个拥有大流量的电商平台。基于当时互动性强、流量大的内部条件，抖音迅猛发展，

请思考：
下一个流量红利平台可能是哪个？你会怎么切入？

上线了抖音小店，开通了抖音支付、抖音商城，邀请品牌入驻，抖音的电商闭环打磨完成，直接用抖音小店实现产品闭环交易，不需要跳转至第三方平台。总体来说，2020年的抖音已经是一块适合品牌分销的土壤，尤其适合新品牌入驻，其市场潜力不容小觑。

从头皮洗护行业来看，2020年抖音的头皮洗护行业的销售额为天猫的头皮洗护行业的销售额的2.76%，彼时抖音的头皮洗护行业的TOP1品牌是主打无硅油的头皮洗护品牌——滋源，其市场占有率为20%（如图6-3、图6-4所示），其次是阿道夫、吕、黛研、多芬、海瑟薇、KONO等。2020年，抖音的头皮洗护行业正处于觉醒时期，海飞丝、飘柔、潘婷、沙宣、清扬等头皮洗护老品牌都还未布局抖音渠道，当时入局的品牌数量为700多个，整个市场体量相对较小。

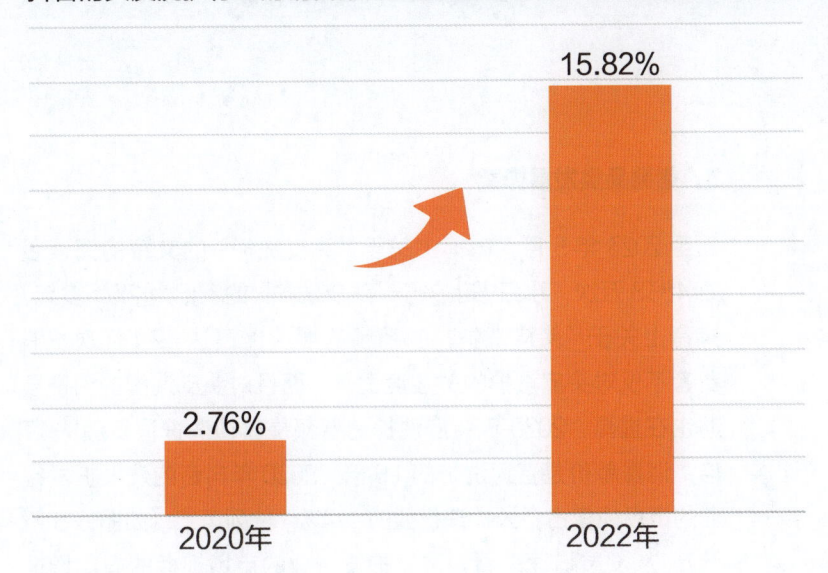

抖音的头皮洗护行业的销售额与天猫的头皮洗护行业的销售额的比例

- 2020年：2.76%
- 2022年：15.82%

▲图6-3

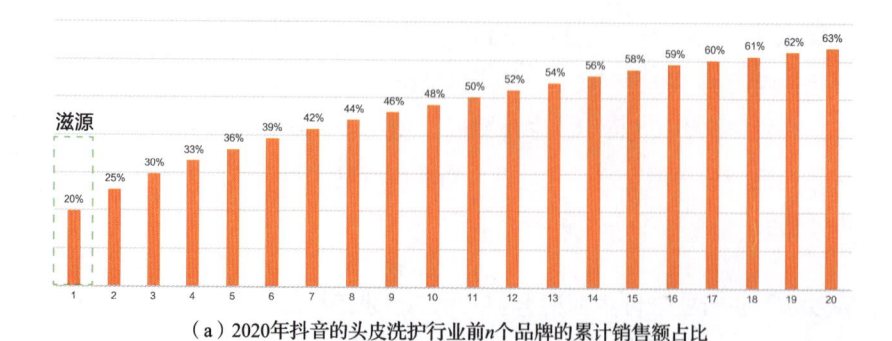

（a）2020年抖音的头皮洗护行业前n个品牌的累计销售额占比

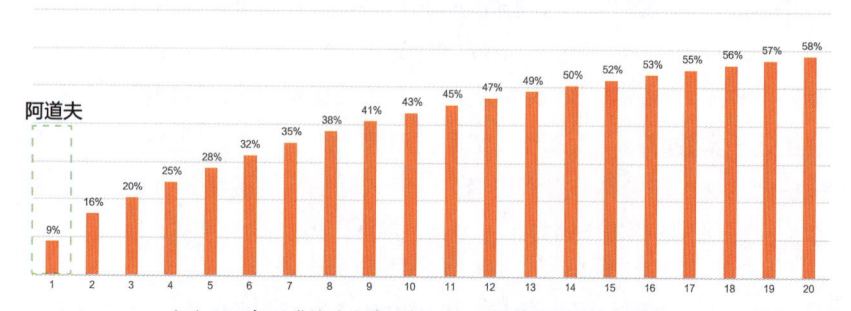

（b）2020年天猫的头皮洗护行业前n个品牌的累计销售额占比

▲图6-4

（数据来源：蝉妈妈和一面数据）

3. 借助品类发展势能

截至 2023 年 5 月，微博上关于"头皮洗护"的文章的阅读量为 4838 万次，小红书上关于"头皮洗护"的笔记为 27 万多篇，抖音上关于"头皮洗护"的视频的播放量高达 42.4 亿次。消费者不仅对头皮洗护的关注度上升，而且对头皮洗护的消费预期也在提高，2020 年头皮洗护消费额是普通洗护消费额的 1.7 倍，消费单价是普通洗护的 1.5 倍。2020 年抖音的洗发护发行业的市场规模占个人护理行业的 19.4%，位列第二（如图 6-5 所示）。从发展增速来看，洗发护发行业的市场规模的同比增速高达 3060%，如图 6-6 所示。这说明头皮洗护行业的发展前景良好。

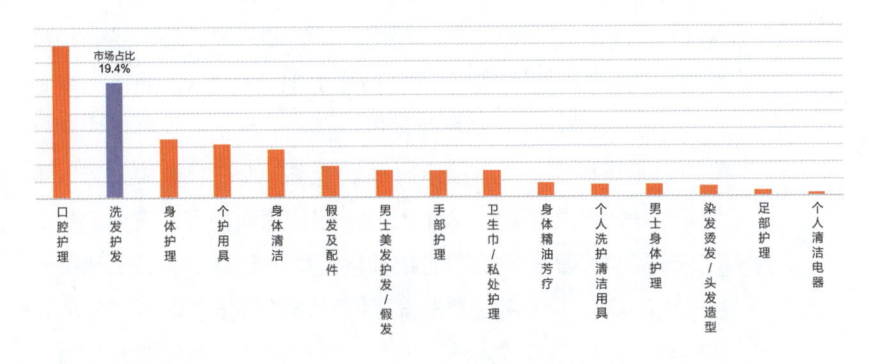

▲图 6-5

（数据来源：蝉妈妈）

2020年7月—2021年7月抖音的洗发护发行业市场规模的变化趋势

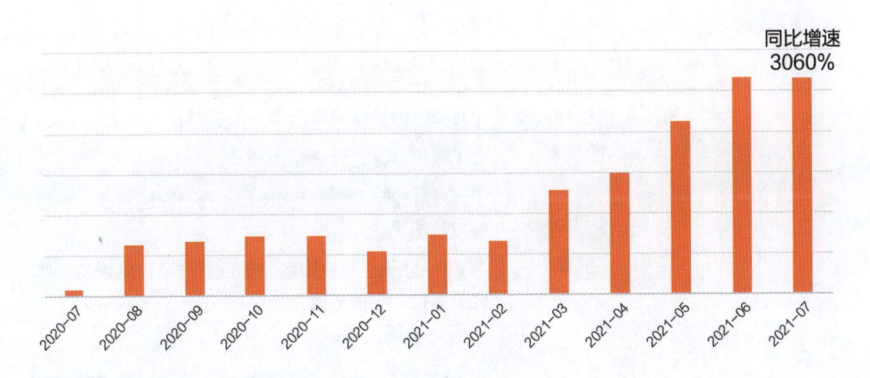

▲图 6-6

（数据来源：蝉妈妈）

6.2.2　产品企划：独具匠心的产品研发，规模化的产品营销

1. 以科技驱动产品和品类创新，释放国货品牌新势能

头皮洗护行业的产品的迭代方向随着日益升级的精细化需求朝着成分"内卷"。消费者对成分的认知已被面部护肤界教育成熟，关注头皮洗护的"功效党"越来越多。Spes 产品的很多

原料与国际大品牌相比并不逊色。在头皮洗护产品中采用护肤品中的成分，以科技驱动产品和品类创新是 Spes 的核心竞争力。Spes 坚持用前沿科技驱动产品创新。然而，这种藏在产品里的讯息在传统货架上展示时很难传递，而在视频中则可以重点演绎并被消费者轻松理解。Spes 定位为科研型、成分型的头皮护理品牌，其研发的产品大多包含科技创新，例如免洗空气感蓬松喷雾、多肽黑松露洗发膏等。这种科技创新能更好地和年轻消费者形成高效沟通，另外，这些成分与传统汉方中的生姜、何首乌等原料相比显得更科学和更高级，便于品牌提升产品的价格带，进入中高端市场。Spes 热卖产品的产品属性见表 6-1。

表 6-1

排名	产品名	产品属性
1	免洗空气感蓬松喷雾	① 细至6微米的吸附因子，不泛白。 ② 创新气雾阀门，喷雾更均匀
2	多肽黑松露洗发膏	① 多肽精粹：修复头皮损伤，补充头皮营养，改善头皮状态。 ② PCA分子：有效抑制头部油脂分泌，使秀发自然轻盈蓬松，顺滑加倍
3	红没药醇洗发水	① 红没药醇：及时止痒。 ② 修护肽：深层渗透敏感头皮，改善屏障健康，缓解头皮敏感刺激。 ③ 净屑配方：抑制马拉色菌繁殖，卓效去屑，净爽头皮

2. 强大的供应链整合能力，敏捷的产能危机应对措施

在原料供应链上，Spes 紧盯原料价格变化，保证受市场变化影响较大的原料有足够的库存，确保原料供应不受影响，做好生产规划。Spes 还亲自参与原料研发。2022 年 5 月初，Spes 全球创新研发中心建成，有效地把控了原料生产。

在仓储运输方面，Spes能够快速响应，提供产能保障。在2022年上海新冠病毒感染疫情暴发时，Spes果断地将库存转移到全国5个仓库，在上海大部分企业停止运转时，避免了库存积压和断货。

小贴士： 消费者需求变化的不确定性，会增加供应链管理的难度和成本，越来越多的企业青睐柔性供应链管理，因其更敏捷、更灵活，但是实现柔性供应链管理存在风险，智能化和数字化是未来的趋势。

3. 远离低价竞争，选择中高价格带

头皮洗护行业的竞争呈现产品和消费者观念双升级。消费者观念从护发升级成头皮养护。产品从洗发水、护发素、发膜等拓展到头皮磨砂膏、头皮清洁凝露、头皮安瓶精华液等护肤级头皮养护产品。产品成分也从海盐、牛奶、生姜等传统原料升级成玻尿酸、氨基酸、多肽、鱼子酱等护肤成分。目前，国内头皮洗护市场的主要领导品牌有宝洁、联合利华、欧莱雅和阿道夫等跨国公司的品牌，国内的知名品牌是蜂花、霸王等。蝉妈妈数据显示，国外知名高端头皮洗护品牌卡诗的平均成交价为310元，馥绿德雅的平均成交价为661元，国内品牌多芬、飘柔、蜂花和霸王在2022年抖音上的平均成交价都在50～70元，它们的产品比较局限于洗发水、护发素、发膜等。

2022年，抖音的头皮洗护行业的产品平均成交价为65.1元，国货老品牌的平均成交价与行业平均成交价相近。在同样的条件下，Spes在抖音上的产品平均成交价为95.3元，比行业均值高出约46.4%，处于中高价格带（如图6-7所示）。Spes在定价与产品之间做了权衡，选择了介于传统头皮洗护品牌和国际高端头皮洗护品牌的定价策略，在产品研发上关注原料和核心的关键技术，从产品和定价两个方面避免激烈竞争。

2022年产品平均成交价对比

比行业均值高出约46.4%

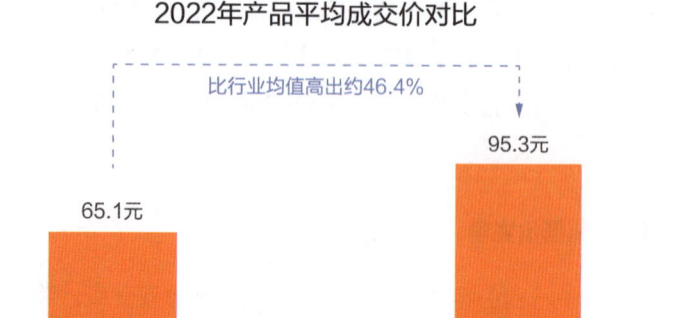

头皮洗护行业的产品平均成交价：65.1元

Spes的产品平均成交价：95.3元

▲图6-7

（数据来源：蝉妈妈）

4．利用内容营销的杠杆作用，放大产品势能

在今天的商业竞争中，产品仅靠自身的优势很难打破市场壁垒。这时，内容营销成了强大的杠杆，可以帮助品牌放大产品势能。通过创作有价值的内容并巧妙地传播，品牌可以引起目标受众的关注，并将产品的优势推广到更大的市场中。下面看一看Spes 如何利用内容营销的杠杆作用，给产品赋予更大的势能。

(1) 不变的视频结构，万变的产品使用场景。Spes 的创意视频，无论内容怎样变化，其基本结构都相对稳定，由谁（主角）、在哪里(使用场景)、做了什么、对比结果 4 个部分组成，如图 6-8 所示。把产品功能融入日常生活中让消费者能够更具体地感知产品的功能与使用效果，例如把产品代入消费场景中，如地铁、火锅店、办公室等场景，充分展示它快速为头发控油的产品力，让消费者在特定场景中形成品牌联想。

除了构建使用场景，Spes 的免洗空气感蓬松喷雾的展示大多有着明显的即时效果。Spes 能够依托产品特性创作许多符合抖音兴趣电商定位的优质内容，重点突出用户从使用前到使用后的视觉效果差异，进行品牌的渗透和爆品的打造。市场上还有很多爆品是与 Spes 免洗空气感蓬松喷雾类似，便于视觉化呈现（包括场景呈现）、功能呈现的产品。这类产品通过内容营销成为爆品的可能性更大。

| 谁 | 在哪里 | 做了什么 | 对比结果 |

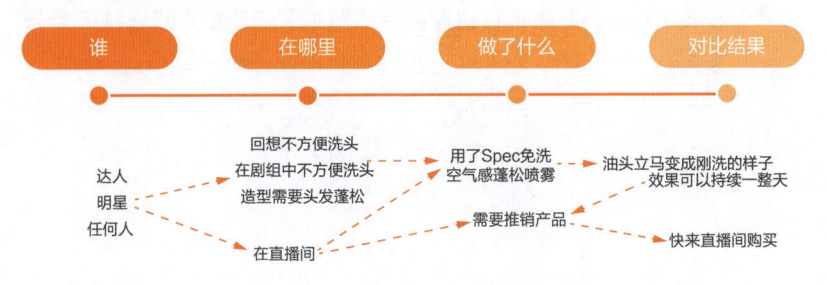

达人
明星
任何人

回想不方便洗头
在剧组中不方便洗头
造型需要头发蓬松
在直播间

用了Spec免洗空气蓬松喷雾
需要推销产品

油头立马变成刚洗的样子
效果可以持续一整天
快来直播间购买

▲图 6-8

（2）放大爆款视频的长尾效应。Spes 在营销免洗空气感蓬松喷雾的时候并没有过多地利用超级头部主播，而是把关注点放在内容上，让优质内容高效传播。例如，对于热门产品的视频测评，Spes 反复进行内容传播和消费者心智渗透。如图 6-9 所示，与免洗空气感蓬松喷雾相关的带货视频具有较强的长尾流量曝光，这在触达更多目标用户的同时，以更低的成本获得了更多的产品收益。

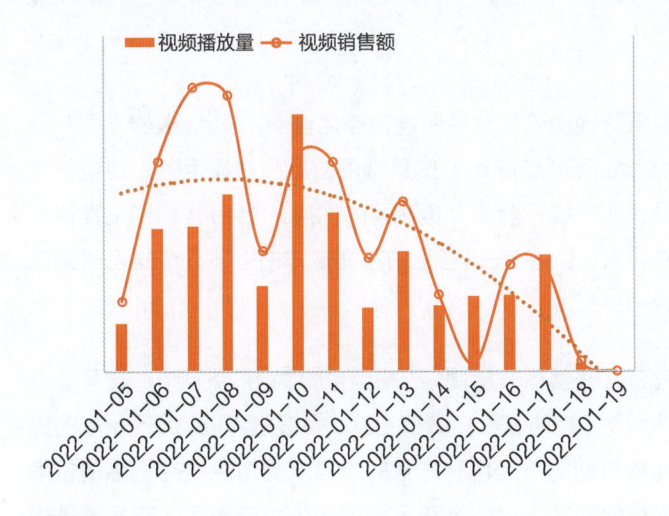

▲图 6-9

（数据来源：蝉妈妈）

(3)利用头部"大V"增大品牌势能。2020年8月—2023年5月,Spes在抖音上与头部"大V"合作营销。2021年,大量KOL帮助Spes实现品效销协同,例如广东夫妇、搭搭等(如图6-10所示)。屡破抖音直播间销售额纪录的广东夫妇连续3年与Spes合作,时尚头部KOL胡楚靓也已连续两年与Spes合作。

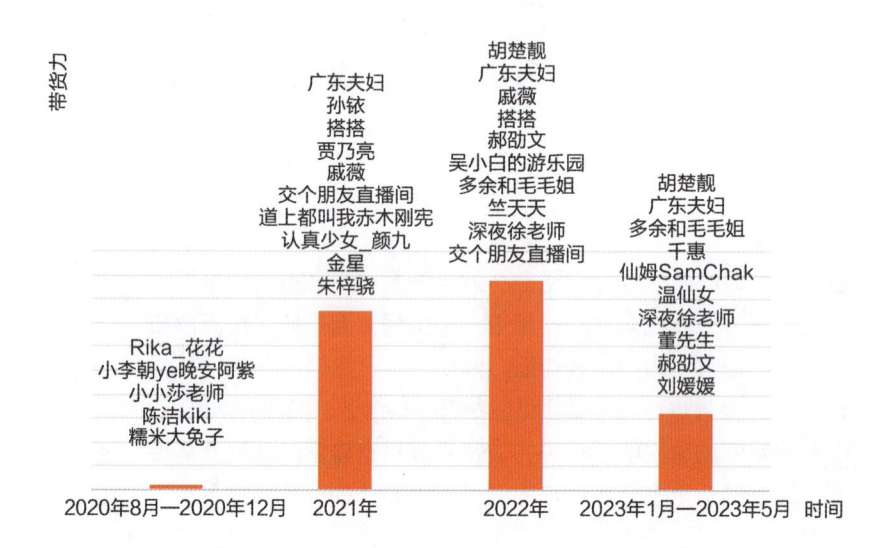

▲图 6-10

(数据来源:蝉妈妈)

(4)自营阵地的差异化经营与常态化直播。Spes根据不同产品的特点、业务形态搭建了独具特色的品牌自播矩阵。通过整合各产品、业务线打造独立直播间的优势,Spes实现了精准用户的分流导入。Spes在抖音上的自播矩阵由以下3个抖音号组成(如图6-11所示)。

① SPES诗裴丝官方旗舰店:粉丝数量为115.9万个,账号简介中的特点是"控油蓬松,颜值出众!"该账号以品牌Logo的绿色为视频封面的背景色,账号的主售产品为免洗空气感蓬松喷雾,账号的视频内容围绕在不同的场景中使用免洗空气感蓬松喷雾创作,例如"地铁洗头体验""男友懒得洗头怎么办""五一

出游小工具""上飞机前 30 秒洗头"等，该旗舰店的直播间也售卖免洗空气感蓬松喷雾。

达人	粉丝数(万个)	带货口碑(分)	关联直播(个)	关联视频(个)	推广商品数(个)	销量(元)	销售额(元)	近30日销售额趋势
SPES诗裴丝... 23875299659	115.9	4.99	386	152	47	100万~250万	1亿~2.5亿	
诗裴丝个人护... Spes2021	27.6	4.99	402	37	32	10万~25万	2500万~5000元	
Spes洗发水专营 xxyz1112223	14.3	4.87	163	9	27	2.5万~5万	250万~500元	

Spes
抖音渠道
自播矩阵

控油蓬松免洗喷雾　　深度清洁多肽黑松露修护膏　　红没药醇洗发水

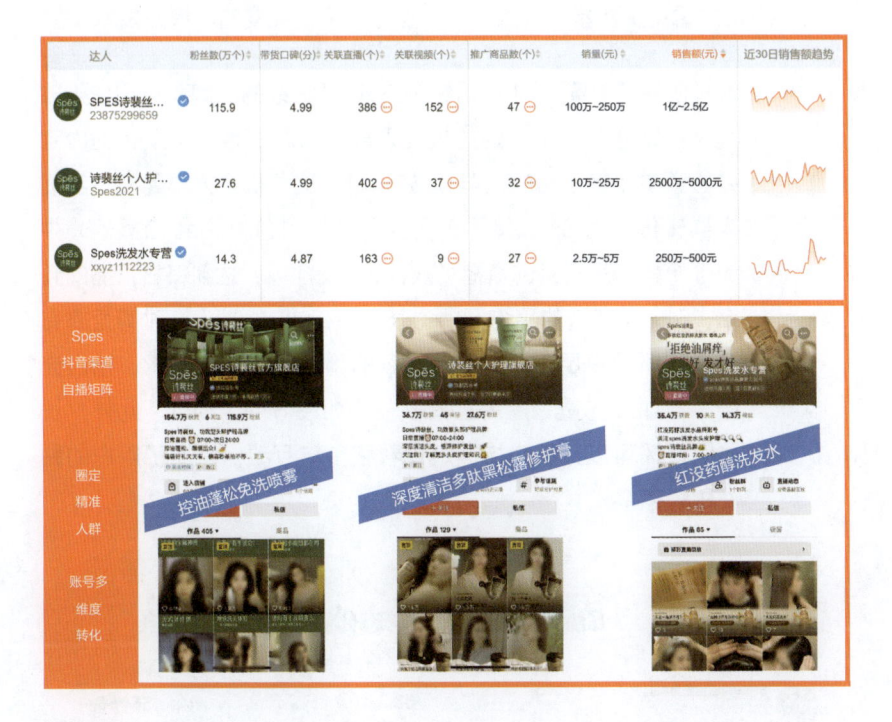

圈定
精准
人群

账号多
维度
转化

▲图 6-11

（数据来源：蝉妈妈，统计时间为 2023 年 5 月）

② 诗裴丝个人护理旗舰店：粉丝数量为 27.6 万个，账号简介中的特点是"深层清洁头皮，根源修护发丝！"该账号以品牌产品——多肽黑松露修护膏的产品主色为视频封面的背景色，账号的主售产品为多肽黑松露修护膏，账号的视频内容围绕头发烫染受损的修护、活动福利发送、产品技术和功能介绍、产品测评及产品的使用方式等，例如"双十一福利大放送""拍 4 件发 5 件""成分护发，抚平毛躁""真把头发捋顺了""正确用法"等。

③ Spes 洗发水专营：粉丝数量为 14.3 万个，账号简介中的特点是"关注 Spes 洗发水头皮护理"。该账号以品牌产品——红没

药醇洗发水的产品主色为视频封面的背景色，账号的主售产品为红没药醇洗发水，账号的视频内容围绕洗发水去屑止痒，例如"雪花头救星""去屑止痒小课堂""不伤头皮的止痒洗发水"等。

通过明星"种草"、KOL 营销等方式，Spes 的品牌声量很快被放大，积累并沉淀了一定的机会人群（愿意观看品牌发布的内容并愿意与品牌互动的人群）。如何吸引这些机会人群购买，实现人群转化成为 Spes 接下来需要思考的问题。Spes 自播矩阵中的 3 个抖音号每月的直播场次都大于 30 场，达到每日直播的频率，3 个抖音号的平均开播时长接近 15 小时，长时间直播有利于直播间满足不同时间段活跃的用户的差异化需求，抢占流量，增加曝光量，提高直播收益（如图 6-12 所示）。此外，长时间直播可以让用户持续地观看和参与互动，增加了用户的黏性和留存率。

Spes自播矩阵的常态化直播

账号	直播场次	平均开播时长
SPES诗裴丝官方旗舰店 抖音号 23875299659	33 今日+1 历史总场次 762	14小时55分55秒
诗裴丝个人护理旗舰店 抖音号 Spes2021	33 今日+1 历史总场次 648	14小时56分43秒
Spes洗发水专营 抖音号 xxyz1112223	33 今日+2 历史总场次 469	14小时34分30秒

▲图 6-12

（数据来源：蝉妈妈）

（5）活动营销：与"抖品牌生态"共舞，在超级新品活动中大卖。

并不是所有的好产品都能成为爆品，品牌要让更多的人看到产品，对产品感兴趣。品牌除了做好产品，还要找对渠道。年轻人都在刷短视频和看直播，哪个平台的传播更广，效果更好，形式更受用户喜欢，品牌就要去哪里发力。抖音的大众传播渗透度之高坚定了Spes加大直播力度的决心，但是怎么做才能提高直播的经营效率？抖音举办的"超级新品"活动，成为Spes突围的助推器。

在"超级新品"活动中，抖音为当时的新品——免洗空气感蓬松喷雾提供了全链式助力，包括流量倾斜、KOL矩阵带货、官方推荐和站内外宣传资源。新品对于消费者来说是陌生的，刚上市的免洗空气感蓬松喷雾的销售得到了"超级新品"活动的极大帮助，实现了"上市即爆品"。此后，Spes在内容、宣传、广告投放等细节方面进行优化，大大地提升了投放效率，最终实现了免洗空气感蓬松喷雾在"超级新品"活动期内销售额超过6300万元的业绩。

5. 产品迭代，Spes成为"控油蓬松"市场的"主引擎"

（1）从防脱到控油蓬松的产品迭代探索。Spes最早在防脱领域推出了蓬松丰盈洗发水，面向的人群为油性脱发人群。该产品的卖点是成分护发。该产品企图通过特有的成分与其他产品拉开差距，区别于市面上强调"0硅油、氨基酸等"的产品。该产品强调的成分是具有防脱功效的亚美尼斯分子、植萃高分子渗透原液、生物肽、活性小绿珠等。随着防脱市场越来越火热，入局的品牌逐渐增多，竞争压力逐渐增大，另谋新路的Spes"意外"地发现了"控油蓬松"这个蓝海市场。Spes不但开发了控油蓬松的海盐洗头膏，还开发了能够快速解决用户油头困扰的免洗空气感蓬松喷雾，解决用户时间紧迫来不及洗头的问题。

（2）海盐洗头膏开创"控油蓬松"的先河。在免洗空气感蓬松喷雾热卖前，海盐洗头膏主推的"控油蓬松"效果已经占据了消费者心智。许多头皮洗护类的优势品牌也都占据了消费者心智。例如，海飞丝主打去屑，飘柔主打柔顺，霸王主打防脱等。

Spes 通过海盐洗头膏的破圈效应与"控油蓬松"紧密关联，为后续免洗空气感蓬松喷雾的"出现即出圈"打下了基础。

（3）免洗空气感蓬松喷雾将"控油蓬松"的消费者心智不断占据，不断地加深、拓宽品牌护城河。Spes 的大单品免洗空气感蓬松喷雾在起量后短短数月内，销量突破 220 万瓶，并在 2021 年 9 月持续占据"抖音爆款榜"TOP1。回溯该产品的起量过程发现，2021 年 9 月免洗空气感蓬松喷雾通过 KOL 短视频"种草"，在直播间承接转化，当月的销售额超过千万元，该产品销售额占品牌总销售额的 49.52%，其中直播销售额约占该产品总销售额的 90%（如图 6-13 所示）。大单品免洗空气感蓬松喷雾借助内容"种草"，带动品牌高速发展，在 2022 年 5 月后免洗空气感蓬松喷雾的销售额一直占品牌总销售额的 70% 左右，主要销售方式为"KOL 视频种草带货"+"抖音号沉淀转化"。

▲图 6-13

（数据来源：蝉妈妈）

如图 6-14 所示，2021 年上半年消费者在主动搜索"蓬松"的时候，关联词以"丸子头""纹理烫""高马尾""夹板""头顶"等与头发造型相关的词为主，2021 年下半年在免洗空气感蓬松喷雾"破圈"后，"蓬松"的关联词多为"控油蓬松洗发水""头发蓬松喷雾""定型喷雾""洗发水推荐"等与品类相关的词,甚至出现了"诗裴丝"品牌词。以上现象说明,头皮洗护的蓬松功效的市场教育渐渐成熟,消费者对洗发水功效的认知不局限于去屑止痒、柔顺等。另外,品牌词的出现,说明了 Spes 牢牢地占据了"蓬松"的消费者心智。

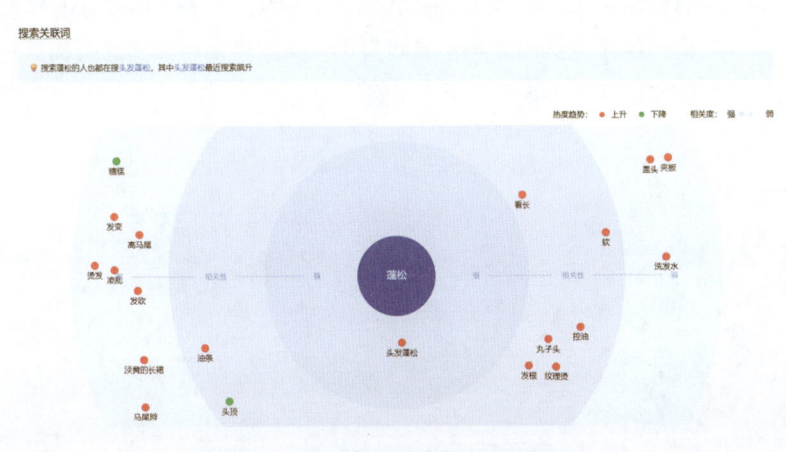

(a)2021年上半年"蓬松"的关联词

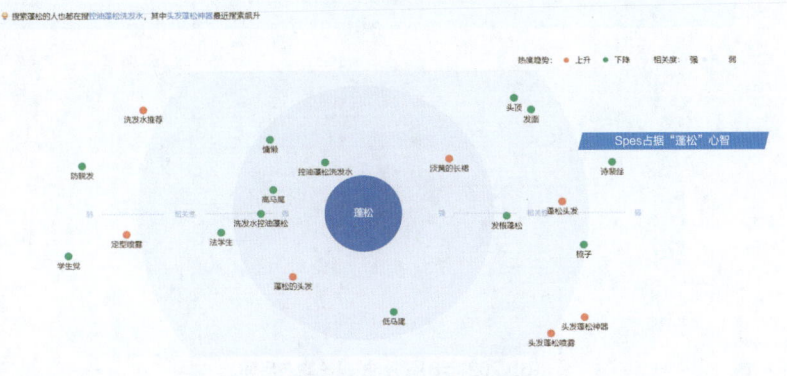

(b)2021年下半年"蓬松"的关联词

▲图 6-14

(资料来源:巨量算数)

免洗空气感蓬松喷雾属于头皮洗护的细分小众市场——控油蓬松中的产品。与面部护理、防脱等市场相比，控油蓬松市场在当时的拓展空间较大，并未出现强品牌力的爆品，给予了Spes增长突破的可能性，但与此同时也赋予了Spes进行市场教育的任务。2020年8月，抖音上关键词"控油"的强关联产品词是蓬蓬粉，蓬蓬粉具有涂抹干涩、难清洗、堵塞头皮和性价比不高等缺点。2021年8月，抖音上关键词"控油"的强关联产品词已经是免洗喷雾和干发喷雾了，头皮控油场景的品类优势正在体现（如图6-15所示）。

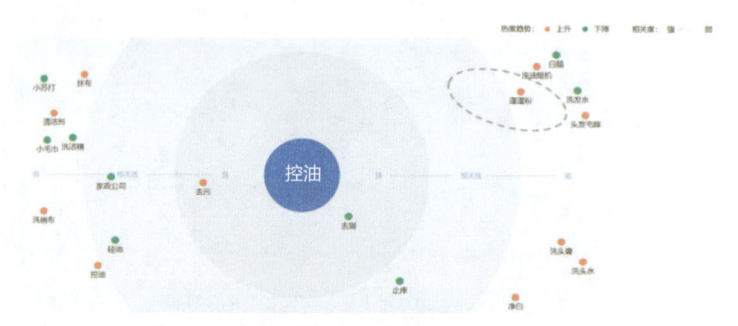

（a）2020年8月"控油"强关联产品词

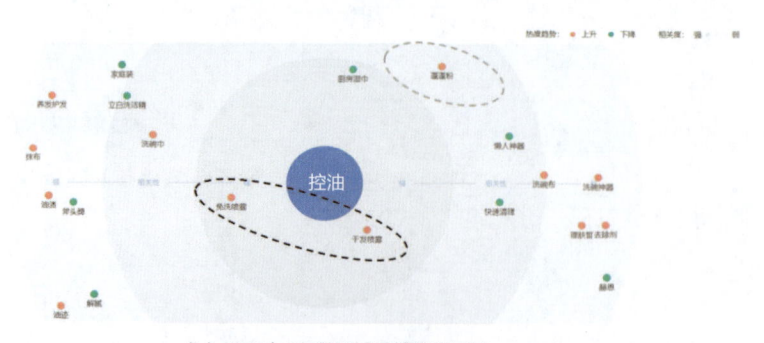

（b）2021年8月"控油"强关联产品词

▲图6-15

（资料来源：巨量算数）

6. 不断充实的"洗、护、染、型"产品体系

作为功效型头部护理品牌，Spes 一直致力于为中国消费者提供更适合的"洗、护、染、型"产品体系。完整的产品体系能够全面解决消费者的痛点，让消费者不断地认识 Spes，让 Spes 在众多新锐品牌中脱颖而出。从 2020 年推出"绿胖子"蓬松丰盈洗发水，2021 年推出海盐洗头膏、免洗空气感蓬松喷雾和小鸟瓶染发剂，到 2022 年推出多肽黑松露修护膏，再到 2023 年推出红没药醇洗发水，Spes 不断围绕"蓬松"形成了自身独特的产品体系（如图 6-16 所示）。

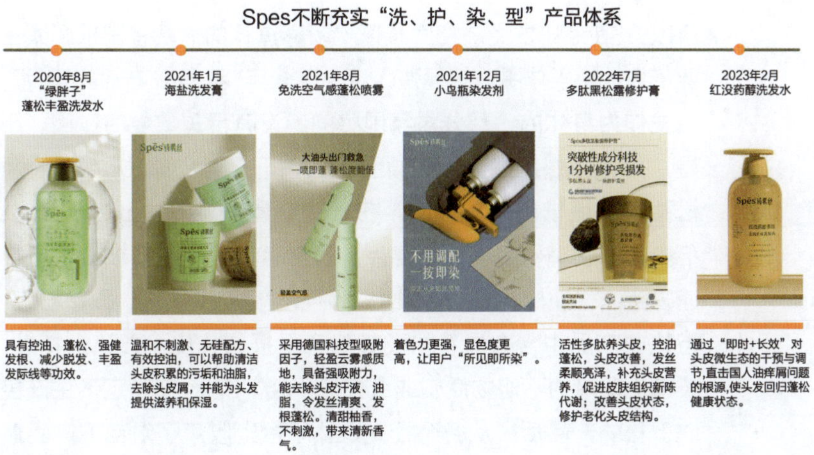

▲ 图 6-16

Spes 的产品可以分为 3 个类型：一是起家产品，面向控油脱发人群的蓬松丰盈洗发水；二是带动品牌销售额快速增加的产品——海盐洗头膏和免洗空气感蓬松喷雾，其中海盐洗头膏能够解决容易油头的难题，大大地改善了年轻人脱发的问题，免洗空气感蓬松喷雾可以在短时间内避免年轻人陷入油头的社交窘境；三是在此基础上的拓展品类，比如小鸟瓶染发剂、黑松露修护膏、红没药醇洗发水等。

6.2.3 消费者洞察

1. 对消费者需求的前瞻性考量

在 Spes 发布产品之前，海盐洗头膏这类的头皮磨砂膏并不是一个被消费者广泛认知的产品。国货品牌几乎没有进入头皮清洁的市场，国外品牌也基本上没有进入国内市场，所以整个头皮洗护市场在国内属于小众市场，整个市场的渗透率较低，存在较大的市场增量空间。在第一款产品面世之后，因为消费者认知空白及市场内没有强势品牌进行市场教育，所以要想基于市场上的消费行为和评论等途径获取消费者需求，是非常难的，整体表现为不显性、不直接、不具体。

所以，Spes 研发免洗空气感蓬松喷雾进行的消费者需求洞察主要依靠社交媒体平台的显性线索。近些年"氛围感"一词"出圈"，头发作为身体的一部分对氛围感的建设有至关重要的作用。于是，在明星、"网红"、社交媒体的营销下，消费者对高颅顶、蓬松头发的追求越来越强烈。在社交场景中，头发出油、扁塌、稀少都成了消费者的重大痛点。虽然有许多产品都被应用于快速去头油、蓬松头发的场景中，例如爽身粉、散粉、蓬蓬粉等，但这些产品中含有滑石粉及其他容易损伤头皮，或让人掉发、长痘、发痒的不明物质，或者控油不佳。Spes 在确定了生产控油蓬松的产品后，从各个社交媒体平台上收集了对当下产品最真实的反馈，找到了多数产品的共性问题：喷雾多呈粉末状，使用后会在头皮上残留很多白色粉末，喷雾味道刺鼻，控油效果不明显等。因此，Spes 的研发团队决定从制作技术切入，从制作原料和喷头技术两个层面研究，研制出细至 6 微米的专研吸附因子，真正解决了用户的痛点。

2. 通过社交媒体平台洞察消费者

品牌通过小红书、微博、抖音等社交媒体平台可以更快地获取用户的新需求，了解消费者的喜好。Spes 创始人曾表示他们通过小红书用户发布的各种与洗护产品相关的笔记，真实地了解到消费者到底需要什么产品。2021年之前，小红书站内笔记中包含"头发油"、"头发蓬松"和"头发扁塌"的笔记数量分别为64万多、46万多和13万多篇，对应的笔记互动量总计为1亿多、1亿多和400多万次。从图6-17中可以看出，头发油腻扁塌已成为许多消费者的痛点，除此之外消费者希望洗发产品可以达到控油和头发蓬松的效果。在此基础上，Spes重点解决消费者的头发"油腻扁塌"这一核心痛点，把产品功效聚焦到"控油蓬松"上，并围绕"控油蓬松"有针对性地推出多款产品，以期满足消费者的需求。

2021年前小红书高互动笔记洞察用户需求

▲ 图6-17

3. 线上和线下渠道都锚定目标人群

Spes的购买人群画像显示，购买人群中有90%为女性，其中18～30岁的消费者占70%，如图6-18所示。

Spes的购买人群画像

消费者性别	2022年数量占比
男	10%
女	90%

消费者年龄画像对比（Spes vs 头皮洗护行业）

- 18~30岁：Spes 70%
- 31岁以上

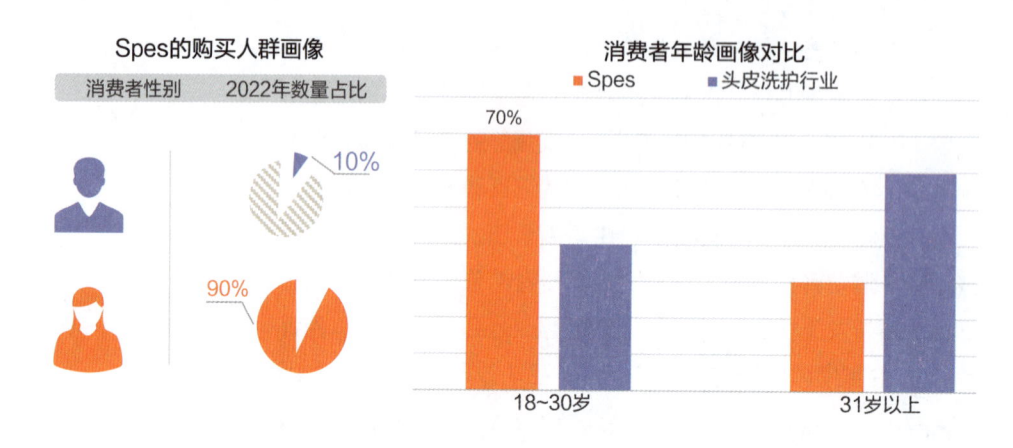

▲图6-18

（数据来源：蝉妈妈）

线上渠道搭建：从2023年Spes的抖音号矩阵分布中可以看出，品牌建联（建立合作关系）的抖音号数量排在前五的抖音号类型是时尚、测评、美妆、生活和颜值达人（如图6-19所示）。

抖音号类型	抖音号数（个）	曝光量（万次）	互动量（万次）	平均曝光量（万次）
时尚	426 (22.98%)	771.4 (13.44%)	11.5 (8.48%)	1.8
测评	288 (15.53%)	714.5 (12.45%)	15.3 (11.3%)	2.5
美妆	281 (15.16%)	527.3 (9.19%)	23.3 (17.24%)	1.9
生活	171 (9.22%)	375.8 (6.55%)	6.1 (4.48%)	2.2
颜值达人	121 (6.53%)	219.8 (3.83%)	4 (2.97%)	1.8

▲图6-19

（数据来源：蝉魔方）

线下渠道搭建：Spes在创立初期就开始有意识地布局线下渠道，在2021年年初正式入驻盒马，同时与KKV、调色师、三福等都建立了深度合作，从新零售渠道和新兴美妆集合店切入线下渠道，逐步渗透"Z世代"、新锐白领人群。2022年，Spes逐步进入线下商超等渠道。在年轻的"Z世代"消费者中，

KKV、调色师等线下渠道因其高颜值的空间设计、高性价比的选品、快时尚的跨界创新，快速席卷年轻人的社交圈。Spes对线下渠道的系统化布局，为渗透目标人群打下了坚实的渠道基础。

4．探索消费者自己都不知道的需求

能够帮助品牌分析其在抖音上的受众情绪的途径，既有消费后的"产品评论"，又有内容消费的"互动评论"。品牌要与消费者建联，深层次沟通，不断探索其潜在的需求。品牌可以从电商评论、视频评论、直播弹幕中发现痛点，验证卖点，发现品牌受众和使用场景，优化营销策略，进而提高产品竞争力、推广效率及产品的复购率等。

6.2.4　品牌消费者资产管理

Spes 的人群"破圈"路径如图 6-20 所示。

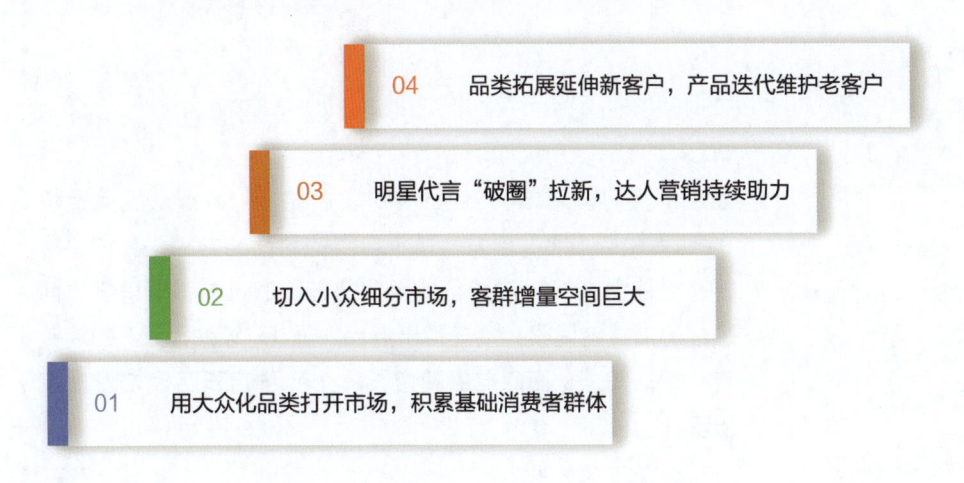

04　品类拓展延伸新客户，产品迭代维护老客户

03　明星代言"破圈"拉新，达人营销持续助力

02　切入小众细分市场，客群增量空间巨大

01　用大众化品类打开市场，积累基础消费者群体

▲图 6-20

6.3　总结：先打造大单品，再复用大单品模式打造大单品矩阵

Spes 打造了多款爆品，并且有持续打造爆品的能力。截至 2023 年 7 月 13 日，如图 6-21 所示，Spes 最畅销的单品依然是免洗空气感蓬松喷雾，可以说免洗空气感蓬松喷雾这一个大单品提升了 Spes 的品牌势能，让更多消费者了解到 Spes 这一新锐黑马品牌。

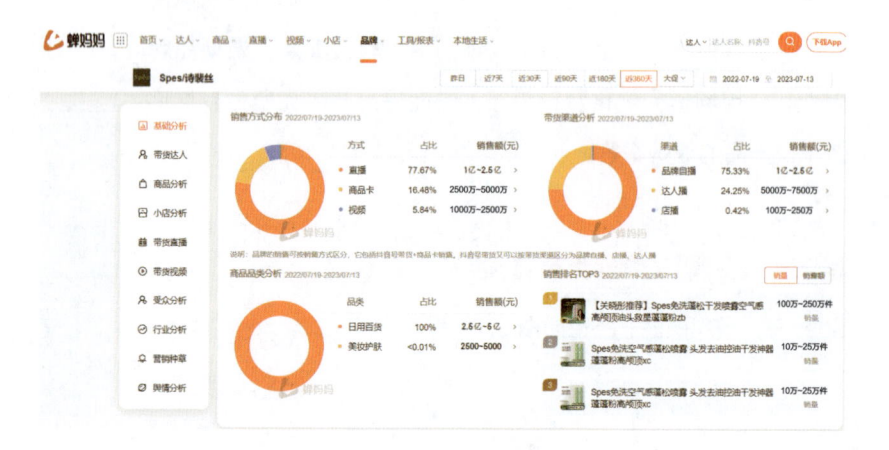

▲图 6-21

（图片来源：蝉妈妈）

最后，我们再总结一下 Spes 的发展路径：Spes 从品牌定位"控油蓬松领航者"出发，基于自身的科研能力和强大的供应链整合能力在头皮洗护行业释放势能，通过内容营销实现前瞻性的消费者洞察，接连推出爆品，强化"控油蓬松"的消费者心智认知，从而完成品牌增长。Spes 的增长路径如图 6-22 所示。

01 定位消费者痛点

02 瞄准市场

03 研发新品

04 多渠道推广

▲ 图 6-22

小贴士：
同一个品牌打造爆款的路径很相似，通常先以一个单品找到成功的路径，再复制出更多的成功单品。

第 7 章

七匹狼：夹克专家的品牌焕新开启新增长

面对男装市场的高度同质化竞争，七匹狼在 2022 年的营业收入为 32 亿元，全年净利润为 1.5 亿元。如图 7-1 所示，在经历了前几年的低迷后，七匹狼的利润在 2022 年迎来攀升，并在 2023 年第一季度开了个好头。

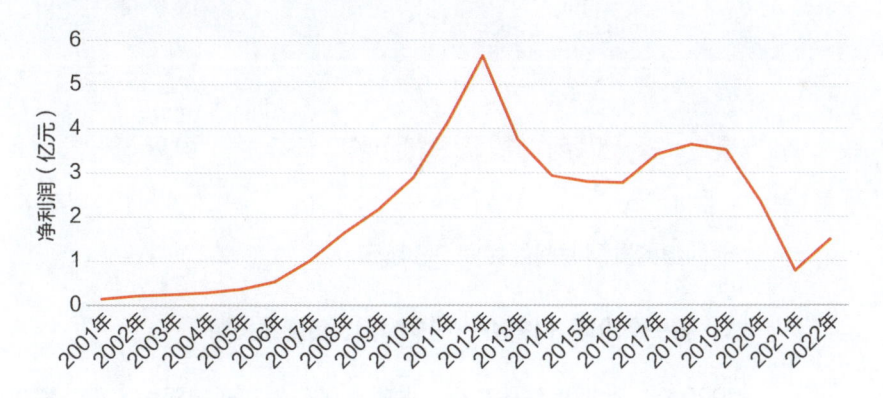

▲图 7-1

（数据来源：七匹狼公开的财报）

七匹狼在逆境中重生，重回增长之路，是因为找到了增长路径。七匹狼从品牌定位出发，始终聚焦夹克市场，坚持为消费者提供更具品质感、设计感的产品。基于消费者洞察，七匹狼针对生活中不同的场景开发不同的产品，以满足消费者多场合的着装需求，产品的热卖带动了品牌增长，并且品牌在此过程中不断地沉淀品牌资产，保持正向发展。在抖音上，七匹狼的销售额增速远超服饰内衣大类及男装行业的销售额增速，如图 7-2 所示。下面重点介绍七匹狼在抖音上的增长。

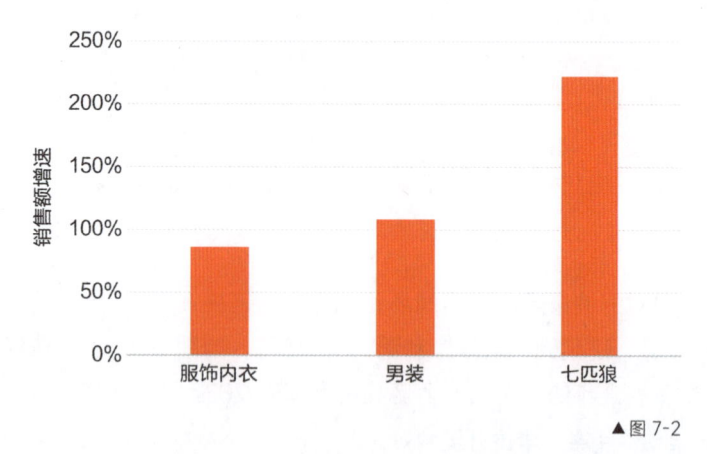

▲图 7-2

（数据来源：蝉妈妈）

7.1 七匹狼的发展时间线

七匹狼的发展时间线如图 7-3 所示。

1. 第一个阶段（1990—1997 年）：品牌成长期

1990 年，七匹狼注册商标，并推出了备受欢迎的双面夹克，瞬间火遍大江南北，迅速赢得了消费者的青睐。当时，正值中国改革开放，七匹狼以其独特的设计和优质的品牌，引领着消费者的穿搭观念升级。在这个阶段，七匹狼崭露头角，成为中国男装行业的领军品牌。

第 7 章　七匹狼：夹克专家的品牌焕新开启新增长 | 213

第一个阶段（1990—1997年）

1990年
- 七匹狼创立，成为中国服装行业开创性品牌
- 6月，七匹狼双面夹克上市，产品畅销大江南北

1993年
- 七匹狼全面导入CIS企业形象识别系统，成为服装行业最早导入CIS系统的企业之一，一个独具个性的七匹狼品牌新形象从此诞生

第二个阶段（1998—2005年）

1998年
- 七匹狼荣获第二届中国服装设计博览会最高奖：金顶奖，奠定了七匹狼男装在中国男装界中领军者的地位

2000年
- 七匹狼发展股份公司成立，标志着"七匹狼"的规范经营向现代化企业迈进

2004年
- 七匹狼在深圳证券交易所成功上市

第三个阶段（2006年—至今）

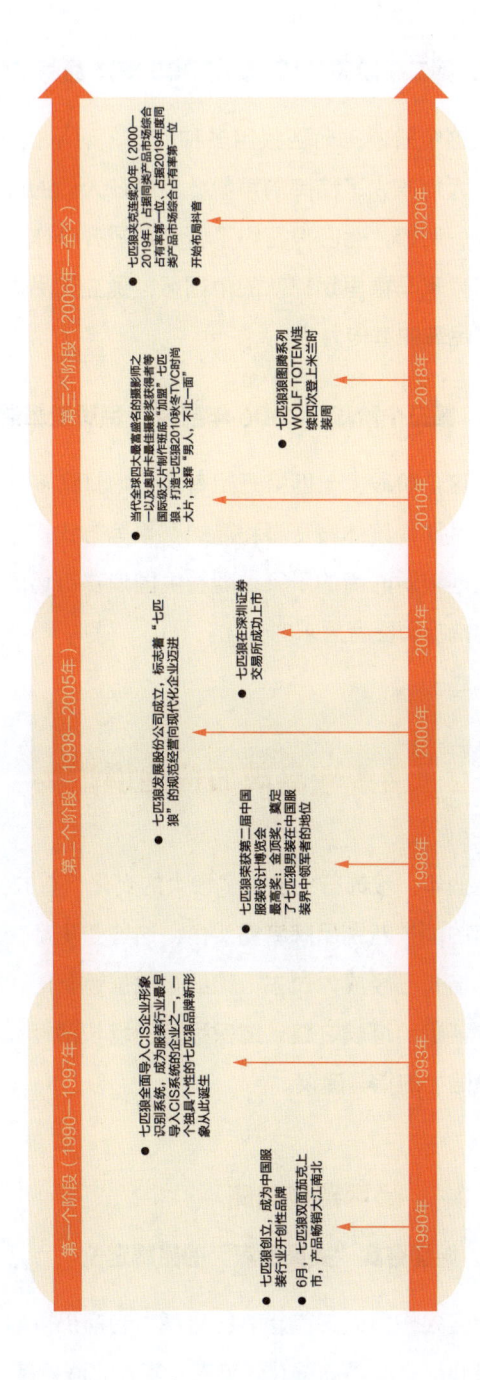

2010年
- 当代全球型大最富盛名的摄影师之一以及奥斯卡最佳摄影奖获得者国际级大片制作班底"加盟"七匹狼，打造七匹狼2010秋冬TVC时尚大片，诠释"男人，不止一面"

2018年
- 七匹狼狼图腾系列 WOLF TOTEM连续四次登上米兰时装周

2020年
- 七匹狼夹克连续20年（2000—2019年）占据同类产品市场综合占有率第一位，占据2019年度同类产品市场综合占有率第一位
- 开始布局科普

▲图 7-3

2. 第二个阶段（1998—2005 年）：品牌扩张期

在这个阶段，七匹狼用多种活动、明星代言和体育赛事赞助，极大地放大了品牌的声量，并且在人们的心中留下了极深的印象。例如，七匹狼签约了著名歌星齐秦作为品牌代言人，赞助了皇家马德里足球队的中国行，确立了品牌的领先地位，提升了品牌的宣传力度。

3. 第三个阶段（2006 年至今）：品牌变革期

在这个阶段，七匹狼开始有意识地打造多元化的品牌文化，通过赞助传统体育赛事和高端赛事等方式，让更多消费者感受到七匹狼对时尚的引领。随着中国消费市场的发展，七匹狼敏锐地捕捉消费者需求的变化。

7.2　传统老品牌如何绝境重生

近些年，服饰行业发生了极大的变化，有的头部品牌隐退江湖，有的国产新锐品牌崭露头角，这些变化都在告诉所有品牌狂飙的增长已经成为过去，精细化数据运营时代已来临。下面通过七匹狼的增长之路，窥探品牌的增长路径，希望给老品牌一些策略上的指导建议。

7.2.1　品牌定位战略

1. 继续夯实"夹克专家"的品牌定位

七匹狼作为以夹克起势的品牌，当前仍以男装为主、以夹克为核心品类，不断强化"夹克专家"的消费者认知。2022 年，七匹狼已连续 22 年稳居中国夹克市场综合占有率第一名。在抖音上，七匹狼的夹克的销售额位于男装夹克销售额的第 7 名（如图 7-4 所示）。

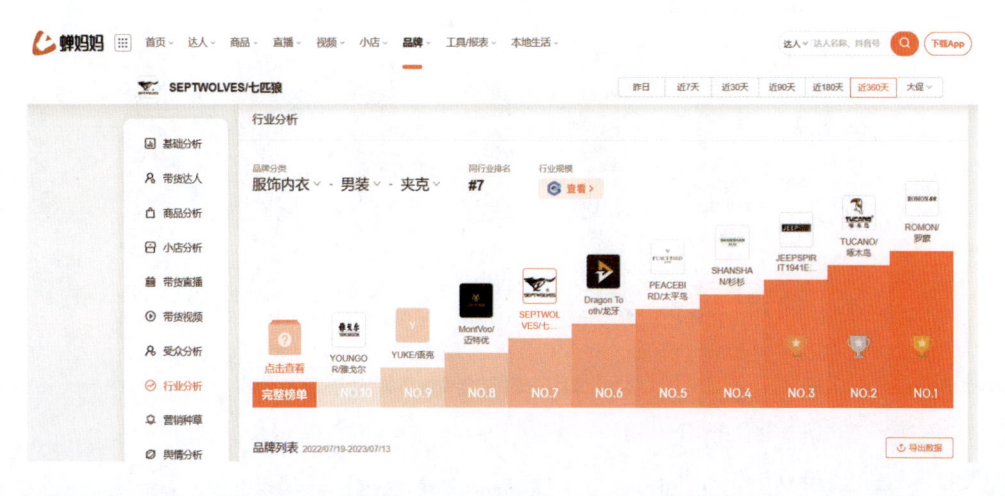

▲图 7-4

2. 将环保、艺术、人文融入品牌理念中

七匹狼在发展的同时，不忘投身于环保公益事业，尤其在保护野生动物上。2022 年，七匹狼认养了红山动物园的狼"沃夫"。七匹狼不断地将环保、艺术和人文融入品牌理念中。

7.2.2　品牌定位赛道

1. 男装市场的整体规模较大，线上发展空间辽阔

随着社会经济迅速发展，中产阶级的数量增多，"Z 世代"的消费能力加强，男装市场正迎来消费升级。男装市场的消费者不再仅仅满足于购买基础款，而是更加注重显年轻、百搭、时尚的休闲化服装，男装市场规模持续扩大。Euronmonitor 前瞻产业研究院的数据显示，预计 2027 年中国男装市场规模将达 7401

亿元，2022—2027年复合增长率为3.43%，男装市场规模大，增速可观，如图7-5所示。

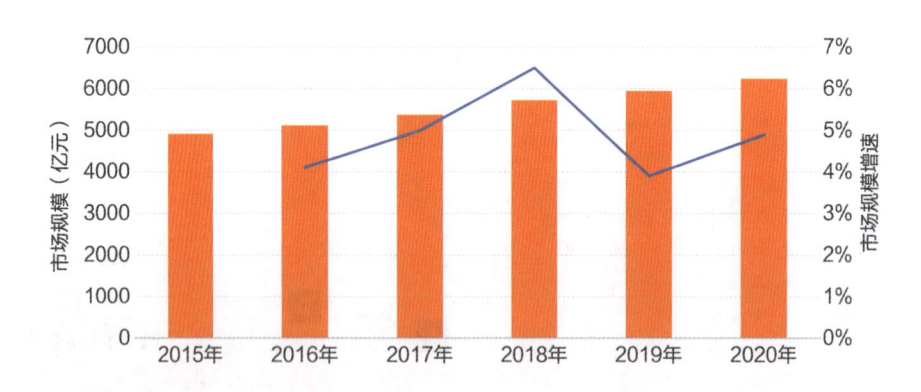

（a）2015—2020年中国男装市场规模及增速

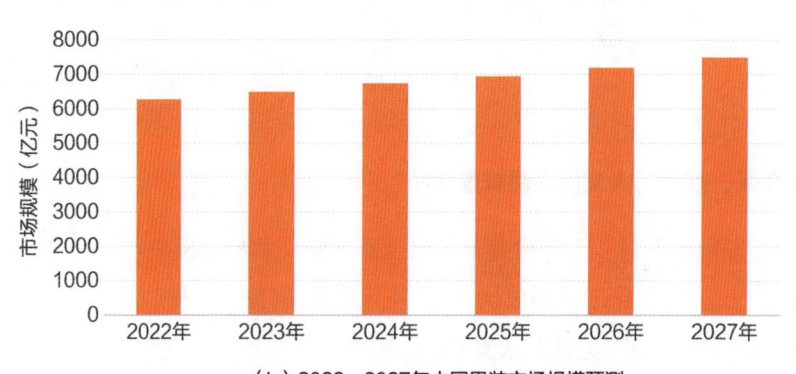

（b）2022—2027年中国男装市场规模预测

▲图7-5

图7-6为抖音的男装综合指数和男装搜索指数。图7-7为抖音的男士穿搭综合指数和男士穿搭搜索指数。无论是搜索指数还是综合指数都在稳步增加，这也从侧面反映出当前消费者对男装的关注度持续增加。综上所述，男装线上市场发展前景广阔。

■ 男装综合指数　■ 男装搜索指数

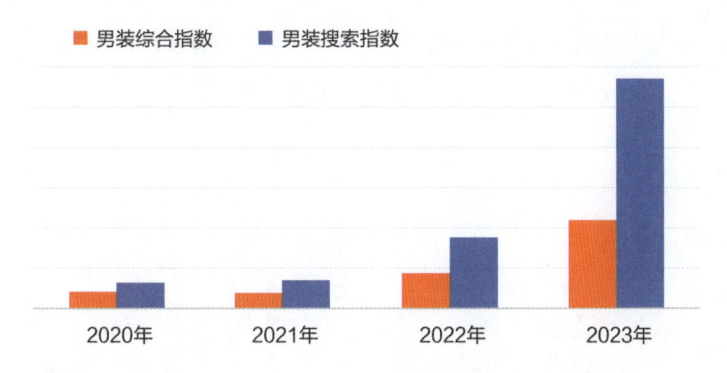

▲图 7-6

（资料来源：巨量算数）

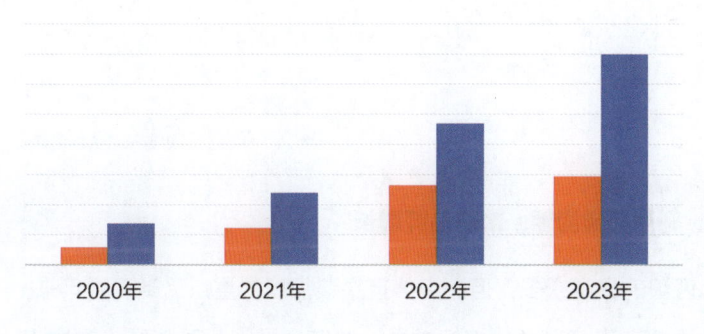

▲图 7-7

（资料来源：巨量算数）

2. 搭乘"门店 + 电商快车"，男装行业再次迎来高速发展

中国男装行业当前发展较为成熟，线上渠道的成熟更让男装品牌的销售方式多样化。从中国代表性男装公司的线上收入情况来看，2021 年，太平鸟的线上收入最高，为 33.66 亿元，线上收入占比为 30.83%；海澜之家的线上收入为 28.30 亿元，线上收入占比为 14.02%；七匹狼的线上收入为 14.35 亿元，但线上收入占比高达 40.83%。七匹狼通过搭乘"门店 + 电商快车"，再次迎来高速发展。在线上渠道中，抖音近两年的男装销售额

呈波动式上涨（如图 7-8 所示），2022 年男装销售额同比增速高达 108%，远超社会消费品整体销售额的增速。

■ 抖音销售额

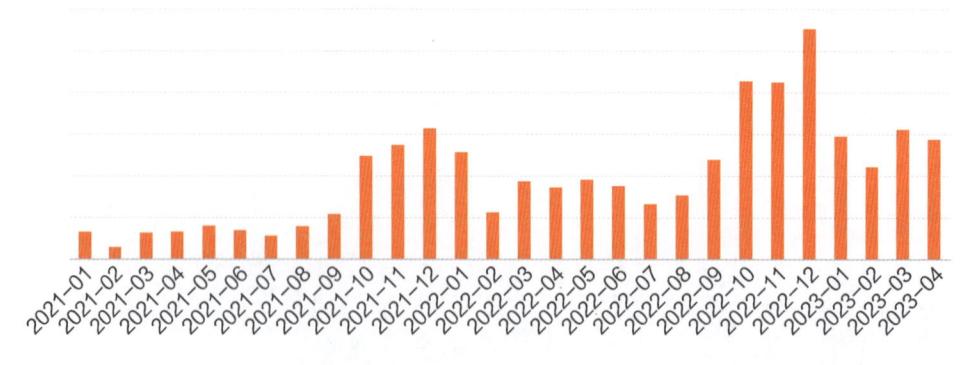

▲ 图 7-8

（数据来源：蝉妈妈）

3. 利用品类势能，带动品牌增长

七匹狼的品类众多，但夹克一直是该品牌的重点品类。近年来，七匹狼在夹克品类上持续发力，如在中国国际时装周上主推夹克、举行线下专场夹克新品发布会、在夹克面料研发上不断投入等，营销力和产品力不断提高，深耕夹克行业。在入驻抖音时，七匹狼坚定地选择了夹克市场。

七匹狼具有市场优势，从抖音的男装市场销售额来看，羽绒服的销售额位于第一，夹克的销售额位于第四，这两个品类都处于男装市场的头部位置，其中夹克销售额的同比增速也名列前茅（如图 7-9 所示）。

在品牌品类优势和平台品类优势的双重加持下，七匹狼获得了新的增长机会。

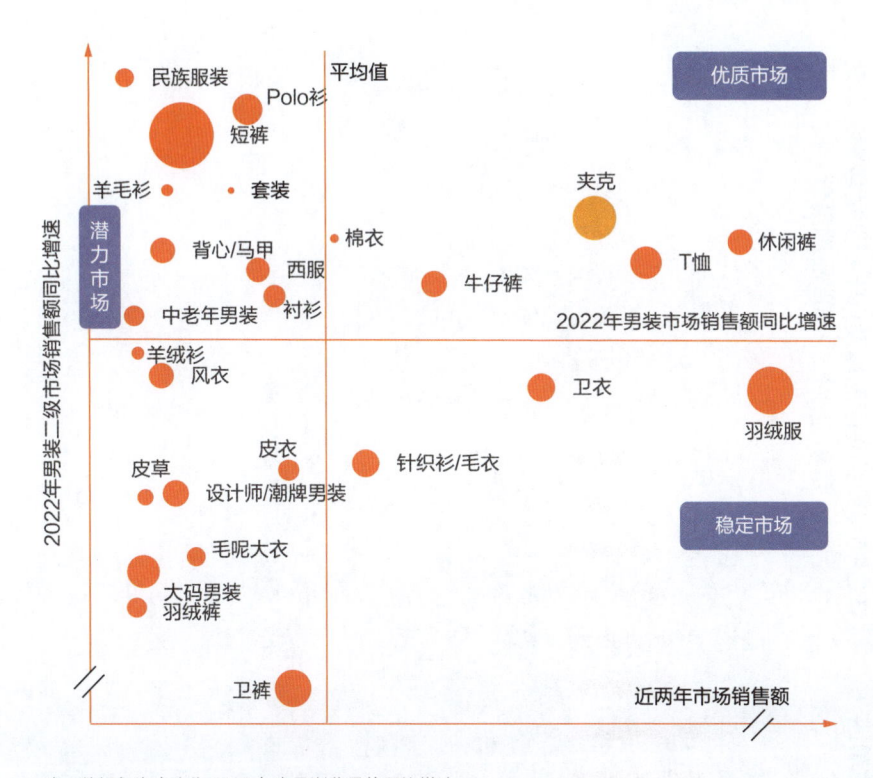

第 7 章　七匹狼：夹克专家的品牌焕新开启新增长 | 219

注：数据气泡大小为 2022 年产品浏览量的同比增速。

▲图 7-9

（数据来源：蝉妈妈）

4. 羽绒服与夹克细分品类头部品牌势能相对较弱，竞争程度偏低

在整个抖音男装行业的细分品类竞争格局中，毛呢大衣、针织衫/毛衣、棉裤等品类销售额的增速远不及 TOP5 品牌销售额的增速，说明此行业内的头部品牌具有较高的话语权，尾部品牌很难切入市场与头部品牌抗衡。对于羽绒服与夹克品类来说，TOP5 品牌销售额的增速不及整个行业销售额的增速，说明此行业的增长势能非常大，头部品牌的供给增长低于消费者的购买需求增长，竞争程度相对偏低，夹克与羽绒服品类的竞争格局分散，品牌入局的机会大，这类细分品类比较适合品牌入局（如图 7-10 所示）。

220 | 先胜而后战——寻找品牌增长确定性

▲ 图 7-10

(数据来源:蝉妈妈)

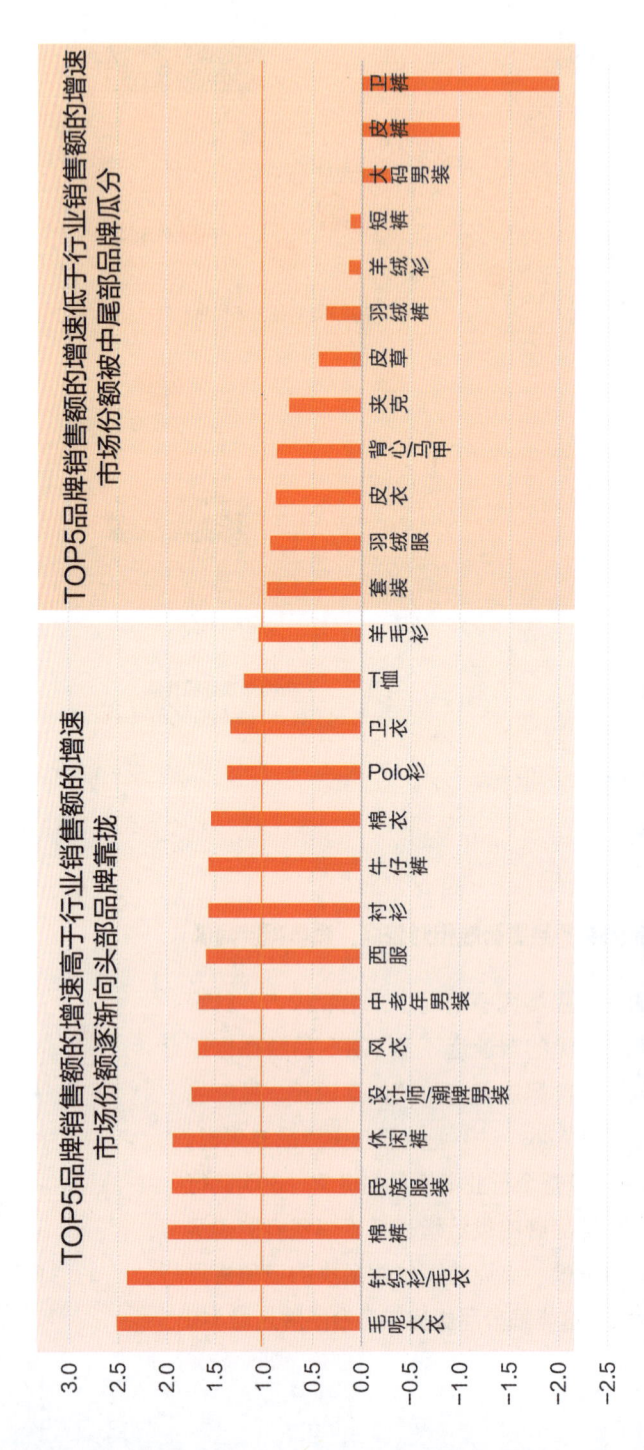

注:TOP5 品牌销售额的增速 / 行业销售额的增速大于 1 被认定为市场竞争格局向头部集中,小于 1 被认定为市场格局相对分散。

7.2.3 消费者洞察

1. 巨量云图发布的八大消费者定义及男装风格偏好

不同标签人群的消费趋势各不相同。从巨量云图官方发布的男装消费趋势中可以看到（如图7-11所示）：年轻的消费者更注重潮流设计感；有一定消费基础的中年消费者更注重衣物的实用性和质量；把消费者年龄再提高，超过50岁的消费者更看重性价比。不同年龄层的消费者的消费习惯都不相同，对于不同的人群，品牌应该先了解他们的消费习惯，再推出合适的产品，并制定合适的营销策略。

> **小贴士：**
> 年轻、消费力强的消费者成为很多品牌的目标消费者。如今，50多岁的消费者也是"宝藏消费者"，这部分消费者数量多，大多会用智能手机，有稳定的收入，有时间，是内容电商的重要流量。

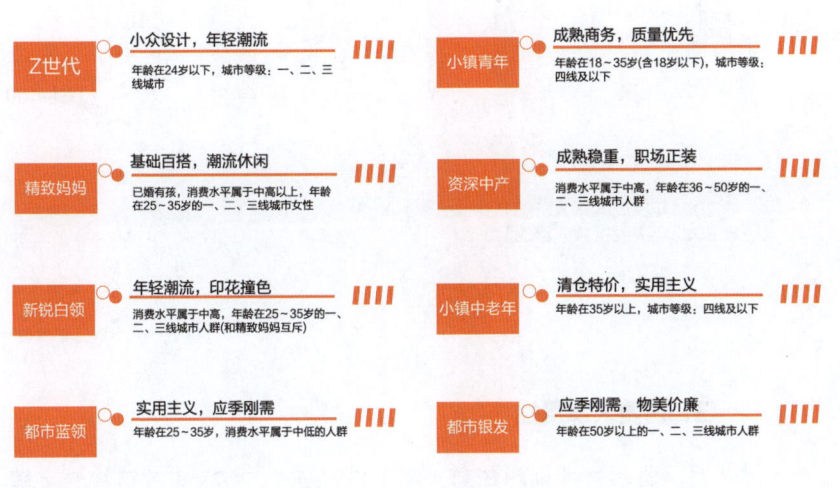

Z世代	小众设计，年轻潮流 年龄在24岁以下，城市等级：一、二、三线城市	**小镇青年**	成熟商务，质量优先 年龄在18～35岁(含18岁以下)，城市等级：四线及以下
精致妈妈	基础百搭，潮流休闲 已婚有孩，消费水平属于中高以上，年龄在25～35岁的一、二、三线城市女性	**资深中产**	成熟稳重，职场正装 消费水平属于中高，年龄在36～50岁的一、二、三线城市人群
新锐白领	年轻潮流，印花撞色 消费水平属于中高，年龄在25～35岁的一、二、三线城市人群（和精致妈妈互斥）	**小镇中老年**	清仓特价，实用主义 年龄在35岁以上，城市等级：四线及以下
都市蓝领	实用主义，应季刚需 年龄在25～35岁，消费水平属于中低的人群	**都市银发**	应季刚需，物美价廉 年龄在50岁以上的一、二、三线城市人群

▲图 7-11

2. 兴趣人群属性

对于夹克来说，无论是兴趣人群还是搜索人群，都以男性消费者为主（如图7-12所示）。随着兴趣电商和"种草"平台的流行，夹克品牌逐步抢占了消费者的送礼心智，可以看到女性消费者有一定的增加。从年龄上来看，夹克的兴趣人群当前主要是31～40岁的人群，说明此年龄段的消费者的兴趣最强，也从侧面反映出这个年龄段的消费者的消费意愿较强。搜索人群的年龄整体上向年轻化偏移，说明年轻的消费者对夹克这类产品也有一定的穿着需求。

■ 2021年夹克兴趣人群的TGI
■ 2022年夹克兴趣人群的TGI

人群	女性消费者	男性消费者	18~23岁	24~30岁	31~40岁	41~50岁	超过50岁
兴趣TGI	68	138	39	79	249	118	109
搜索TGI	-82	116	164	142	-89	-88	47

TGI=100

■ 2021年夹克搜索人群的TGI
■ 2022年夹克搜索人群的TGI

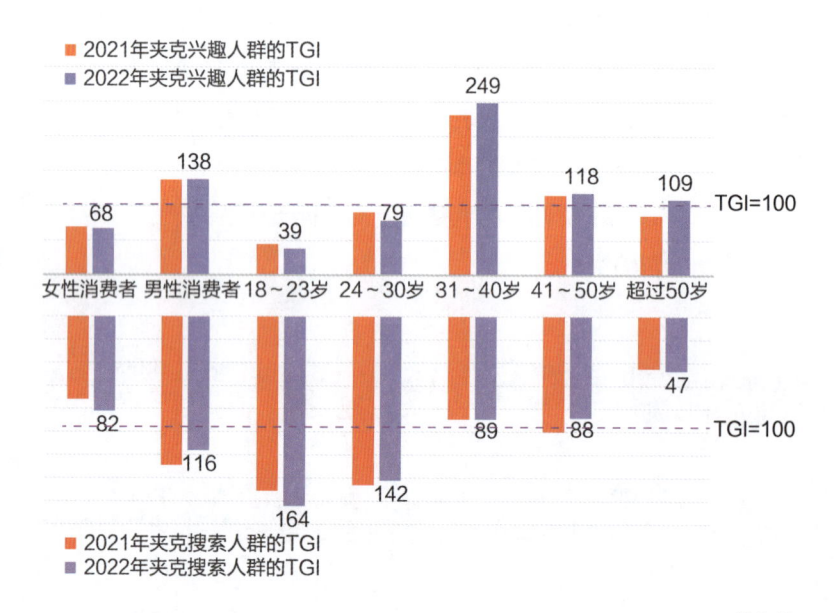

▲ 图 7-12

（数据来源：巨量算数）

3．消费人群属性

（1）消费者性别和年龄。图 7-13 所示为 2023 年 3 月抖音上男装的消费者性别和年龄分析。图 7-14 所示为 2023 年 3 月抖音上夹克的消费者性别和年龄分析。夹克的男性消费者购买销售额占比较高，但略低于男装整体的男性消费者购买销售额占比，31～40 岁的消费者的购买能力强，41～50 岁的消费者的行业忠诚度高。

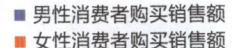

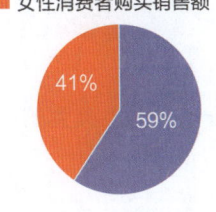

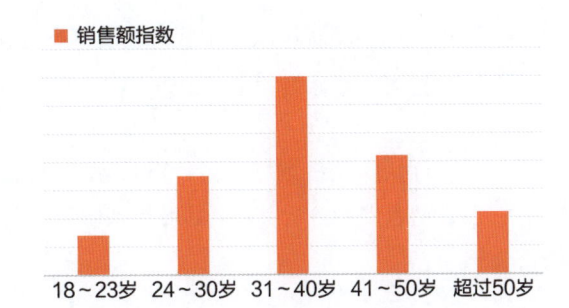

▲图 7-13

（数据来源：蝉妈妈）

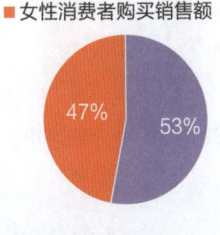

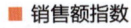

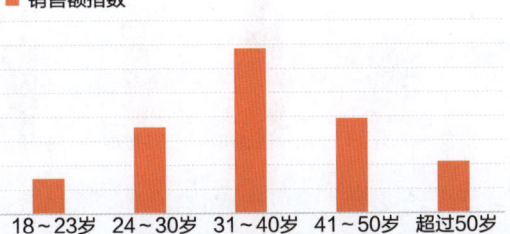

▲图 7-14

（数据来源：蝉妈妈）

从年龄分布上来看，无论是男装还是其细分的夹克，31～40岁的消费者都是最核心的消费群体，41～50岁与24～30岁两个年龄段的消费者的夹克销售额指数相差不多，并没有显示出与男装的销售额指数较为明显的差别，也从侧面印证了年轻用户作为潜在的消费群体，对夹克这类产品也有一定的穿着需求，而在消费者性别方面，男性消费者的比例高于女性消费者，但与男装消费者的性别分布相比，夹克的女性消费者占比更高一些，品牌可以从中获得启发，在经营过程中需要关注女性消费者的购物需求，例如自穿和送礼。

（2）消费者地域。图 7-15 所示为 2023 年 3 月抖音上夹克的消费者地域分析。新一线城市消费者的消费能力最强。

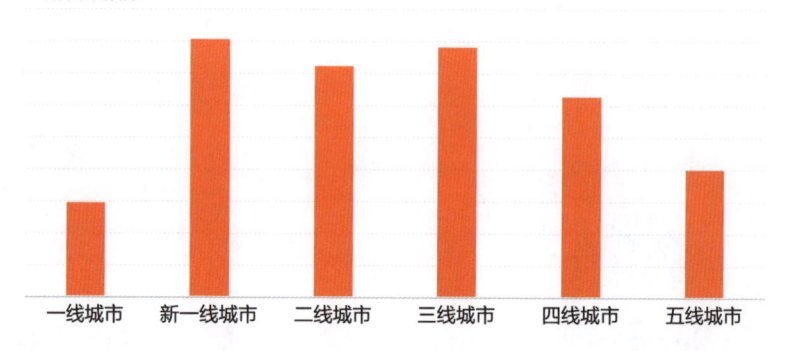

▲图 7-15

（数据来源：蝉妈妈）

对于夹克来说，从消费地域来看，新一线城市、二线城市和三线城市消费者的消费能力位于前三，夹克品牌应该重视这些城市。

4. 搜索需求

图 7-16 所示为 2021 年和 2022 年消费者对夹克这个关键词搜索需求的变化。品牌可以从面料和工艺、场景需求、款式需求、搜索的品牌、关联品类 5 个方面对关键词进行归类，并对比 2022 年新增的关键词，挖掘出消费者需求的升级点，有效地指导产品升级。消费者对面料和工艺的要求不断增加，这要求品牌关注对面料的选择，并在消费者关心的衣服细节中，如下摆、袖口和衣服内里做好工艺处理。场景需求从侧面反映出消

费者穿着衣服的实际场景，如行政和商务等，而适用于这些场景的穿搭也尤为重要。消费者在款式需求方面的关键词有 M65 和 B15 款式，千鸟格和棋盘的设计让衣服在整体设计上更加大胆，在风格上充满个性和年轻活力，符合年轻用户对夹克的需求。搜索的品牌显示了在消费者心目中具有代表性的品牌和产品，这些产品在设计上有吸引消费者的卖点，那些优秀的设计卖点可以被加入产品研发中。关联品类显示出消费者在搜索夹克的同时，还对棉服、皮衣等品类感兴趣。

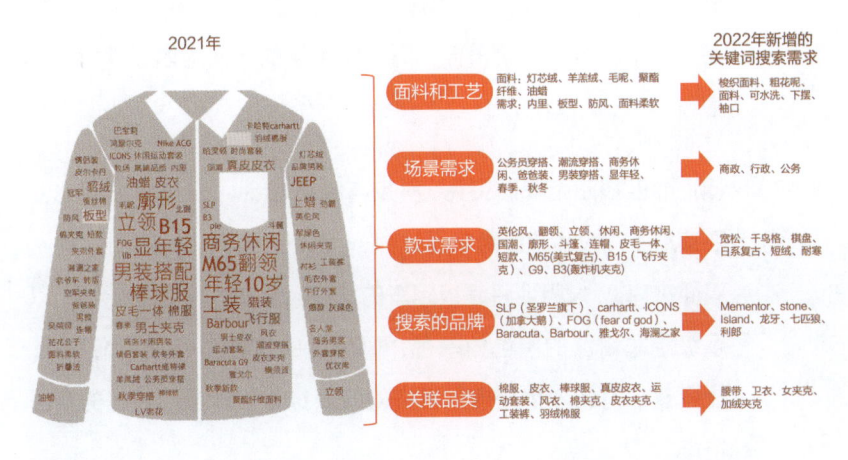

▲图 7-16

（数据来源：巨量算数）

7.2.4 产品企划

1. 吃了定位"老气"的亏，七匹狼决定拥抱"Z 世代"

根据消费人群、着装场合及需求，七匹狼把产品分为流行时尚、行政通勤、户外运动 3 个系列。

（1）打造动物保护公益主题系列夹克——"做 TA 的守护者"。环保是时尚界讨论度最高的话题之一，但并非时尚界的专属话题，已成为全球范围的热点话题。对于环保，不同的品牌从不同的角度给出了不同的答案。七匹狼选择以动物保护为理念，用夹克为载体，思考并探索人类与环境和谐共生之道。动物保护公益主题系列夹克——"做 TA 的守护者"已是七匹狼的一个标志性 IP。

在"做 TA 的守护者"系列夹克中，七匹狼将衣服做成双面的，每面各用一个颜色。大地色系的一面通过满印形式，将动物元素与森林元素用颇具中国风的艺术风格呈现，呼应了陆地环保，衣服材料采用新疆棉，而蓝绿色系的一面犹如在呼应海洋生态。

（2）七匹狼超跑双面夹克：科技与经典融合。2023 年 9 月，七匹狼携手意大利超级跑车设计师 Aldo Cingolani 联名推出"超跑双面夹克"，大胆地将超级跑车的流线元素融入服装设计中，以超级跑车炫酷的黑色为基色，以醒目的红色为点缀装饰其间，让竞速与时装激情碰撞，百搭的双面穿着设计适合更多的穿搭场景。

（3）商务系列夹克让经典延续。七匹狼的商务系列夹克（如图 7-17 所示）十分注重剪裁及设计，整体的剪裁较为经典，在设计上没有冗杂的元素，更能凸显出着装人的品位，看起来更简约。商务系列夹克在抖音上热卖，单款产品的年销售额已突破百万元。产品的核心设计（如袖口调节、内里细节和立领的设计）与消费者需求和痛点都较为契合。

2. 产品定价：线上渠道聚焦中高客单价区域

（1）销量分布。在夹克行业中，100 ～ 200 元是消费者最容易选择的价格带，其次是200～300元的价格带，如图7-18所示。高端市场的成长空间较大。

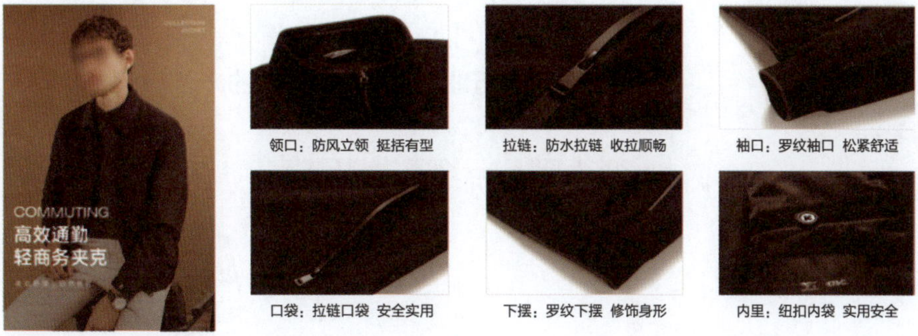

领口：防风立领 挺括有型
拉链：防水拉链 收拉顺畅
袖口：罗纹袖口 松紧舒适
口袋：拉链口袋 安全实用
下摆：罗纹下摆 修饰身形
内里：纽扣内袋 实用安全

▲ 图7-17

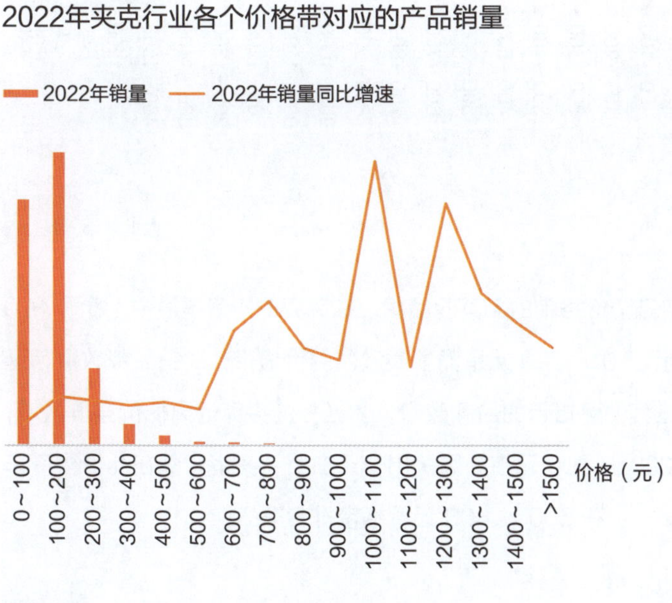

2022年夹克行业各个价格带对应的产品销量

■ 2022年销量　— 2022年销量同比增速

价格（元）：0～100、100～200、200～300、300～400、400～500、500～600、600～700、700～800、800～900、900～1000、1000～1100、1100～1200、1200～1300、1300～1400、1400～1500、>1500

▲ 图7-18

（数据来源：蝉妈妈）

(2) 销售额分布。在夹克行业中，位于100～200元价格带的产品的销售额遥遥领先，其次是位于 200～300 元价格带的产品的销售额，销售额增速最快的是 600 元以上的产品，如图 7-19 所示。

2022年夹克行业各个价格带对应的产品销售额

▲图 7-19

（数据来源：蝉妈妈）

（3）各个价格带的 TOP5 品牌。在夹克的抖音渠道中（如图 7-20 所示），0～200 元是竞争最激烈的价格带，动销品牌数量远远超过其他价格带的品牌数量。七匹狼的夹克远离低价竞争区域，在 200～300 元市场厮杀出一条血路，其销售额在此价格带排名第一，在 300～400 元价格带排名第二。

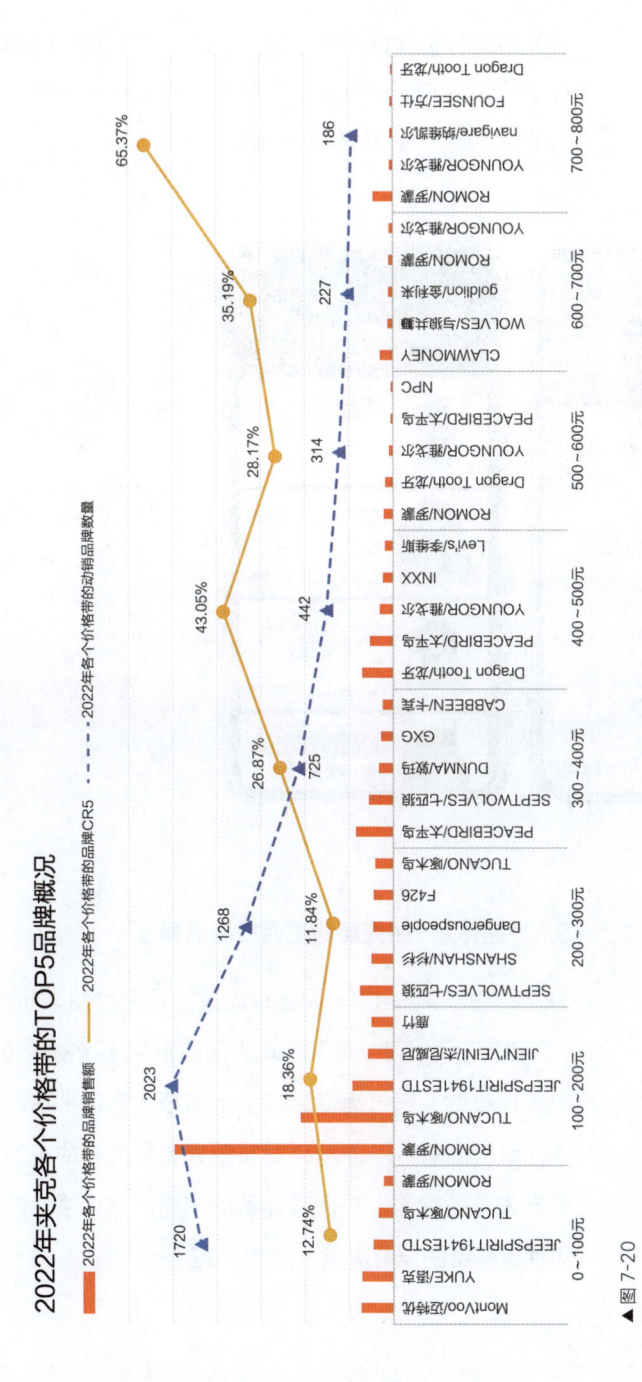

第 7 章 七匹狼：夹克专家的品牌焕新开启新增长 | 229

▲ 图 7-20 2022年夹克各个价格带的TOP5品牌概况
（数据来源：蝉妈妈）

（4）产品分析支持新品上架。七匹狼基于上述介绍的产品企划，在 2023 年秋季把新款夹克的定价由往年常见的 399 元，提升到 499 元和 699 元并热销，图 7-21 所示。

两款秋季新款冲上【抖音电商品牌弹力外套爆款榜】

单款产品价格提高
原价为699元，限时价为499元

单账号的销售业绩提高784%

▲图 7-21

3. 产品体系：始终聚焦夹克核心品类

"夹克"由"Jacket"一词音译而来，是一种舶来品，在 20 世纪 90 年代流行，到今天，已与人们的日常生活密不可分，并演变出多种服装。已过而立之年的七匹狼，坚定不移地以夹克为载体，审时度势，不断地研发新款式和新面料的夹克，打造属于东方独特的审美，并通过完善的夹克产品体系，满足了大多数男性消费者的穿着需求，如图 7-22 所示。

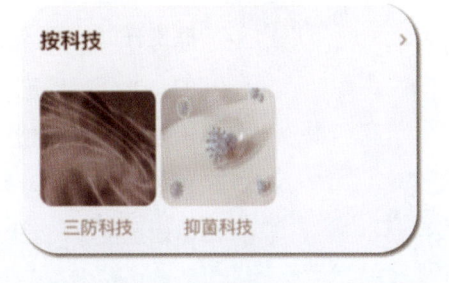

▲图 7-22

4. 产品包装：双面夹克更百搭

(1) 品牌 Logo 设计。七匹狼的品牌 Logo 设计得非常巧妙（如图 7-23 所示），以一头向前奔跑的狼作为设计元素，展现了勇于突破、独具个性的设计理念。狼的形象以昂头挺尾、四脚蓄积爆发的立姿呈现，形成了流线型的整体造型，充满动感。这个设计给人一种奋勇直前的感觉，同时也象征着男人不断开拓的精神。

▲图 7-23

(2)产品设计理念。1995 年，七匹狼推出首款双面夹克，其广告语为"男人，不止一面"，让这种可以双面穿着的夹克形态深入人心。这句广告语戳中了很多男性消费者的内心，在面对家庭责任时，男人是坚强的，但是在面对妻子、孩子时又是脆弱的。七匹狼的产品设计理念是希望男人既能独当一面，也懂得享受生活，以简约净色征服所有"本不可能"。同时，七匹狼洞察到夹克对消费者的价值是"百搭"，且双面夹克能够满足更多风格与场景的穿搭需求。

7.2.5　利用渠道优势扩大品牌宣传

1. 利用品牌优势，拥抱青年群体

(1)微博：与《中国青年报》联名宣传。2020 年 10 月，七匹狼与《中国青年报》跨界联名宣传，以"强国青年，风华正茂"作为联名宣传主题。此次合作邀请了媒体人、抗疫医生、先锋设计师和音乐人等联名发声，从中国新一代青年的世界观、人生观、价值观的角度，展现新时代中国青年的精神面貌。七匹狼作为中国服装行业的领导品牌，不断地向社会传递正能量，唤醒和激发每个人心中的"狼"性精神，借力推出最时尚的夹克。

(2) 抖音：发起"狼系型动焕新我"活动，实现由点到线、点线成面的倍增式传播。2021年4月，七匹狼在抖音上发起了"狼系型动焕新我"活动，鼓励消费者在镜头下展现不同面的自己，这个活动在10天内得到了将近3万条变装视频，话题的曝光量高达7.8亿次，相关视频累计获得将近900万次点赞。通过抖音的此次活动，七匹狼在服饰鞋帽品牌榜由第13名上升至第2名，粉丝数暴涨，触达了海量的消费者。2021年，七匹狼线上渠道的收入飞涨，占了总销售额的40%。

2．圈定目标人群，精准推送产品

想要拓展年轻消费者的七匹狼，在营销上也做了升级，在2023年第一季度交出了一个亮眼的财报成绩。

(1) 线下渠道：启动门店的升级转型。2023年，七匹狼主动改变原有的门店模式，对传统的代理商体系进行优化，改变合作管理模式，增加直营店的数量，提高线下渠道管理的质量，加强对终端的控制能力，同时门店也改造为时尚装修风格的，以吸引年轻消费者。

(2) 线上渠道：短视频"种草"+KOL直播，构建销售转化触点。在线上渠道，七匹狼逐步扩大了自己的电商经营矩阵，利用抖音、微信小程序和会员制辐射全国，尽最大可能拉新，同时也便于消费者及时复购。

① 营销节奏：视频"种草"先行，直播紧随其后。从近两年的品牌营销节奏来看（如图7-24所示），七匹狼都采用了视频"种草"先行，随后加大直播力度进行流量转化。最明显的是，在2022年"双十一"大促活动期间，视频数量在10—11月明显增

多，在 11—12 月加大直播力度，最终销售额在 2022 年 12 月达到全年最高。在视频上，七匹狼利用头部 KOL+ 腰部 KOL+UGC 对消费者进行深度"种草"；在直播上，七匹狼利用明星 + 头部主播 + 店铺直播实现及时"种草"和转化。

七匹狼在抖音上的月销售额

七匹狼品牌营销节奏

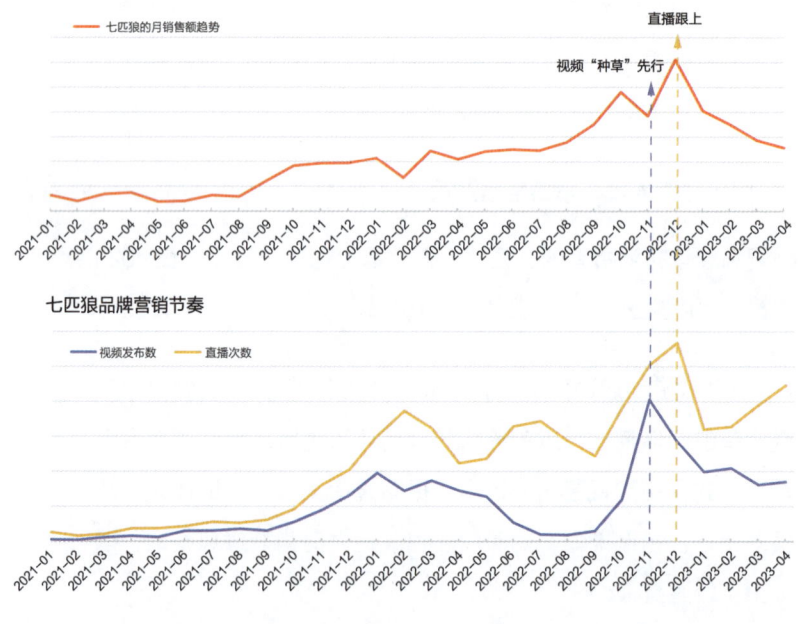

▲图 7-24

（数据来源：蝉妈妈）

② 视频"种草"：KOL 原创视频，大量蓄水目标用户。2022 年 9 月，七匹狼联合多位头部 KOL，打造了符合品牌调性的内容（如图 7-25 所示）。七匹狼在与头部 KOL 周亦燃的合作中，通过剧情软植入，讲述总裁有两副面孔，最后展示双面夹克，让广大观众认识了七匹狼的"双面夹克"，升华了整个视频的主题，与七匹狼品牌的"男人，不止一面"的产品理念不谋而合。该视频的传播性极强，曝光量高达 1800 多万次，对品牌和产品都有极大的曝光。在借助明星与头部 KOL 影响力实现品牌持续曝光的

同时，七匹狼还通过抖音的头部和腰部 KOL 及品牌自创的平台活动，引导购买产品的消费者发布着装视频，增加了口碑传播，增加了消费者的信任与忠诚度，从而实现了从 KOL 粉丝到品牌消费者的转化，提高了七匹狼品牌的社交资产价值。

▲图 7-25

七匹狼主要以平台热点 + 穿搭展示进行带货视频创作，激起消费者的消费欲望，大幅度提升了视频挂车的产品的流量，促进成交转化（如图 7-26 所示）。

▲图 7-26

③ 直播转化：明星 + 头部 KOL 组合带货，放大品牌及产品的传播声量。七匹狼邀请了多位明星、头部 KOL 进行直播带货。借助多位明星和头部 KOL 的力量，在有效放大品牌及产品的传播声量的同时，也持续增加了产品在消费者中的曝光，让品牌在消费者视野中高频出现。时尚类型的 KOL 是七匹狼选择的主要的带货 KOL，贡献了将近 74% 的销售额，其次为测评类 KOL 和生活类 KOL（如图 7-27 所示）。

2022年七匹狼带货KOL数量分布

头部KOL占0.09%
肩部KOL占0.31%
腰部KOL占4.22%
尾部及以下KOL占95.38%

2022年七匹狼带货KOL销售额分布

头部KOL占0.34%
肩部KOL占15.06%
腰部KOL占68.36%
尾部及以下KOL占16.24%

七匹狼部分带货KOL类型占比

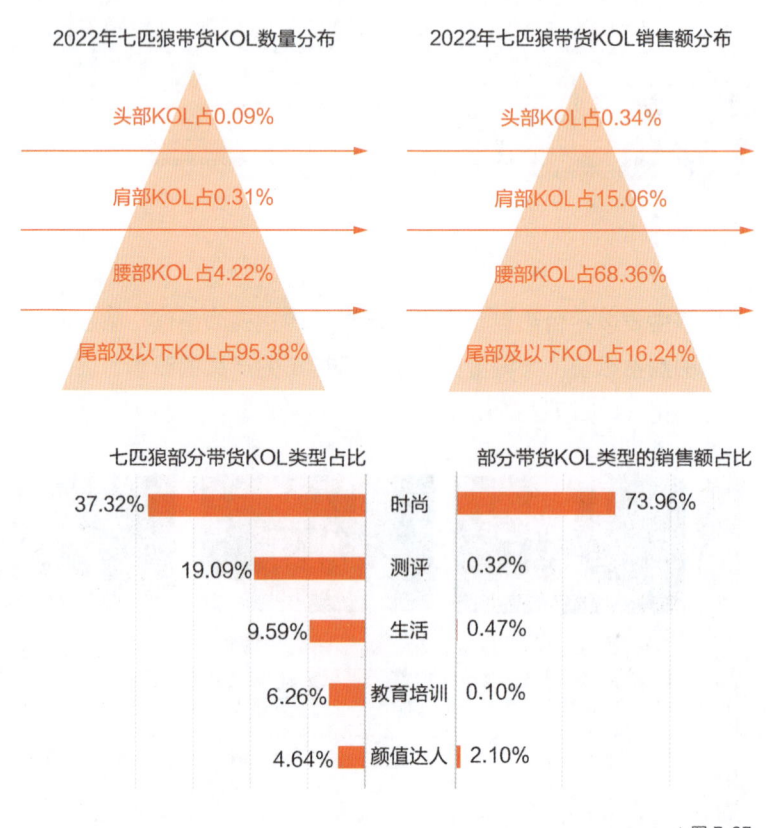

类型	占比
时尚	37.32%
测评	19.09%
生活	9.59%
教育培训	6.26%
颜值达人	4.64%

部分带货KOL类型的销售额占比

类型	占比
时尚	73.96%
测评	0.32%
生活	0.47%
教育培训	0.10%
颜值达人	2.10%

▲图 7-27

（数据来源：蝉妈妈）

3. 找对品类发力，品牌增长乘风破浪

2022 年，七匹狼在抖音上的销售额位于前两名的品类分别是夹克和羽绒服，两者分别占销售额的 18.30% 和 17.16%，合计 35.46%。这两个品类带动了七匹狼在抖音上的突破性增长（如图 7-28 所示）。

七匹狼销售额TOP5品类占比

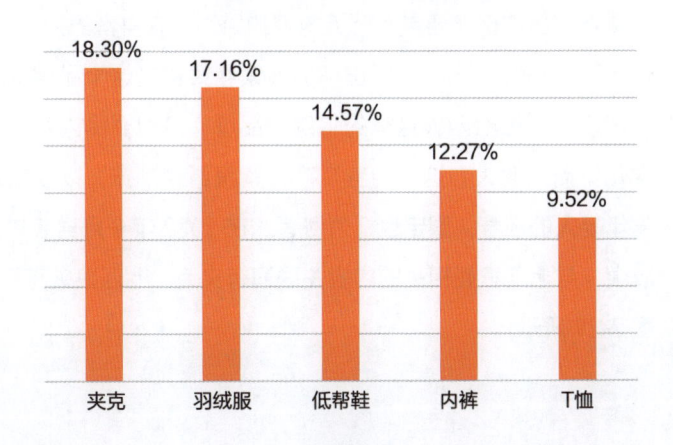

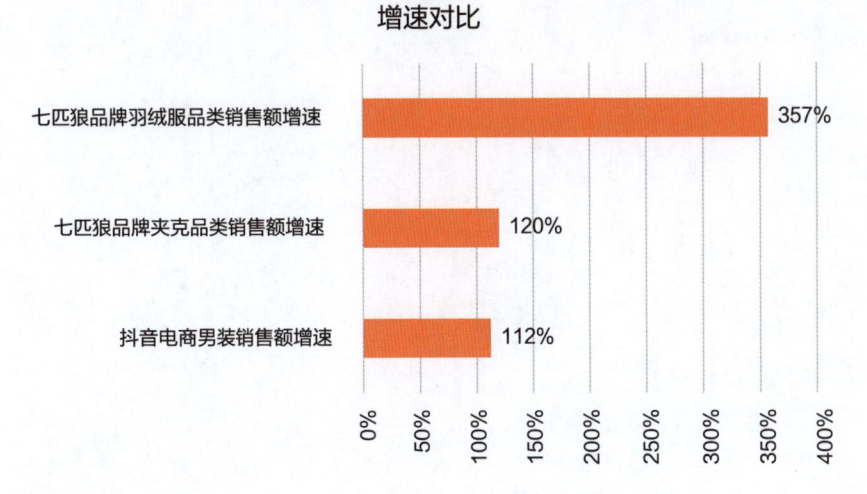

品类	占比
夹克	18.30%
羽绒服	17.16%
低帮鞋	14.57%
内裤	12.27%
T恤	9.52%

增速对比

项目	增速
七匹狼品牌羽绒服品类销售额增速	357%
七匹狼品牌夹克品类销售额增速	120%
抖音电商男装销售额增速	112%

▲图 7-28

（数据来源：蝉妈妈）

7.2.6 品牌的资产运营

品牌究竟可以从哪些方面做好资产运营呢？一是品牌的内容资产运营，二是品牌的消费者资产运营。

1. 品牌的内容资产运营

随着品牌之间的竞争越来越激烈，内容能力对于品牌来说越来越重要，品牌自身要具有沉淀内容的能力。在抖音的搜索框中，输入某个品牌的名字，所出现的搜索结果就是这个品牌的内容资产之一。像七匹狼这样的传统老品牌，不但要将内容资产数字化，而且要大力迭代内容资产，紧跟时代潮流，以便快速进入年轻人的视野，圈定目标消费者。在 2022 年 9 月男装热卖季节中，与七匹狼强相关的内容关联词有夹克、七匹狼夹克等（如图 7-29 所示）。

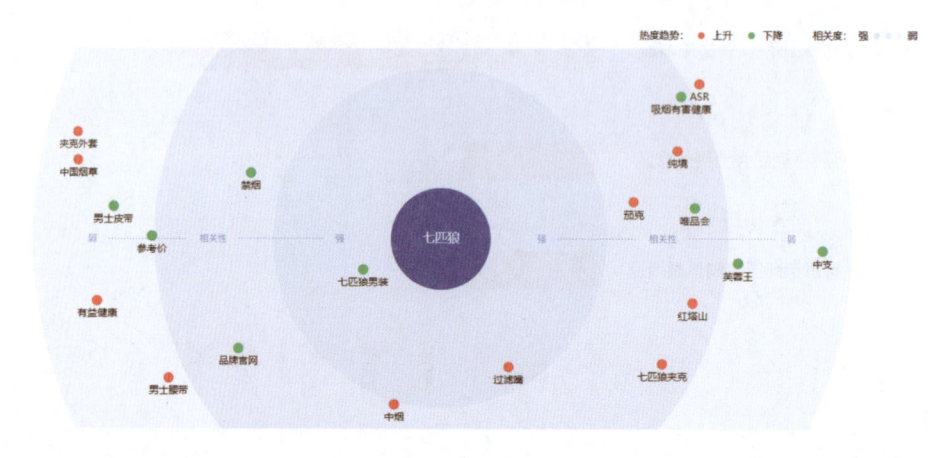

▲图 7-29

第 7 章 七匹狼：夹克专家的品牌焕新开启新增长 | 239

（1）放大种草推广优势。从七匹狼的营销来看，视频种草推广占很高的比重，如图 7-30 所示。做好种草推广能够很好地获得自然流量，为品牌的长效经营打好基础。

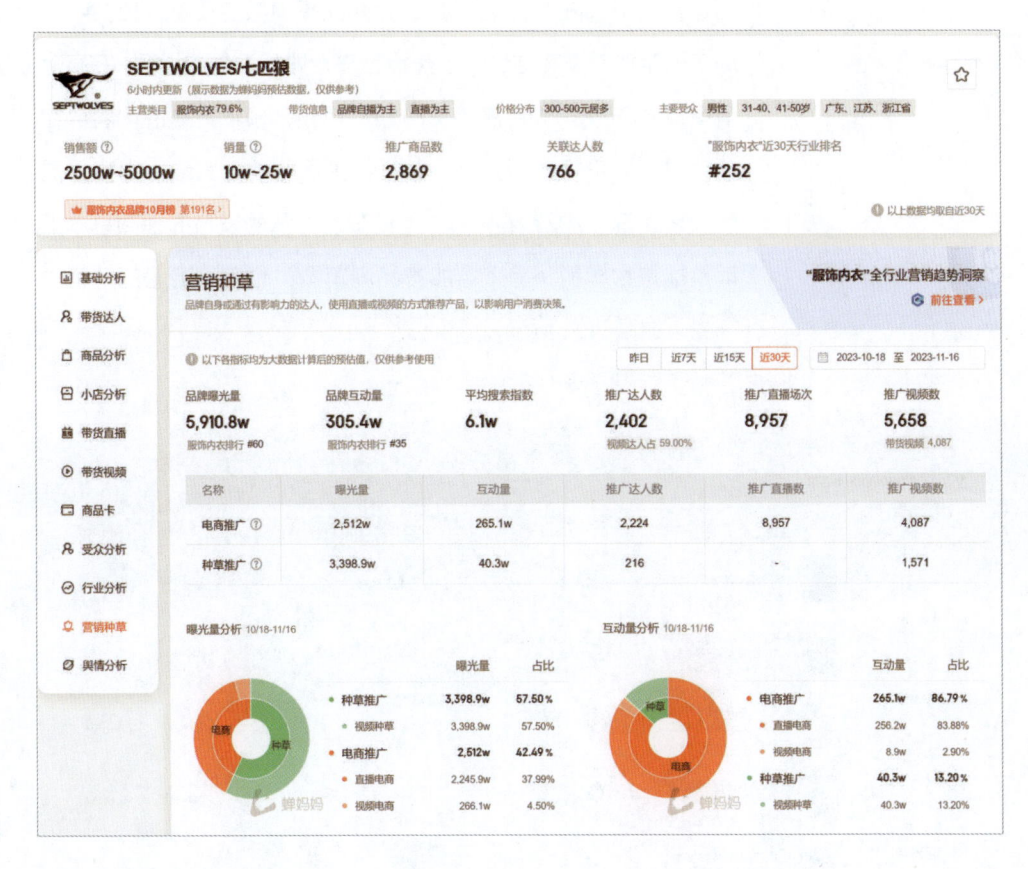

▲图 7-30

(2)品牌官方账号输出内容。要想让品牌官方账号宣传推广的内容获得自然流量，就要知道自然流量的来源有哪些。自然流量的来源以直播推荐页、关注页为主，还包括直播广场和小时榜等页面。品牌可以做以下动作获得自然流量：加强蓝 V 账号的运营，增加发布的视频数量，并提高视频的质量。比如，每周定期制作并发布结合平台热点且符合账号调性的视频；在直播前可以发布一些与直播相关的预热视频，预告直播的内容（如新品发布、价格福利）等，并在评论区与粉丝互动，为直播提前积累人气。2022 年 9 月，七匹狼官方账号发布的视频基本上都是挂购物车的，除了增加产品浏览量，也有一定量的销售额产生（如图 7-31 所示）。

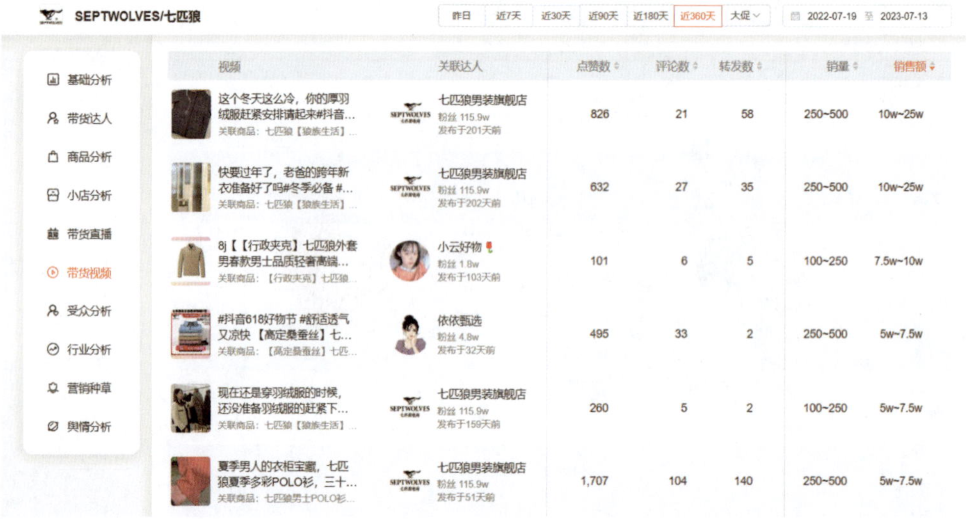

▲图 7-31

（3）消费者的口碑。品牌的内容资产除了品牌官方账号发布的关于品牌的内容，还有消费者购买后的真实评价与反馈。做品牌不能只是一次次在营销项目中冲锋前进，要想让品牌更持续地增长，就要对品牌的内容资产与消费者资产持续运营。从2023年3月七匹狼商品评价词谱的评价维度中可知，消费者更关注的是产品的质量、材质/面料、款式/板型和穿戴感受，如图7-32所示。在整体描述中，消费者会明确肯定该产品值得购买，表示消费者对该产品高度满意。在材质/面料和穿戴感受方面，消费者无一例外地表达出舒服（如图7-33所示）。消费者的口碑，会给品牌带来更多的消费者，也能够直接反映出消费者对品牌的认知感受。真实的消费反馈是品牌最重要的资产，也是非消费者最重要的决策参考。

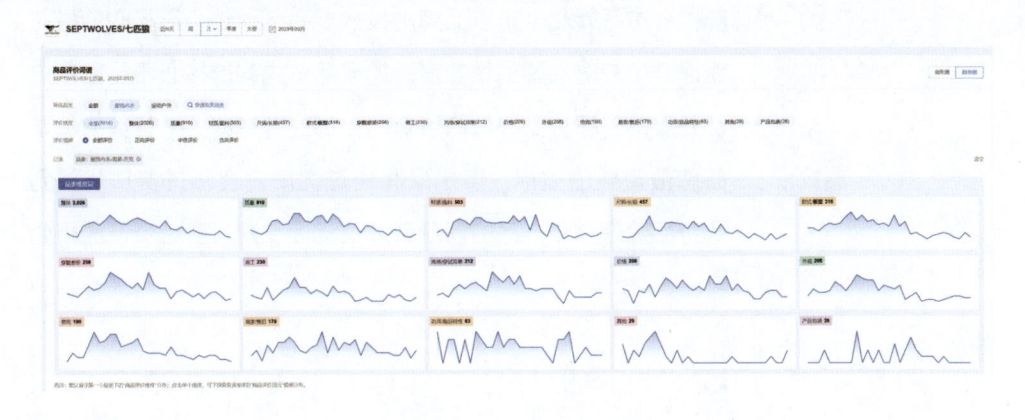

▲图 7-32

▲图 7-33

2. 品牌的消费者资产运营

以前品牌与消费者的关系是单向的，品牌通过层层渠道与供应商，才能触达消费者，但现在"双微一抖"，尤其是抖音的渗透，能够让品牌直接与消费者对话。品牌的消费者资产可以通过品牌内容进行转化，所以品牌的投放要有针对性，最核心的是花钱提升用户对品牌的认知度。如果品牌内容的核心不是围绕这点开展的，那么品牌做的所有动作都是徒劳的。销售额当然是品牌最重要的指标，但是品牌通过优质内容和付费广告找到认可品牌理念和产品的消费者才是沉淀品牌消费者资产的核心手段。

7.3　总结：巩固品牌地位，拥抱年轻群体

随着民族自信不断增加，消费者对衣物的消费重点从"使用刚需"向"文化消费"转变。七匹狼的核心定位也随着时代的潮流而改变，始终与时代同行，主动拥抱年轻群体。从品牌定位到消费者洞察，再到产品企划，最后到品牌资产运营，七匹狼踏踏实实地走好每一步，让品牌不断增长。如图 7-34 所示，七匹狼依然主要售卖男装，其中销售额排名第一的是羽绒服，销售额排名第二和第三的都是夹克（如图 7-34 所示），说明七匹狼先巩固了自身具有优势的品类，再利用抖音特有的内容属性，不断革新品牌印象，从而让年轻用户购买。18～23 岁及 24～30 岁的年轻用户占比明显提升（如图 7-35 所示）。

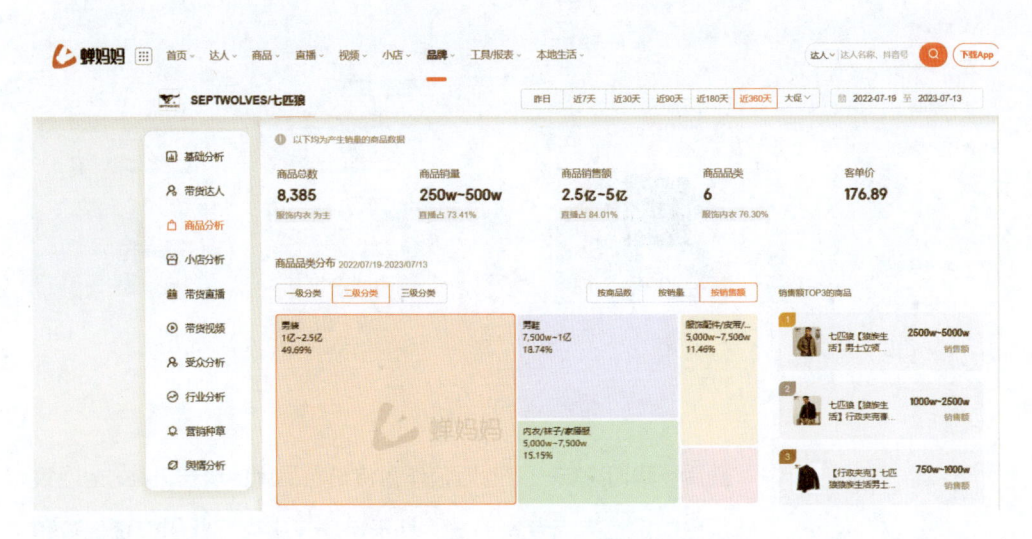

▲图 7-34

▲图 7-35

最后，我们总结一下七匹狼作为传统老品牌的增长之路：七匹狼从品牌定位夹克专家出发，基于自身在夹克行业的传统优势和原有客群，通过消费者洞察，主动拥抱年轻群体，扩大品牌人群圈层，同时不断地革新品牌印象，最终打造出当前消费者喜爱的产品，从而实现了品牌增长，如图 7-36 所示。

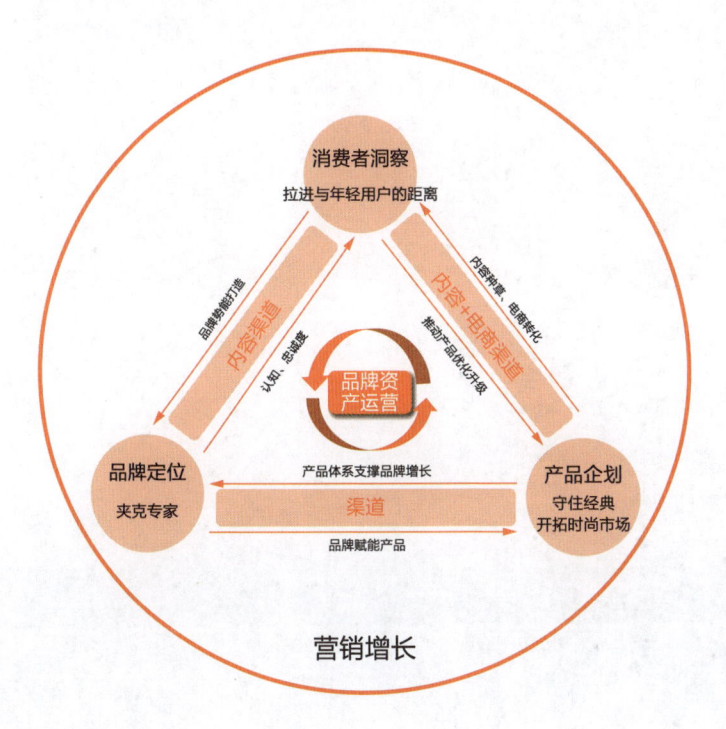

▲图 7-36

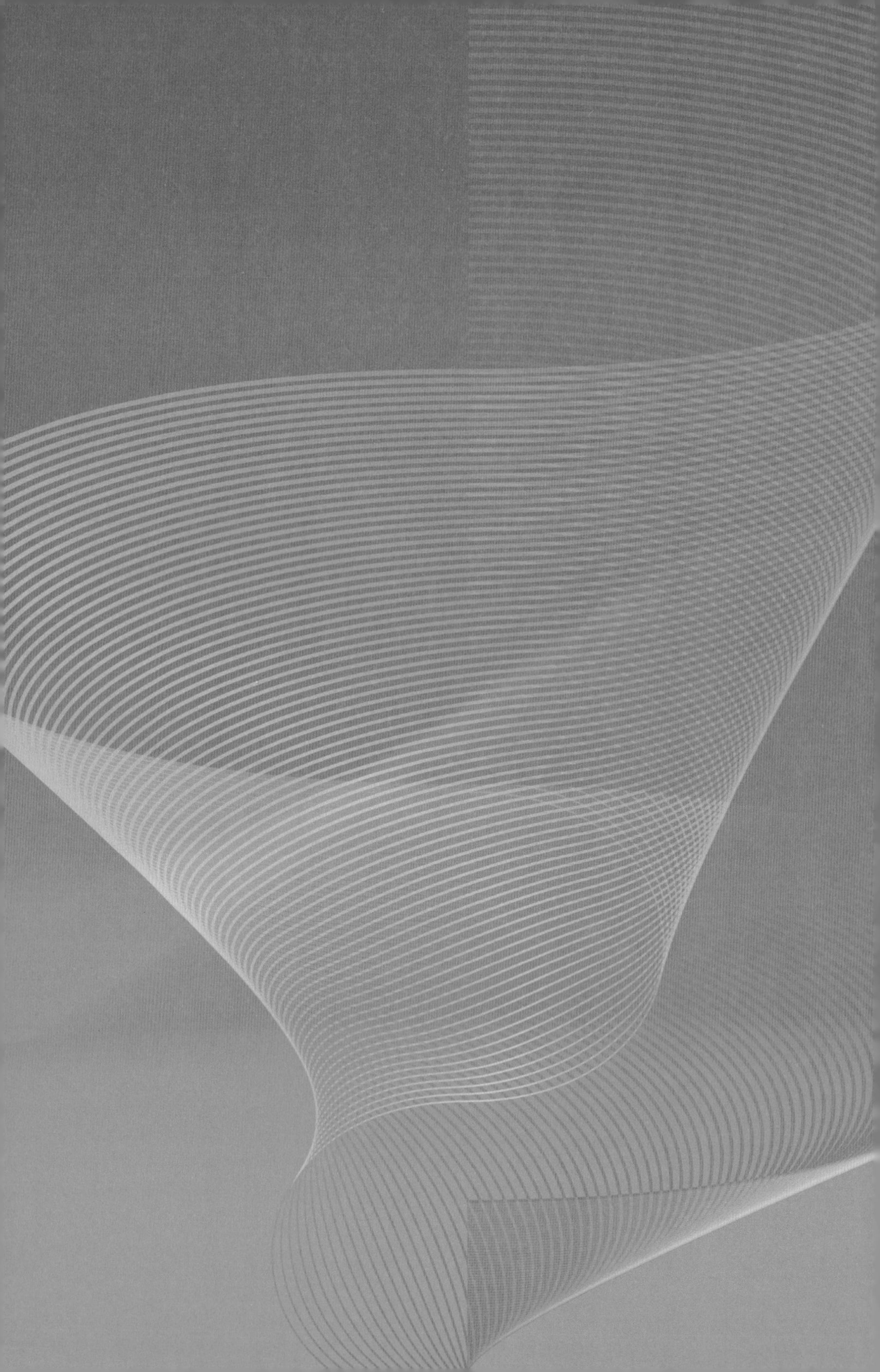

第 8 章

深谙消费者需求，蕉下成功定位为轻量化户外生活方式品牌

8.1 蕉下概况

2013 年，蕉下在杭州成立，并推出首款防晒产品：双层小黑伞。同年，蕉下开始经营天猫店铺。蕉下在占领了防晒伞市场之后，并没有停下脚步，一边不断地升级产品，一边不断地拓展品类和销售渠道，如今的蕉下已经从防晒伞市场一步步地进入了轻量化户外产品市场。蕉下扩增品类成功的方法值得每一个品牌深思与学习。

8.1.1 蕉下发展时间线梳理

蕉下发展时间线如图 8-1 所示。

品牌 1.0 时代：2013 年，蕉下成立。随着人们渴望亲近自然、轻松自在的心态涌现，蕉下率先洞察到户外防护是大多数人去户外时考虑的首要因素，而户外防晒则是户外防护的首要需求。

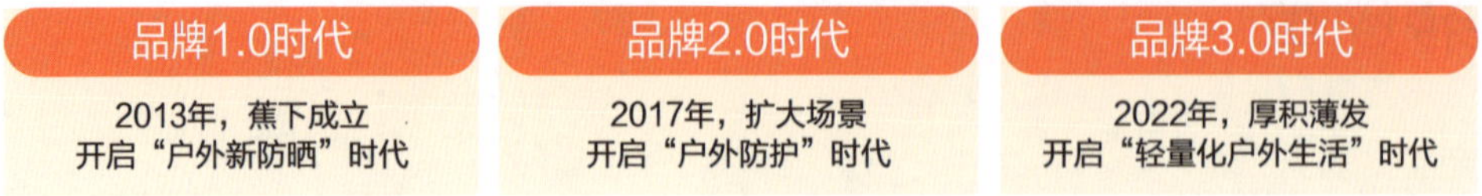

品牌 1.0 时代	品牌 2.0 时代	品牌 3.0 时代
2013年，蕉下成立 开启"户外新防晒"时代	2017年，扩大场景 开启"户外防护"时代	2022年，厚积薄发 开启"轻量化户外生活"时代

▲图 8-1

品牌 2.0 时代：2017 年，蕉下成功地扩大场景。在满足户外防晒这个需求的同时，蕉下感觉到对户外活动的防护应该不局限于此，让人们获得更全面的防护，将让他们更愿意走向户外。

品牌 3.0 时代：2022 年，蕉下厚积薄发，开启"轻量化户外生活"时代。经过近十年对消费者全方位需求的洞察，以及对户外防护技术的积累，蕉下在 2022 年正式提出轻量化户外生活方式的理念，倡导大众以更轻松自在的状态享受户外生活的乐趣。

> **小贴士：**
> 很多品牌主理人认为蕉下是品类拓展"课代表"。蕉下已经成为很多防晒、服饰、户外运动品牌的研究对象。

接下来，我们将重点解读蕉下的防晒产品在抖音上的变化趋势，从"双层小黑伞"到防晒衣，再到如今覆盖全人群、全季节、全品类的轻量化户外产品矩阵。如何洞察消费者需求？如何做好产品？如何将产品推广出去？希望通过本节对蕉下案例的拆解让品牌获得更多关于增长的思考。

8.1.2 蕉下在抖音上的发展概览

蕉下深耕防晒伞市场多年，大多数消费者对其的认知是防晒伞品牌。在第一次扩增品类后，消费者对它的认知从防晒伞品牌变为防晒全品类品牌。随着蕉下不断成功地扩增品类，消费者对蕉下的认知已经从防晒全品类品牌变为轻量化户外生活方式品牌。2021 年，在入驻抖音初期，蕉下的月销售额的变化趋势与抖音整体防晒产品的月销售额的变化趋势相同，但随着蕉下成功地扩增品类，在抖音上蕉下从防晒产品市场进入更广阔的轻量化户外产品市场。蕉下在秋冬季的月销售额的走势与抖音整体防晒产品的月销售额的走势出现明显不同。其中，非防晒产品贡献了主要力量。2022年，经历了8月的平销期，在秋冬季蕉下的月销售额开始上升，也就是说是蕉下布局的非防晒产品开始发力，如秋冬户外防护装备品类的产品（保暖内衣、气绒服、摇粒绒外套等）带动了蕉下的月销售额在秋冬季明显上升，2023年秋冬服装（如冲锋衣）带动了蕉下的月销售额增长，如图8-2所示。

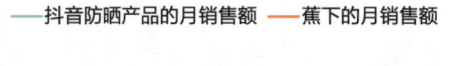

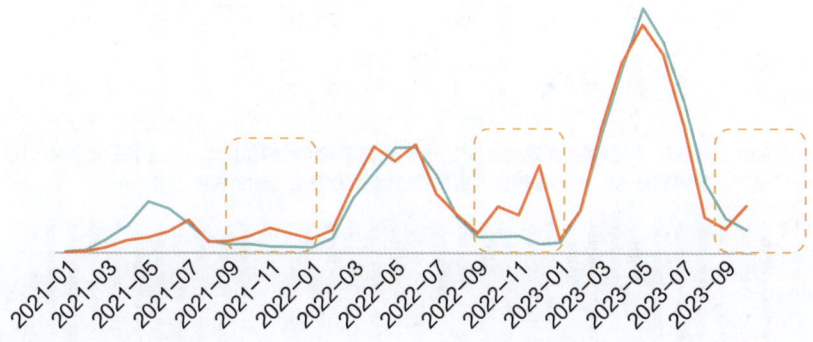

▲图8-2

（数据来源：蝉妈妈）

8.1.3 蕉下入局抖音的策略

从蕉下在抖音上的各个品类的销售额分布来看，在起步期，蕉下用自己最为人熟知的防晒伞打开抖音市场，在抖音上放大品牌声量。在抖音的消费者熟知蕉下并且对蕉下有了一定的认知后，蕉下在2021年春季开始售卖防晒帽、防晒衣等物理防晒产品，并将其作为主卖产品。随着科研能力的积累与定位为轻量化户外生活方式品牌，蕉下通过布局户外服装和装备，在防晒产品的销售淡季，依靠非防晒类服装和装备带动品牌增长，如图8-3所示。

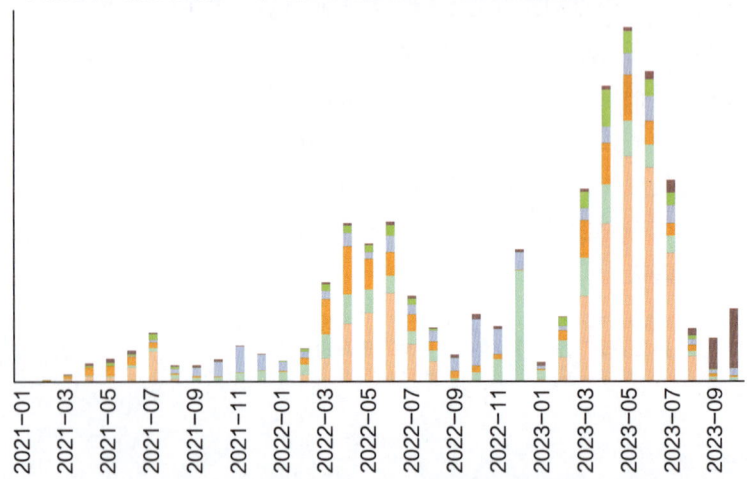

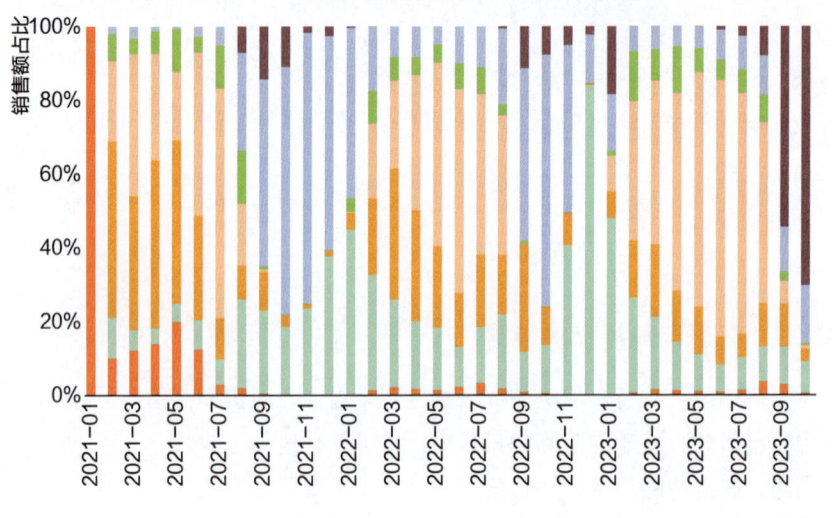

▲图 8-3

(数据来源：蝉妈妈)

8.1.4 蕉下的产品矩阵在抖音上的发展趋势

如图 8-4 所示，在抖音上，防晒衣依然是蕉下销售的核心品类，占了过半的销售额，但从销售额增速来看，2023 年秋冬季以冲锋衣为代表的秋冬服饰品类的销售额同比增速一骑绝尘。无论如何，从防晒伞到防晒衣都是蕉下在抖音上跨品类经营最重要的一步，接下来将重点拆解蕉下是如何从销售防晒伞到销售防晒衣的。

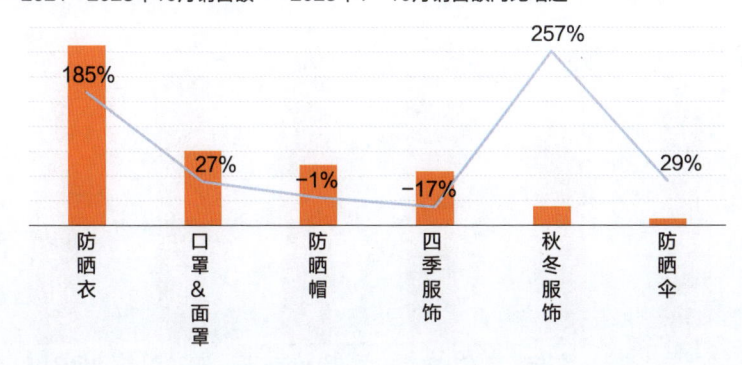

▲图 8-4

（数据来源：蝉妈妈）

8.2 抖音：从防晒伞到防晒衣，蕉下如何乘风破浪

8.2.1 品牌定位

（1）市场规模：中国防晒服装的市场规模稳步增长。如图 8-5 所示，2016—2019 年，中国防晒服装的市场规模稳步增长。2020 年，受到新冠病毒感染疫情影响，防晒服装的市场规模下滑至 536 亿元，同比减少 7.9%，2021 年回升至 610 亿元，同比增长 13.8%。随着新冠病毒感染疫情正式结束，中国经济持续复苏，

消费者的消费意愿明显加强，2023年第一季度中国经济同比增长4.5%，比2020年第四季度增速提升1.6个百分点，高于市场预期，整个消费市场有着较大的提升空间。2016—2021年，如果把防晒服装市场分成线上市场和线下市场，那么中国的防晒服装线上市场规模的占比逐年稳步上升，从2016年的27.02%增长至2021年的38.03%，防晒服装的线上市场规模持续扩大。

中国防晒服装的市场规模（亿元）

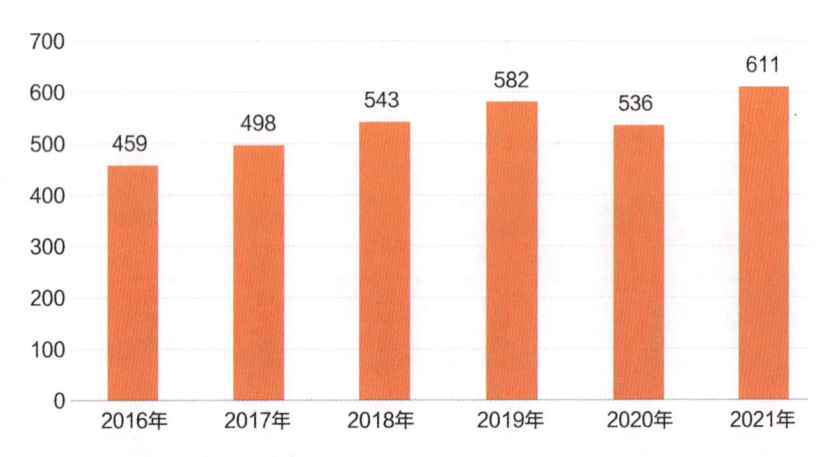

年份	市场规模（亿元）
2016年	459
2017年	498
2018年	543
2019年	582
2020年	536
2021年	611

线下市场的规模 / 线上市场的规模

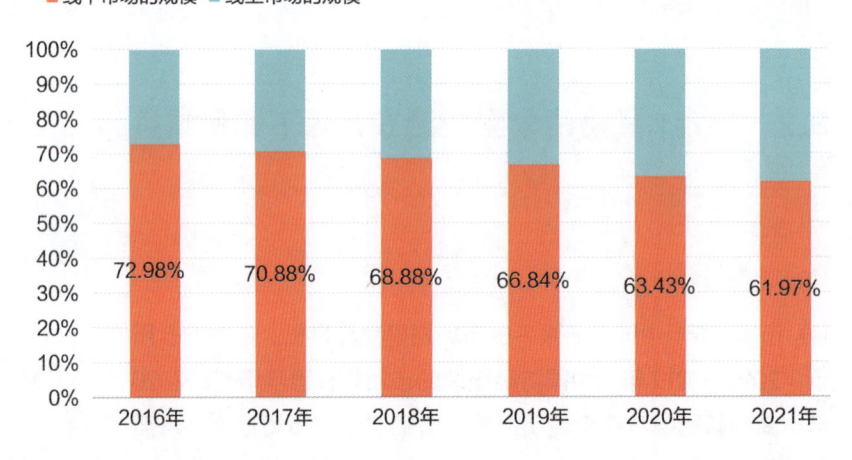

年份	线下市场占比
2016年	72.98%
2017年	70.88%
2018年	68.88%
2019年	66.84%
2020年	63.43%
2021年	61.97%

▲图 8-5

（数据来源：华经产业研究院）

(2) 品类周期：防晒衣正处于发展期。图 8-6 所示为 2016—2021 年防晒衣线上市场、中国整个防晒服装市场、防晒衣线下市场销售额的年复合增长率。从图 8-6 中可以看出，防晒衣线上市场销售额的年复合增长率高达 13.38%，防晒衣线上市场处于高速发展期。图 8-7 所示为 2016—2021 年中国防晒衣线下市场和线上市场的规模。蕉下凭借自身防晒产品与研发能力的优势，选择进入抖音防晒衣线上市场。

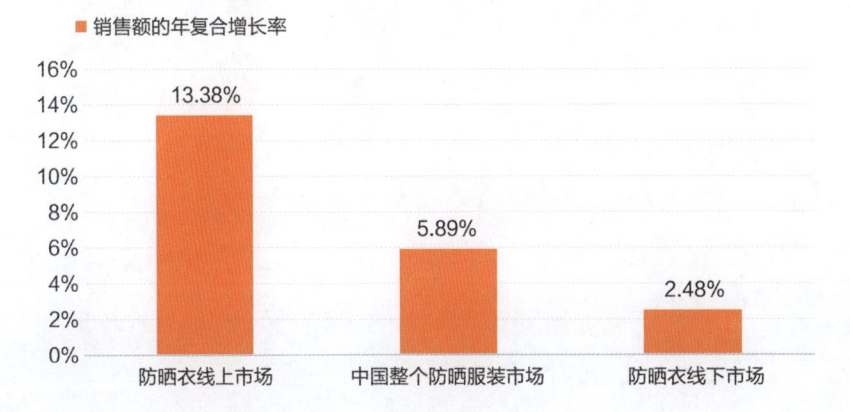

▲ 图 8-6

（数据来源：华经产业研究院）

(3) 品类势能：防晒衣是满足防晒需求的核心品类。图 8-8 所示为抖音上防晒品类的发展趋势。防晒衣、防晒喷雾、防晒霜等与防晒相关的产品的搜索量较大。防晒帽、防晒套袖等体现了消费者在户外出行场景下的防晒需求。2022 年，以防晒霜和防晒喷雾为代表的软防晒品类牢牢地占据了消费者的心智，是消费者搜索量最大的两个防晒品类。从搜索量同比增速来看，防晒口罩与防晒帽等消费者搜索量虽然较小，但消费者搜索量的同比增速比其他品类快得多，属于与防晒相关的潜力品类。防晒衣在所有防晒品类中，搜索量与搜索量增速都处于中上游位置，是当前防晒市场的核心品类。

■ 防晒衣线下市场的规模（亿元）　■ 防晒衣线上市场的规模（亿元）

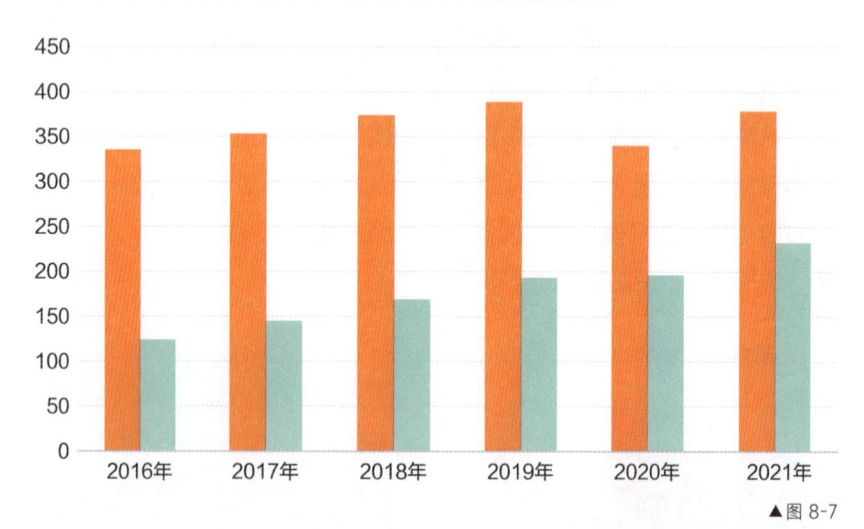

▲图 8-7

（数据来源：华经产业研究院）

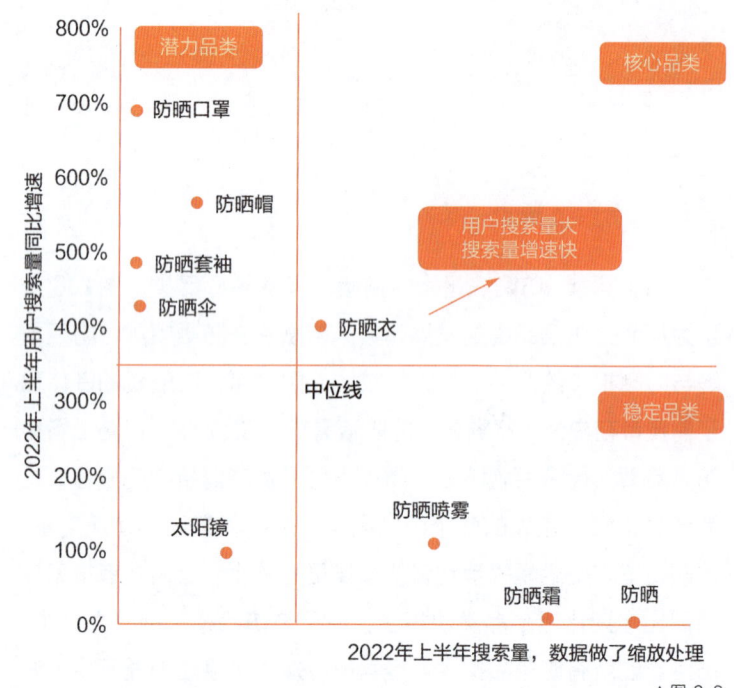

▲图 8-8

（数据来源：蝉妈妈）

抖音上的主要防晒品类包含防晒衣、防晒霜、太阳镜、防晒帽、防晒喷雾、防晒口罩、防晒套袖等（如图 8-9 所示），这些防晒品类可以根据消费者的防晒需求大致分为两种：一种是以防晒霜、防晒喷雾为代表的软防晒产品，主要采用的是化学防晒；另一种是以防晒衣、防晒帽为代表的硬防晒产品，采用的是最基础、最有效的物理防晒。图 8-10 所示为抖音上 2021—2022 年防晒品类月销售额的变化趋势图，防晒衣在夏季迸发出超强的市场活力，尤其在 2022 年夏季以绝对领先的优势超越其他防晒品类成为明星品类，也正是在这个时期，蕉下防晒衣的销售在抖音上正式爆发。

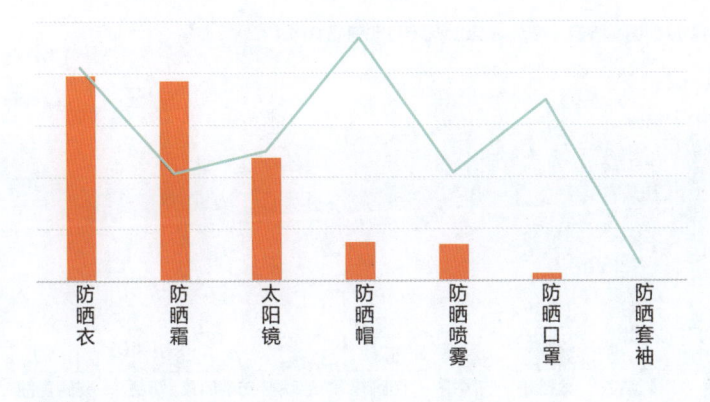

▲ 图 8-9

（数据来源：蝉妈妈）

（4）竞争程度：有效防晒的防晒衣品牌数量较少。从图 8-11 中可以看出，2022 年 6 月防晒品类的动销品牌数高达 5000 多种，其中防晒衣是品牌数最多的防晒品类，其动销品牌数远超其他防晒品类的动销品牌数，但能有效防晒、具有"UPF50+"产品属性的防晒衣在 2021 年 6 月只有 53 个品牌，数量极少，竞争程度较弱，如图 8-12 所示。于是，蕉下选择在线上大力发展具有"UPF50+"产品属性的专业防晒衣，可谓"天时地利人和"。

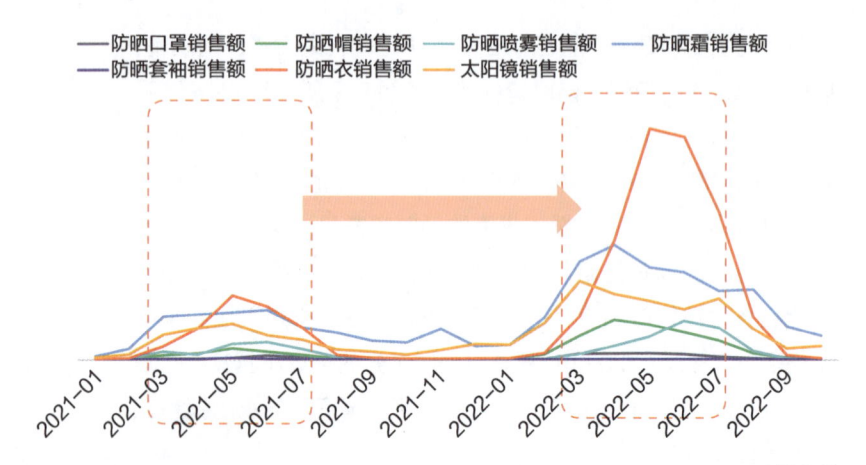

▲图 8-10

（数据来源：蝉妈妈）

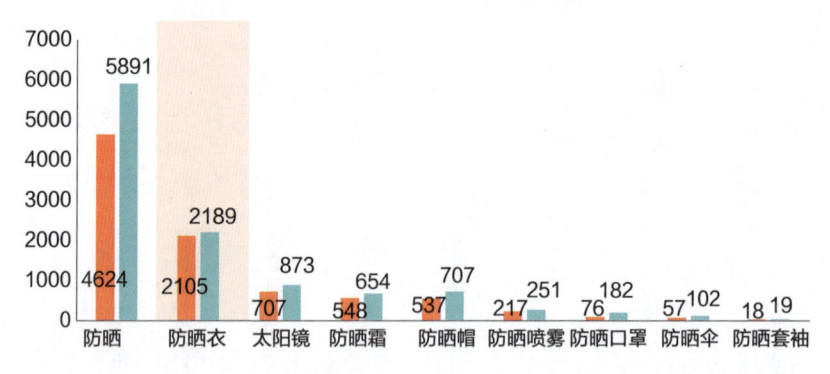

▲图 8-11

（数据来源：蝉妈妈）

2021年6月具有"UPF50+"产品属性的防晒衣的动销品牌数 53

2022年6月具有"UPF50+"产品属性的防晒衣的动销品牌数 186

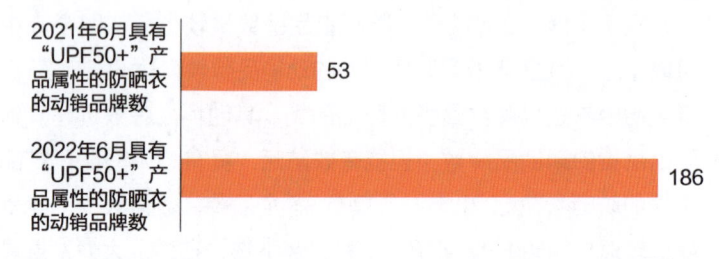

▲图 8-12

（数据来源：蝉妈妈）

8.2.2 消费者洞察

1. 巨量云图发布的八大消费者定义及运动户外风格偏好

巨量云图发布的八大消费者定义及运动户外风格偏好如图 8-13 所示。

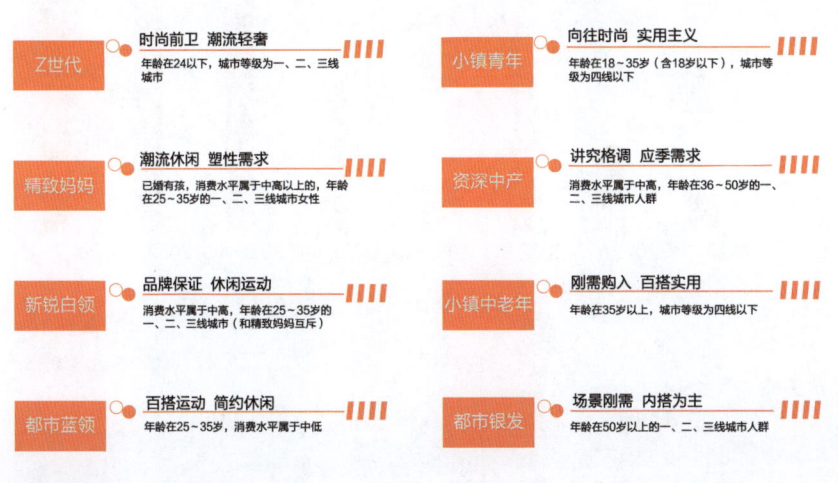

类型	特征	说明
Z世代	时尚前卫 潮流轻奢	年龄在24以下，城市等级为一、二、三线城市
小镇青年	向往时尚 实用主义	年龄在18~35岁（含18岁以下），城市等级为四线以下
精致妈妈	潮流休闲 塑性需求	已婚有孩，消费水平属于中高以上的，年龄在25~35岁的一、二、三线城市女性
资深中产	讲究格调 应季需求	消费水平属于中高，年龄在36~50岁的一、二、三线城市人群
新锐白领	品牌保证 休闲运动	消费水平属于中高，年龄在25~35岁的一、二、三线城市（和精致妈妈互斥）
小镇中老年	刚需购入 百搭实用	年龄在35岁以上，城市等级为四线以下
都市蓝领	百搭运动 简约休闲	年龄在25~35岁，消费水平属于中低
都市银发	场景刚需 内搭为主	年龄在50岁以上的一、二、三线城市人群

▲图 8-13

2. 消费者画像

（1）消费者性别。在 2022 年 4—7 月防晒衣热卖季节中，消费者以女性为绝对核心，在 5 月表现出明显的购买趋势。值得注意的是，尽管男性消费者占比较低，但是男性消费者贡献的销售额在防晒衣热卖的月份明显上涨（如图 8-14 所示）。

（2）消费者年龄。在 2022 年 4—7 月防晒衣热卖季节中，31~40 岁的消费者的消费能力最强，其次是 24~30 岁的消费者，防晒衣的消费者偏年轻化，如图 8-15 所示。

▲图 8-14

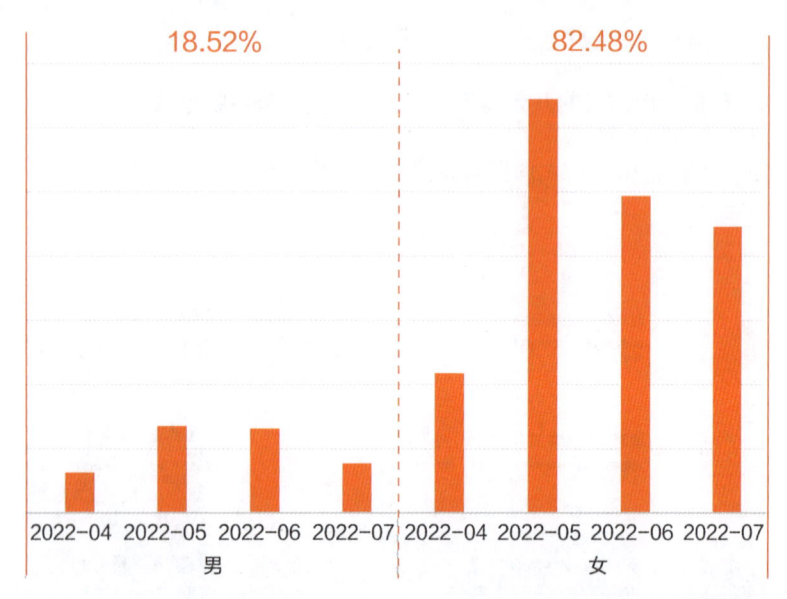

（数据来源：蝉妈妈）

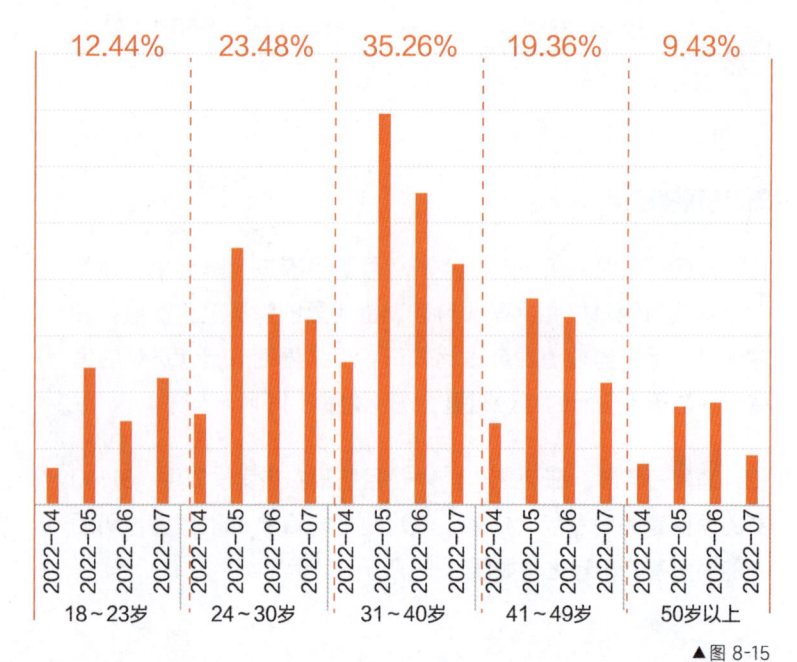

▲图 8-15

（数据来源：蝉妈妈）

(3) 地域。在防晒衣热卖季节中（每年的 4—7 月），能够看到 5 月是防晒衣的销售高峰，各个城市等级的消费者对防晒衣的购买都有所增加，其中三线城市的消费者是核心消费群体，其销售额占比高达 22.88%，如图 8-16 所示。

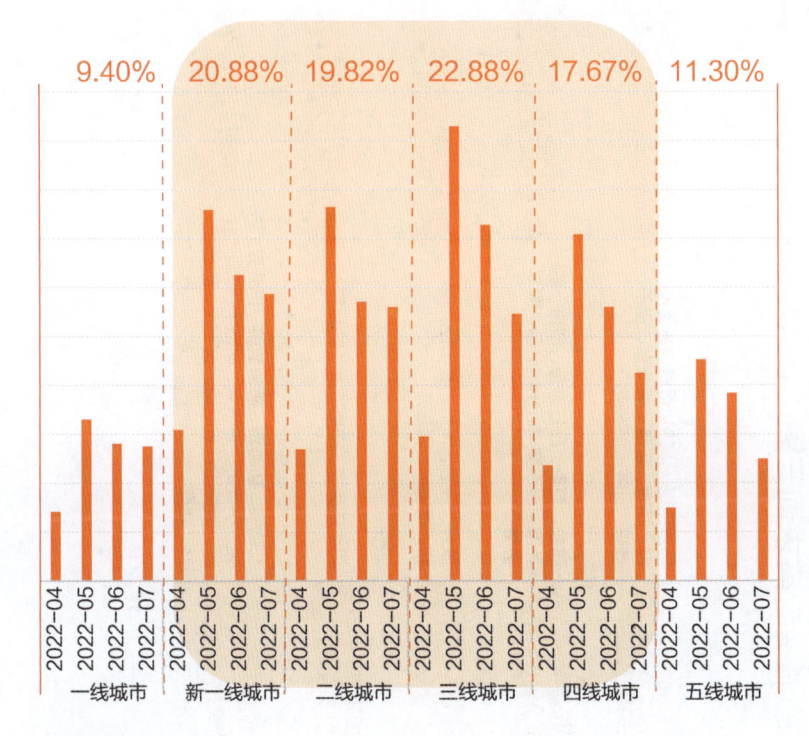

▲图 8-16

（数据来源：蝉妈妈）

3. 消费者需求

图 8-17 所示为防晒衣的消费者需求词云图。品牌可以把 2021 年的防晒衣的消费者需求词按照属性需求、场景需求、款式需求、人群需求和关联品类进行归类，并对比 2022 年新增的消费者需求词，挖掘出消费者需求的升级点，洞察消费者的最新需求。

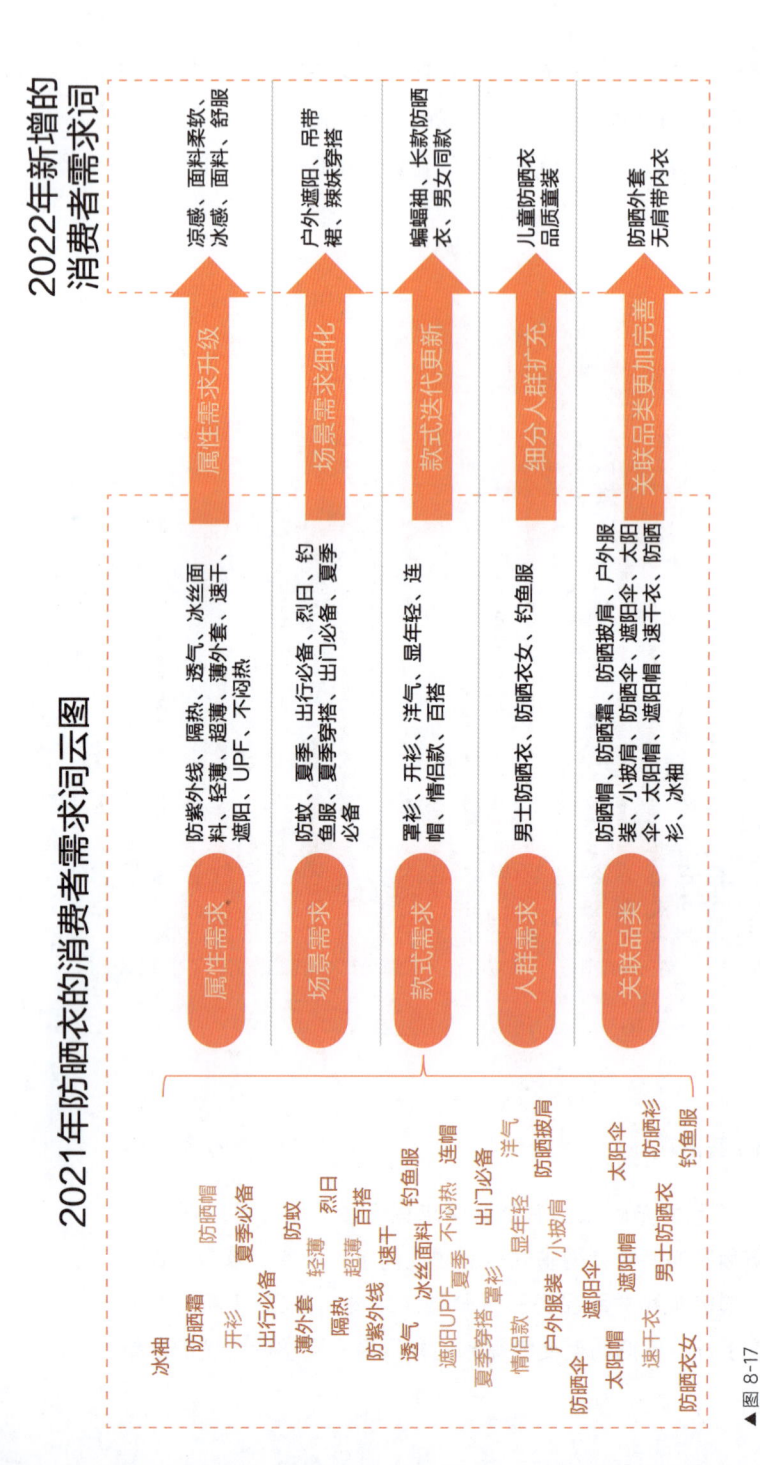

2022年新增的消费者需求词

- **属性需求升级**：凉感、面料柔软、冰感、面料、舒服
- **场景需求细化**：户外遮阳、吊带裙、辣妹穿搭
- **款式迭代更新**：蝙蝠袖、长款防晒衣、男女同款
- **细分人群扩充**：儿童防晒衣品质童装
- **关联品类更加完善**：防晒外套、无肩带内衣

2021年防晒衣的消费者需求词云图

- **属性需求**：防紫外线、隔热、透气、冰丝面料、轻薄、超薄、UPF、速干、遮阳、薄外套、不闷热
- **场景需求**：防蚊、夏季、出行必备、烈日、钓鱼服、夏季穿搭、出门必备
- **款式需求**：罩衫、开衫、洋气、显年轻、连帽、情侣款、百搭
- **人群需求**：男士防晒衣、防晒衣女、钓鱼服
- **关联品类**：防晒帽、防晒霜、防晒披肩、户外服装、小披肩、防晒伞、遮阳帽、太阳伞、太阳帽、速干衫、防晒衫、冰袖

词云词汇：冰袖 防晒霜 防晒帽 开衫 夏季必备 出行必备 薄外套 烈日 防蚊 轻薄 隔热 超薄 防紫外线 速干 透气 冰丝面料 钓鱼服 遮阳UPF 夏季 不闷热 连帽 夏季穿搭 罩衫 出门必备 情侣款 户外服装 洋气 显年轻 小披肩 防晒披肩 防晒伞 太阳伞 遮阳帽 太阳帽 速干衣 男士防晒衣 防晒衫 钓鱼服 防晒衣女

▲图 8-17

（资料来源：巨量算数）

对于属性需求，2022 年新增的消费者需求词有冰感、面料柔软，品牌就可以对面料不断改进，实现舒适性和防晒性能的平衡；对于场景需求，消费者对防晒衣能够搭配吊带裙和具有辣妹穿搭风格提出了新需求，吊带裙与辣妹穿搭比夏季其他服装的露肤度更高，在这种场景下防晒衣比防晒化妆品的肤感和防护力更胜一筹，但对美观与百搭程度的要求更高，品牌需要思考如何让防晒衣与日常穿着高度适配。除此之外，随着更流行、更健康的轻量化户外生活的火热，防晒衣拓展出了更多使用场景，例如钓鱼服、露营防晒服等。

蕉下正是注意到了消费者的核心需求与新增需求，不断地升级产品，让产品卖点与消费者需求相匹配。

8.2.3 产品企划

1. 产品设计

蕉下的产品研发理念是基于场景需求开发新品类和基于产品痛点革新旧品类。蕉下对防晒衣市场的消费者需求做了分类汇总，确定了使用场景，挖掘了消费者的潜在需求，锚定了消费者的核心痛点，与消费者进行双向互动，在产品设计上突出消费者在户外场景中的体验，解决消费者的户外防晒痛点，巩固了提倡的轻量化户外生活的核心理念。比如，蕉下防晒衣的核心卖点有防紫外线、透气不闷汗、戴面罩、连帽、快速散热和款式百搭，这些卖点满足了消费者对防晒衣的产品需求、款式需求和人群需求，如图 8-18 所示。

▲图 8-18

2. 产品定价

2022 年，防晒衣的平均成交价为 72.2 元，在 0~100 元这个价格带中，动销品牌占 73%，市面上卖得较好的主流品牌的防晒衣（如茉寻）的成交价为 150~200 元。成交价超过 200 元的动销品牌仅有 9% 左右，而 2022 年蕉下防晒衣的价格为 200~400 元，蕉下远离低价竞争，在高端价格带竞争（如图 8-19 所示）。

3. 产品体系

蕉下在原有品类的迭代与开辟新市场上，通过洞察消费者需求，一步步地搭建了防晒衣的产品体系，以期满足各个年龄段及各个场景下的消费者需求（如图 8-20 所示）。蕉下基于全身的防晒场景开发了全身防晒衣，又基于防晒的人群需求开发了男性防晒衣与儿童防晒衣，以满足不同人群的防晒需求。

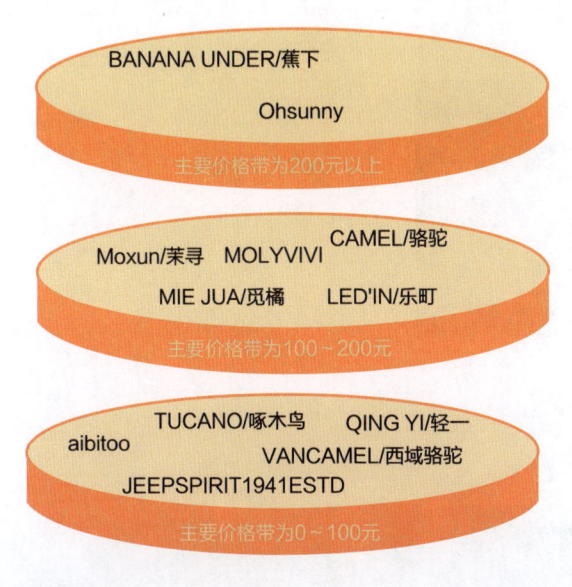

BANANA UNDER/蕉下
Ohsunny
主要价格带为200元以上

Moxun/茉寻　MOLYVIVI　CAMEL/骆驼
MIE JUA/觅橘　LED'IN/乐町
主要价格带为100～200元

aibitoo　TUCANO/啄木鸟　QING YI/轻一
VANCAMEL/西域骆驼
JEEPSPIRIT1941ESTD
主要价格带为0～100元

▲图 8-19

（数据来源：蝉妈妈）

4. 产品包装

在产品宣传推广方面，蕉下突出了自己的技术优势。如图 8-21 所示，对于防晒伞，蕉下重点介绍了 L.R.C 涂层技术，与传统防晒伞相比，该技术可以有效地提高伞布的紫外线阻隔率，能够实现紫外线阻隔率≥99%、UPF50+（UPF 是紫外线防护系数，UPF50+ 是目前纺织品里最高的紫外线防护系数），可以为消费者提供专业、有效的防晒。蕉下从成立以来，不断地进行防晒技术创新。除此之外，蕉下在扩增品类时，也不忘提升研发能力。

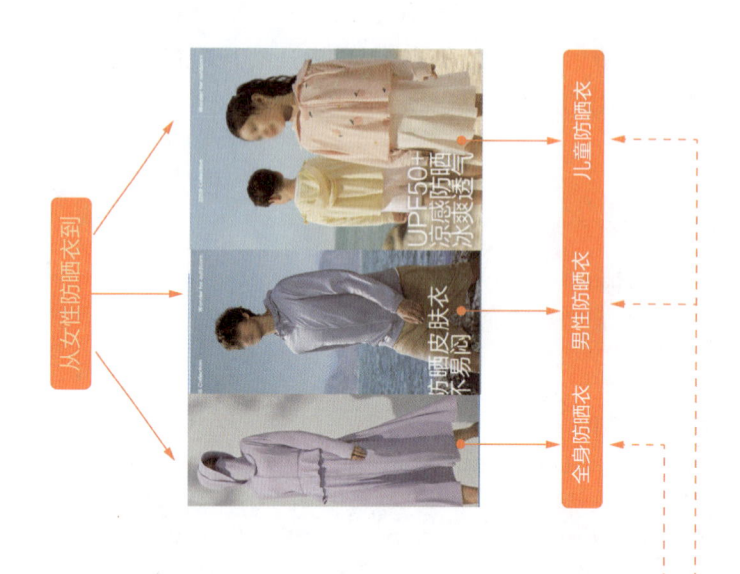

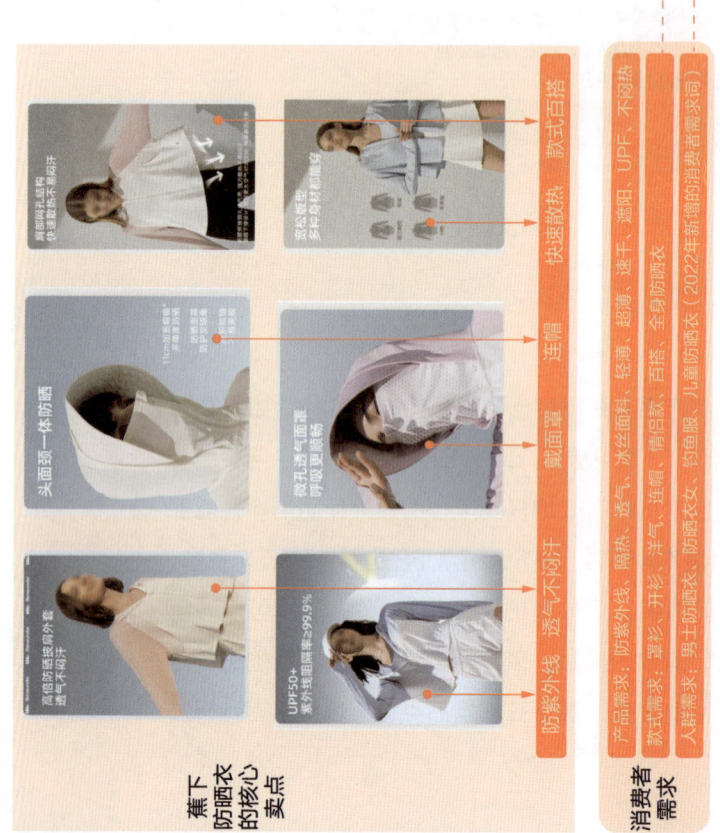

▲ 图 8-20

第 8 章 深谙消费者需求，蕉下成功定位为轻量化户外生活方式品牌 | 265

防晒伞	L.R.C涂层技术	实现紫外线阻隔率≥99%，UPF50+，能够提供专业、有效的防晒		伞具类商品
	全向推拉蜂巢静音蜂巢技术	实现无噪音开关伞，降低10分贝以上的噪音		
防晒市场	AirLoop面料	具有冰爽触感；布料在大幅伸缩情况下仍可以保持良好的防晒性能		帽子及其他配饰
	原纱防晒技术	长效防晒能力；可应用于轻至108克的超轻稳定防晒针织面料		

▲图 8-21

8.2.4　蕉下：从防晒伞到防晒衣的增长路径总结

蕉下先洞察消费者对户外防晒的需求，在占据防晒伞的消费者心智后，再依靠对消费者的深度洞察，做出扩增品类的举措，并迈出了重要的一步：从防晒伞市场进入户外防护市场。在户外防护市场中，防晒衣贡献了主要的市场份额。同时，蕉下根据品牌定位的调整，不断地推出适合各个季节的产品，例如全地形户外鞋、马丁靴、保暖内衣和冲锋衣等，逐渐从防晒市场进入轻量化户外生活市场。渠道之间的相互作用和多品类的产品矩阵带动了品牌增长，同时蕉下对品牌资产持续沉淀，一步步成功地完成了扩增品类之路。蕉下的增长路径如图 8-22 所示。

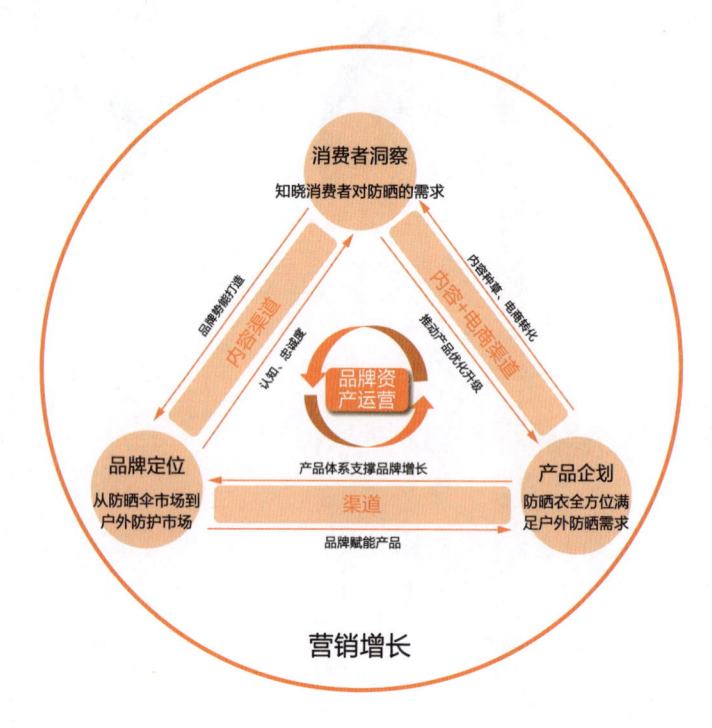

▲图 8-22

8.3 蕉下在 2023 年如何完成三级跳，实现了品牌战略大目标

8.3.1 品牌定位：2023 年蕉下为什么要做轻量化户外生活品牌

从户外生活的发展历程来看，户外生活在 20 世纪 90 年代只属于小众群体。近年来，随着户外活动类型的丰富，以及国人运动意识的增强，户外生活的概念逐渐被泛化，户外活动逐渐呈现出偏轻型的特点。在这种情况下，蕉下提出了轻量化户外生活的概念，这是根据近几年中国户外消费者的生活方式、生活理念和生活态度提出的一种全新的生活方式。蕉下通过不断地定义品牌所处的市场，积累品牌新的消费人群。

8.3.2 消费者洞察

1. 消费者购买轻量化户外产品的关注点

消费者购买轻量化户外产品的关注点如图 8-23 所示。首先，轻巧便携是消费者的主要关注点。其次，透气性是消费者的一致需求。另外，消费者对轻量化户外产品的功能性较为看重。

2. 消费者对轻量化户外产品设计的期待

作为 DTC 品牌的代表，蕉下及时洞察消费者需求，不断地完善产品设计。如今，消费者期待产品具有复合功能，如产品体积小、重量轻、易收纳、易携带，以及日常、运动均适用等（如图 8-24 所示）。面对装备减重的需求，蕉下推出全地形户外鞋。这款户外鞋减重了 12%，使用了蕉叶仿生防护系统，可以实现久走不累、轻盈、舒适的效果，适合城市、徒步、溯溪、海滩等户外场景。蕉下采用可折叠式设计，让防晒伞小巧、轻便，

可以放入包内随身携带。蕉下在消费者洞察上下足了功夫，不仅进行了解决消费者痛点的复合功能型产品设计，还采用了硬核防晒技术。

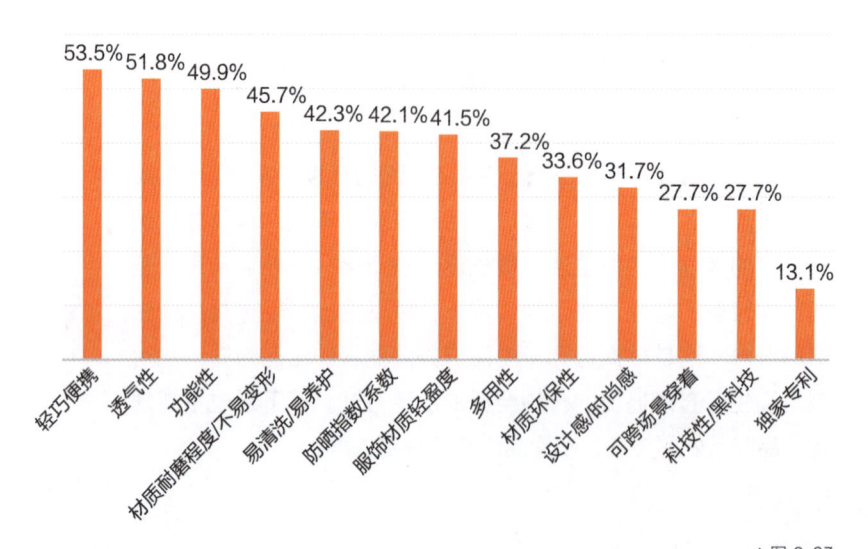

特性	占比
轻巧便携	53.5%
透气性	51.8%
功能性	49.9%
材质耐磨程度/不易变形	45.7%
易清洗/易养护	42.3%
防晒指数/系数	42.1%
服饰材质轻盈度	41.5%
多用性	37.2%
材质环保性	33.6%
设计感/时尚感	31.7%
可跨场景易穿着	27.7%
科技性/黑科技	27.7%
独家专利	13.1%

▲图 8-23

（数据来源：蕉下）

传统户外产品的使用痛点

痛点	占比
功能性与美观性无法兼顾	34.20%
款式单一老套，不够美观	31.90%
不够轻便，穿着比较沉闷	30.50%
材质硬，透气性普遍不好	29.90%
难以清洗/养护	29.20%
不能适用于多种运动/场景	28.90%
颜色单调沉闷，可选性少	28.70%
防护系数低，效果差	24.90%
占地大，不易收纳	24.20%
衣服大多偏宽大，不够合身	23.30%
易磨损易变形/起球	23%
无法日常穿着搭配	20.60%

消费者对轻量化户外产品设计的期待

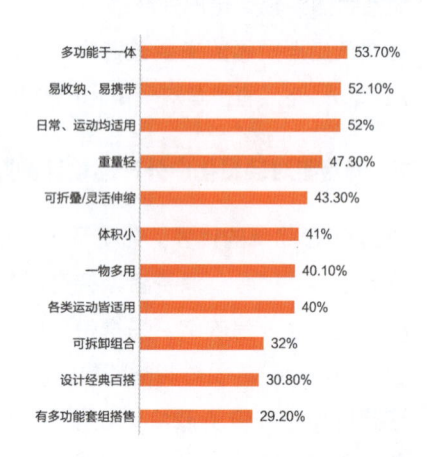

期待	占比
多功能于一体	53.70%
易收纳、易携带	52.10%
日常、运动均适用	52%
重量轻	47.30%
可折叠/灵活伸缩	43.30%
体积小	41%
一物多用	40.10%
各类运动皆适用	40%
可拆卸组合	32%
设计经典百搭	30.80%
有多功能组搭售	29.20%

▲图 8-24

（数据来源：蕉下）

8.3.3 产品设计

1. 蕉下为推出轻量化户外产品钻研技术

蕉下洞察到了消费者对轻量化户外产品的需求，同时也注意到了多家品牌生产的复合功能型产品。传统的户外品牌推出的产品功能多且专业，但对于大部分想浅尝户外体验的消费者而言，产品功能过多。从功能性和应用场景来看，蕉下使用的9个技术能为轻量化户外生活提供全方位的防护。蕉下不断地提高轻量化户外产品的研发能力，搭建产品矩阵，以满足消费者对轻量化户外产品的需求。表8-1为蕉下和竞品品牌的对比。

▲ 表 8-1

品牌	品牌类别	主要市场	主打产品	使用场景防护等级	品牌技术	品牌产品特点
始祖鸟	传统户外	极限户外、高端户外	软壳和硬壳冲锋衣	高	三防技术、透气技术	服饰功能性强，价格普遍较高；防护功能更适用于野外与极端环境
骆驼	传统户外	极限户外、休闲户外	冲锋衣、帐篷、登山鞋	高	三防技术	功能性强于时尚性，价格相对亲民；防护功能更适用于山野户外场景
蕉下	常服	轻量化户外	防晒服、防晒帽、防晒伞、折叠墨镜、全地形户外鞋、冲锋衣、羽绒服	中	AntiTecTM防护技术、Jech Clo+2.0气绒技术	功能性与设计感兼具，价格更加大众化；舒适性与功能性兼具，可满足日常与运动场景及城市内、郊外等多场景防护需求
蕉内	常服	休闲户外	防晒服、打底衣	中	凉感技术、热感技术、绒感技术	主打体感科技，舒适度更高；防护功能更适用于城市场景
优衣库	常服	休闲户外	防晒衣	中	防晒技术	更多地应用于日常生活场景；舒适性大于功能性，更适用于生活半径内的防护需求场景

2. 蕉下的轻量化户外产品的亮点

轻量化户外产品比传统户外产品更轻便、更易携带，采用了更多人性化设计，既可以在各个场景中使用，还适用于多种活动类型。蕉下的轻量化户外产品的亮点如图 8-25 所示。

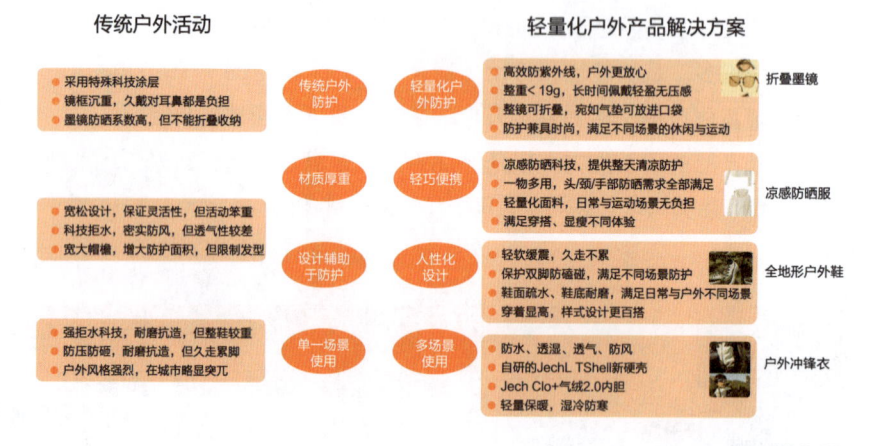

▲图 8-25

8.3.4 蕉下的营销动作

（1）品牌营销三部曲：蕉下用品牌宣传片传递全新的品牌人格和覆盖全季节的产品能力。蕉下用视频和音乐等最直观的手段，传递了轻量化户外的品牌人格。

第一部曲——《惊蛰令》：蕉下"借势"二十四节气中的惊蛰，创作了《惊蛰令》，推出了全地形户外鞋，改变了消费者对"蕉下＝防晒"的旧认知，让消费者建立了"蕉下＝户外"的新认知。

第二部曲——《简单爱》：蕉下通过明星代言人和轻量化户外生活方式的户外展示，传递出轻松、自在的品牌调性，让消费者对蕉下建立起"全民户外生活方式品牌"的认知，同时展示蕉下覆盖全品类、全人群的产品能力。

第三部曲：品牌代言人从《简单爱》中的旁观者变成轻量化户外生活方式的亲历者，穿上冲锋衣，展示蕉下覆盖全季节的产品能力。

视觉形象的改变，最容易被消费者发现。蕉下将品牌人格用 Logo、产品设计和包装等可视化内容，通过线上渠道（微信公众号、电商平台、直播间等）+ 线下渠道（门店、超市等）潜移默化地传达给消费者，并传递新的品牌理念。

(2) 建立社群：在品牌和品牌消费者之间建立真实连接。除了重新定义"品牌是谁"，蕉下还围绕品牌战略，对"消费者是谁"这个问题进行思考，重新确定品牌的势能人群和标杆人群，不断拓展消费者的范围，最终把消费者从单一的女性人群扩大到全人群。

(3) 在公关侧，围绕品牌战略定义行业，为成为行业的引领者"背书"。蕉下联合咨询公司发布《轻量化户外行业白皮书》，抢占百度百科的"轻量化户外"等词条，通过区分专业户外行业和全民户外行业，描述小众市场与大众生意，从 0 到 1 开拓"轻量化户外"市场，为蕉下成为轻量化户外行业的引领者"背书"。其实，品牌自发撰写行业白皮书已经成为品牌营销的常规方式，为了增加白皮书的可靠性，行业消费数据洞察越来越重要，蝉妈妈智库团队在 2023 年明显感受到品牌在这个方面的需求增多，为多个品牌提供了白皮书撰写服务，例如与罗莱家纺合作编写了《被窝里的中国——三十年国民床品进化史白皮书》。

8.3.5　对蕉下成功成为轻量化户外生活方式品牌的总结

品牌定位：通过"轻量化户外"场景的不断延展，大众对蕉下的品牌印象也从过去的春夏防晒品牌延展到了轻量化户外生活方式品牌。

产品设计：自 2013 年双层小黑伞"出圈"，蕉下就已经开始切入轻量化户外产品市场。如今，蕉下的产品矩阵逐渐丰富。从全地形户外鞋到防晒衣、天幕帐篷、晴雨靴、渔夫帽、折叠墨镜，再到冲锋衣、气绒服，都是品牌升级后，产品矩阵扩大的直接体现。

消费者洞察：轻量化户外生活方式品牌的定位，让蕉下的目标客户从女性消费者拓展到全年龄、全性别消费者，同时也在生意侧为蕉下源源不断地带来忠实客户和附加值。这意味着蕉下可以进入更广阔的市场，满足更多样化的消费者需求，拥有更大的商业想象空间。

蕉下一步又一步成功地扩增品类，搭建多品类的产品矩阵，离不开对消费者持续洞察、对品牌精准定位、对产品不断升级。现在，蕉下的生意从夏季做到全年，从区域做到全国，消费者从单一人群扩展到全年龄、全性别消费者。蕉下正在通过一系列的品牌升级动作，不断地将品牌升级，形成良性循环与品牌增长。蕉下的品牌增长路径如图8-26所示。

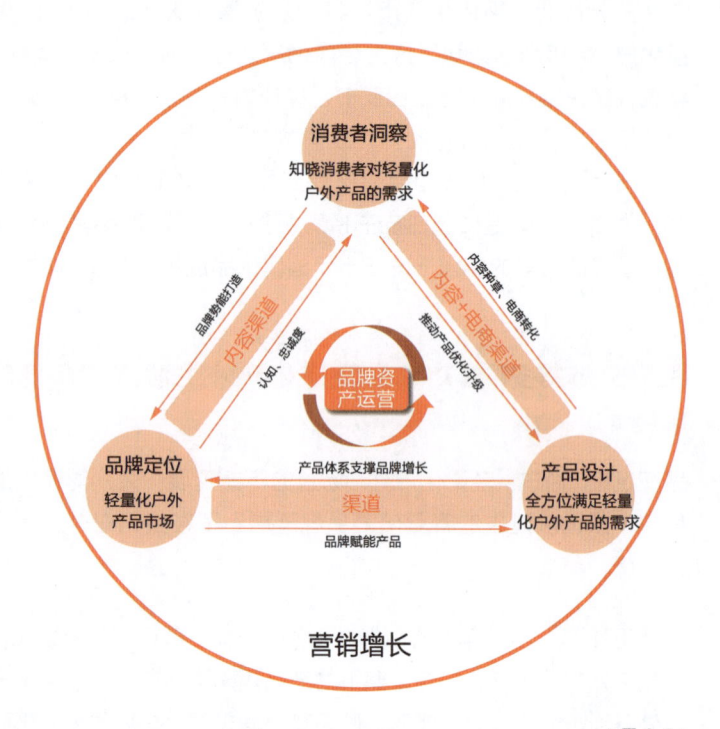

▲图8-26

后记

感谢您能看到这页。在决定写本书之前,有朋友提醒我:"这个世界变化得太大、太快了,想要找到规律很不容易,你今天分享的案例很精彩,方法很实用,但过不了半年就成为过去式,再看这本书或许就没有用了。我以前运营天猫店铺,运营微信公众号,很多经验丰富的运营人也基于实战出书,但这样一本书的生命周期都很短"。随着媒体、电商、运营工具等的发展,品牌正在面临无限机遇,在增长渠道、方式上一定会快速更迭。就在我们交稿的当天,抖音提出了全域增长飞轮"FACT+S",从2021年的"FACT"到2022年的"FACT+",再到2023年的"FACT+S",每一年抖音都在探索更多可能,商家也在不断地寻找更多增长点。为了尽可能让本书的生命周期长一点儿,我们努力探索一些不太容易发生变化的底层逻辑。如果你看完本书之后有不同的想法,欢迎与我们联系进行反馈。

我们常常接到这类需求——全行业抖音通案,真的有这种"万能"通案,可以解决一切问题吗?正如书名所提到的——寻找品牌增长确定性,蝉妈妈智库团队在动笔之前通过共创、访谈等多种方式尝试找到一个确定的品牌增长公式,让它像"黑匣子"一样,只要你把问题输入,就能得到一个答案。直到写完本书,我们也不敢妄言找到了这个"黑匣子"。在乌卡时代,变才是永恒的,品牌所处的行业、拥有的资源、成长的阶段等不同,所以面临的问题是不同的,加上落地程度不一,对于相同的问题会有不同的结果。从我们分析过的100个品牌案例来看,增长虽然没有统一的公式,但是有确定的方法。首先,我们找到了品牌增长过程中的5个关键动作,即消费者洞察、品牌定位、产品企划、渠道选择(包括内容、销售、供应链渠道)、品牌资产运营,我们把这5个关键动作相互之间构成的关系称为"品牌营销增长模型"。这5个关键动作在品牌增长的过程中扮演着不同的角色,消费者洞察是品牌增长的起点,品牌定位是品牌增长的关键点,产品企划是品牌增长的落脚点，渠道选择是品牌增长和声量放大的载体，品牌资产运营是增长的长效方案。其次，增长如何高效不能只靠拍脑袋决定和"大力出奇迹"，落地这5个关键动作的抓手是数据运营。至此，确定地说，不同品牌的确定增长是围绕增长模型做数据运营，科学决断。